高等教育系列教材

跨境电子商务

主 编 韩小蕊 樊 鹏
副主编 王 影
主 审 蔡 军

机械工业出版社

本书系统地阐述了跨境电子商务的基本原理和实际应用，注重培养学生的综合素养和科学思维方式，并提高学生的操作和创新能力。本书内容包括导论、跨境电子商务模式、跨境电子商务平台、跨境支付、跨境物流管理、跨境网络营销、跨境电子商务与 CRM，以及跨境电子商务安全。本书理论与实际相结合，内容深入浅出，通俗易懂，重点难点突出，适合经济类、管理类、商贸类本科和高职高专学生作为教材使用，同时也可以作为公务员、企业管理者和信息技术人员学习跨境电子商务知识的参考用书或培训教材。

本书配套授课电子课件，有需要的老师可登录 www.cmpedu.com 免费注册，审核通过后下载，或联系编辑索取（微信：15910938545，电话：010-88379739）。

图书在版编目（CIP）数据

跨境电子商务/韩小蕊，樊鹏主编. —北京：机械工业出版社，2017.11
（2024.7 重印）
高等教育系列教材
ISBN 978-7-111-58709-5

Ⅰ. ①跨… Ⅱ. ①韩… ②樊… Ⅲ. ①电子商务-高等学校-教材
Ⅳ. ①F713.36

中国版本图书馆 CIP 数据核字（2017）第 307666 号

机械工业出版社（北京市百万庄大街 22 号　邮政编码　100037）
责任编辑：王　斌　　责任校对：张艳霞
责任印制：单爱军

北京虎彩文化传播有限公司印刷

2024 年 7 月第 1 版·第 5 次印刷
184mm×260mm·13.75 印张·331 千字
标准书号：ISBN 978-7-111-58709-5
定价：45.00 元

电话服务　　　　　　　　　网络服务
客服电话：010-88361066　　机　工　官　网：www.cmpbook.com
　　　　　010-88379833　　机　工　官　博：weibo.com/cmp1952
　　　　　010-68326294　　金　书　网：www.golden-book.com
封底无防伪标均为盗版　　　机工教育服务网：www.cmpedu.com

前　言

在经济全球化的大背景下，随着电子信息技术的深入发展，互联网普及率持续提升，物流水平进步明显，网络支付环境也得到了长足改善，这些因素都将有力地促进跨境贸易，特别是跨境电子商务的发展。尤其是当前世界贸易增速放缓，为了开拓市场、提高效益，越来越多的商家开始寻找减少流通环节、降低流通成本、拉近与国外消费者距离的途径，而跨境电子商务正为此提供了有利的渠道。同时，跨境电子商务迎来了利好政策爆发期，国家对跨境电子商务的扶持政策陆续出台，扶持力度空前，为我国跨境电子商务未来的发展提供了必要的内生性动力。因此，我国跨境电子商务迎来了快速发展时期。

跨境电子商务的迅速发展也对电子商务、国际贸易等专业的教育提出了新的挑战，如传统"集装箱"式的大额交易正逐渐被小批量、多批次的"碎片化"进出口贸易取代，新的模式正在不断出现。因此，如何从科学的视角来观察跨境电子商务的发展，为参与现在和未来的跨境电子商务活动打下基础，需要一套系统的知识体系来支撑。作为长期从事跨境电子商务教学的一线教师，我们一直在努力寻找一套能够充分吸收最新理论研究和实践成果的跨境电子商务教材，但目前很难找到。从2016年开始，我们即着手编写本书，在编写的过程中，我们努力追求和体现科学性和教学的适用性。编写工作系统而艰巨，参与编写的老师查阅了大量国内外相关资料，进行了大量的探索性工作，最终成书。

本书包括八章内容：第1章，导论；第2章，跨境电子商务模式；第3章，跨境电子商务平台；第4章，跨境支付；第5章，跨境物流管理；第6章，跨境网络营销；第7章，跨境电子商务与CRM；第8章，跨境电子商务安全。

本书由韩小蕊、樊鹏任主编，王影任副主编，参与编写的人员均为跨境电子商务的教学研究者，编写工作分工如下：韩小蕊（前言、第1、2章）、樊鹏（第3、4、8章）、王影（第5、7章），王炎（第6章）。在分工完成初稿后，由韩小蕊进行统稿。另外，感谢代栋栋、陈进丁、苏湘毅和袁海琛等在资料搜集和文件整理过程中给予的支持。本书由蔡军进行全书的审定工作。

在本书的编写过程中，作者借鉴了国内外大量的出版物和网上资料，在此谨向各位学者表示由衷的敬意和感谢。由于跨境电子商务的飞速发展和作者的水平有限，书中难免存在不足之处，欢迎广大读者批评指正。

韩小蕊

2017年6月1日

目 录

前言
第1章 导论 ………………………… 1
  1.1 什么是跨境电子商务 ……… 1
    1.1.1 跨境电子商务的概念和特点 … 1
    1.1.2 跨境电子商务的分类 ……… 4
  1.2 跨境电子商务的发展现状 … 6
    1.2.1 全球跨境电子商务的发展现状 … 6
    1.2.2 中国跨境电子商务的发展 … 8
  案例分析 ……………………… 13
  本章小结 ……………………… 16
  本章习题 ……………………… 16
第2章 跨境电子商务模式 ……… 17
  2.1 跨境电子商务B2B ………… 18
    2.1.1 跨境电子商务B2B的概念 … 18
    2.1.2 跨境电子商务B2B的模式 … 18
    2.1.3 跨境电子商务B2B的物流配送 … 19
    2.1.4 跨境电子商务B2B的付款方式 … 21
    2.1.5 跨境电子商务B2B的盈利模式 … 23
    2.1.6 跨境B2B平台案例——敦煌网 … 27
  2.2 跨境电子商务B2C ………… 30
    2.2.1 跨境电子商务B2C的概念 … 30
    2.2.2 跨境电子商务B2C的模式 … 31
    2.2.3 跨境电子商务B2C的优劣势分析 … 32
    2.2.4 跨境电子商务B2C平台案例 … 34
  2.3 跨境电子商务C2C——海外代购 … 37
    2.3.1 海外代购模式的概念 …… 37
    2.3.2 海外代购模式的类型 …… 37
    2.3.3 海外代购平台——洋码头 … 39
  案例分析 ……………………… 41
  本章小结 ……………………… 44
  本章习题 ……………………… 44
第3章 跨境电子商务平台 ……… 45
  3.1 跨境电子商务平台概述 …… 45
    3.1.1 跨境电子商务平台的含义 … 45
    3.1.2 跨境电子商务平台的主要模式 … 46
  3.2 跨境电商平台的服务和交易方式：以阿里巴巴跨境电子商务平台为例 … 47
    3.2.1 阿里巴巴国际站平台 …… 47
    3.2.2 全球速卖通平台 ………… 48
  3.3 跨境电商平台迅速发展的主要原因 … 48
    3.3.1 跨境电商平台具有更强大的信息沟通和匹配撮合功能 … 48
    3.3.2 跨境电商平台能够提供更为便捷的交易服务 … 49
  3.4 阿里巴巴国际站操作案例 … 50
    3.4.1 阿里巴巴国际站简介 …… 50
    3.4.2 阿里巴巴国际站首页功能介绍 … 50
    3.4.3 阿里巴巴国际站账号设置 … 51
    3.4.4 产品发布的步骤与内容 … 52
  案例分析 ……………………… 61
  本章小结 ……………………… 63
  本章习题 ……………………… 63
第4章 跨境支付 …………………… 64
  4.1 国际货款结算方式 ………… 64
    4.1.1 普通银行电汇 …………… 65
    4.1.2 专业国际汇款公司 ……… 65
  4.2 国际货款结算工具 ………… 71

4.2.1　汇票 …………………… 72
　　4.2.2　本票和支票 …………… 75
　　4.2.3　本票、汇票与支票的区别…… 78
4.3　结算方式——信用证 ………… 79
　　4.3.1　信用证的当事人 ……… 79
　　4.3.2　信用证的内容 ………… 80
　　4.3.3　信用证的收付程序 …… 81
　　4.3.4　信用证的种类 ………… 82
4.4　结汇和退税 …………………… 90
　　4.4.1　收妥结汇 ……………… 90
　　4.4.2　定期结汇 ……………… 90
　　4.4.3　出口押汇 ……………… 90
案例分析 ……………………………… 91
本章小结 ……………………………… 94
本章习题 ……………………………… 94

第5章　跨境物流管理 …………… 95
5.1　跨境物流概述 ………………… 95
　　5.1.1　跨境物流的概念与特征 …… 96
　　5.1.2　跨境物流与跨境电子商务的关系 …… 98
　　5.1.3　跨境物流的现状及发展趋势 …… 98
5.2　跨境物流的方式 ……………… 101
　　5.2.1　邮政物流 ……………… 101
　　5.2.2　商业快递 ……………… 102
　　5.2.3　专线物流 ……………… 103
　　5.2.4　海外仓储集货的物流方式 …… 104
　　5.2.5　其他物流方式 ………… 105
5.3　跨境物流的运输方式 ………… 106
　　5.3.1　海洋运输 ……………… 106
　　5.3.2　铁路运输 ……………… 109
　　5.3.3　大陆桥运输 …………… 110
　　5.3.4　航空运输 ……………… 111
5.4　跨境物流运输单据 …………… 112
　　5.4.1　海运提单 ……………… 112
　　5.4.2　海运单和电子提单 …… 115
　　5.4.3　铁路运输单据 ………… 115
　　5.4.4　航空运输单据 ………… 117
　　5.4.5　邮包收据 ……………… 117
　　5.4.6　多式联运单据 ………… 118

5.5　跨境物流管理要素 …………… 120
　　5.5.1　跨境物流运输保险管理 …… 120
　　5.5.2　跨境物流仓储管理 …… 122
　　5.5.3　跨境物流系统 ………… 123
案例分析 ……………………………… 126
本章小结 ……………………………… 129
本章习题 ……………………………… 129

第6章　跨境网络营销 …………… 131
6.1　跨境电子商务平台推广——以速卖通为例 ………………………… 132
　　6.1.1　全球速卖通平台的运营过程 …… 132
　　6.1.2　速卖通直通车的应用 … 137
　　6.1.3　跨境电子商务店内推广——速卖通营销工具与活动 …… 140
　　6.1.4　速卖通营销技巧 ……… 146
6.2　跨境电子商务营销推广 ……… 150
　　6.2.1　SNS营销 ……………… 150
　　6.2.2　搜索引擎营销 ………… 159
案例分析 ……………………………… 167
本章小结 ……………………………… 168
本章习题 ……………………………… 168

第7章　跨境电子商务与CRM …… 169
7.1　客户关系管理的概念与内涵 … 169
　　7.1.1　CRM的概念 …………… 169
　　7.1.2　CRM的内涵 …………… 170
　　7.1.3　CRM的分类 …………… 171
　　7.1.4　CRM的功能 …………… 172
　　7.1.5　CRM中的相关技术与应用趋势 …………………… 174
7.2　跨境电子商务CRM的类型 …… 174
　　7.2.1　运营型CRM …………… 174
　　7.2.2　分析型CRM …………… 175
　　7.2.3　e-CRM ………………… 177
　　7.2.4　CRM系统功能模块 …… 178
7.3　数据挖掘在客户分析中的应用 …………………………… 179
　　7.3.1　数据挖掘概述 ………… 179
　　7.3.2　数据挖掘工具及其选择 …… 180

7.3.3 消费者数据分析与客户关系
　　　　 管理 …………………………… 182
7.4 客户关系管理与客户行为
　　 分析 …………………………………… 183
　　7.4.1 客户满意度指数模型介绍 …… 183
　　7.4.2 客户购买决策过程 …………… 184
　　7.4.3 客户期望 ……………………… 187
　　7.4.4 客户对质量的感知 …………… 188
　　7.4.5 客户对价值的感知 …………… 189
　　7.4.6 客户满意度 …………………… 191
　　7.4.7 客户抱怨 ……………………… 192
　　7.4.8 客户忠诚度 …………………… 194
7.5 CRM 系统设计 ……………………… 196
　　7.5.1 总体设计 ……………………… 196
　　7.5.2 接口设计 ……………………… 198
　　7.5.3 运行设计 ……………………… 198
　　7.5.4 系统数据库详细设计 ………… 198
　　7.5.5 系统出错处理设计 …………… 199

案例分析 …………………………………… 200
本章小结 …………………………………… 201
本章习题 …………………………………… 201

第8章 跨境电子商务安全 ……………… 202
8.1 跨境支付安全 ……………………… 203
　　8.1.1 跨境支付欺诈风险 …………… 204
　　8.1.2 跨境支付交易风险 …………… 204
　　8.1.3 跨境交易资金风险 …………… 204
　　8.1.4 针对跨境电商中的支付安全问题的
　　　　 主要对策 ……………………… 205
8.2 物流安全 …………………………… 206
8.3 大数据时代的信息安全 …………… 206
8.4 监管安全 …………………………… 208
案例分析 …………………………………… 208
本章小结 …………………………………… 210
本章习题 …………………………………… 210
参考文献 ………………………………… 211

第1章 导　　论

随着电子商务的快速发展，跨境电子商务作为一种新型的对外贸易方式，已经在社会经济中占有越来越重要的地位。较传统贸易方式而言，跨境电子商务借助互联网技术，减少了很多不必要的中间环节，使得交易双方之间的信息更加对称，交易的速度和效率大幅提升。因此，本章首先介绍跨境电子商务的基本概念，在此基础上，再介绍跨境电子商务的特点、分类和发展情况。

导入案例：

2016年8月15日，亚马逊中国宣布，自2014年发布跨境战略以来，仅中国消费者购买亚马逊海外站点商品的跨境直邮订单总量已经突破1000万单，同时，2016年上半年亚马逊"海外购"销售总额已经达到了上一年同期的近4倍；亚马逊"海外购·闪购"上线一周年以来，月销售额实现近18倍的增长。同时，亚马逊中国还宣布亚马逊"海外购"奢品馆上线，从而进一步完善亚马逊"海外购"的选品布局。该馆囊括香奈儿、普拉达、菲拉格慕和华伦天奴等众多一线品牌的八大品类近5000款商品。亚马逊表示，未来将继续丰富高品质国际商品的品类及数量，进一步提升客户体验，提高跨境物流配送服务，让中国消费者足不出户购遍全球，推动整个跨境电子商务行业的进一步发展。

——摘自：《亚马逊中国自曝跨境电子商务战绩：直邮订单总量破千万》

1.1 什么是跨境电子商务

1.1.1 跨境电子商务的概念和特点

1. 电子商务的概念

电子商务是以信息网络技术为手段，以商品交换为中心的商务活动；也可理解为在互联网（Internet）、企业内部网（Intranet）和增值网（VAN，Value Added Network）上以电子交易方式进行交易活动和相关服务的活动，是传统商业活动各环节的电子化、网络化和信息化。电子商务通常是指在全球各地广泛的商业贸易活动中，在Internet的网络环境下，基于浏览器/服务器应用方式，买卖双方不谋面地进行各种商贸活动，实现消费者的网上购物、商户之间的网上交易和在线电子支付，以及各种商务活动、交易活动、金融活动和相关的综合服务活动的一种新型的商业运营模式。

各国政府、学者及企业界人士根据自己所处的地位和对电子商务参与的角度和程度的不同，对电子商务的概念给出了许多不同的定义，即便如此，电子商务的关键依然是依靠着电子设备和网络技术进行的商业模式。随着电子商务的高速发展，它已不仅仅包括其购物的主要内涵，还应包括物流配送等附带服务。电子商务包括电子货币交换、供应链管理、电子交易市场、网络营销、在线事务处理、电子数据交换（EDI）、存货管理和自动数据收集系统等。在此过程中，电子商务所利用的信息技术包括互联网、Web网、电子邮件、数据库、电子目录和移动电话等。

电子商务有广义和狭义之分。

狭义上讲，电子商务（Electronic Commerce，EC）是指：通过使用互联网等电子工具（包括电报、电话、广播、电视、传真、计算机、计算机网络和移动通信等）在全球范围内进行的商务贸易活动。电子商务是以计算机网络为基础所进行的各种商务活动，包括商品和服务的提供者、广告商、消费者及中介商等有关各方行为的总和。人们一般理解的电子商务是指狭义上的电子商务。

广义上讲，电子商务一词源自于Electronic Business，就是通过电子手段进行的商业事务活动。通过使用互联网等电子工具，使公司内部、供应商、客户和合作伙伴之间，利用电子业务共享信息，实现企业间业务流程的电子化，配合企业内部的电子化生产管理系统，提高企业的生产、库存、流通和资金等各个环节的效率。

无论是广义的还是狭义的电子商务的概念，电子商务都涵盖了两个方面：一是离不开互联网这个平台，没有了网络，就不能称为电子商务；二是通过互联网完成的是一种商务活动。

2. 跨境电子商务的概念

一般认为，电子商务是一种以互联网为基础、交易双方为主体、网络支付和结算为手段、客户数据为依托的全新商务模式。电子商务最大的特点包括跨时空性、虚拟性和网络交互性等特性，而跨境电子商务是电子商务应用中较为高级的一种形式。

对于跨境电子商务的概念，从其产生就没有一个统一的定义，众多学者和业界人士都从各自的角度阐述了对跨境电子商务的认识。起初，跨境电子商务被认为是一种新型贸易方式，是指不同国家或地区的交易双方通过互联网、快递等形式通关，将传统贸易中的展示、洽谈和成交环节数字化，实现产品的进出口的一种贸易模式。随后，跨境电子商务的概念又有所延伸，指不同国家或地区间的交易双方（个人或企业）通过互联网及其相关信息平台实现的各种商务活动，包括进口和出口两个层面的总和。与境内电子商务相比，跨境电子商务具备国际贸易的众多特征，例如，进出口环节中的通关、结算、运输、保险和支付，以及安全风险等问题，但它又不完全是传统贸易的网上延伸。跨境电子商务得以发展的重要前提是互联网技术，它的无国界性和全球性特征使得通过网络方式进出任何一个国家都不会受到地域和时间上的限制，这也恰恰是跨境电子商务的强大生命力所在，处在不同地方的买卖双方可以在跨境电子商务平台上随时进行交易，只需借助先进的电子商务操作流程。跨境电子商务还将交易货品的范围大大拓展，不仅包括可移动的、具有实物形态的商品，还包括不动产和服务，这在一定程度上减轻了因信息不对称带来的阻碍。例如，国内的用户可以通过海外的在线平台进行海外的房产等不动产的投资，商品交付则不必要求实物移动，可再通过网站交易出去。服务类贸易是最能体现跨境电子商务优越性的地方，买方完全可以通过网络购买到自己需要的服务，如应用软件的升级、音像制品和律师咨询服务等，卖方均可通过互联网传输，直接为客户提供优质服务，节省了大量的时间和人力物力消耗，提高了全球资源的有效利用，大大拓宽了贸易范围，将以前有些不大可能甚至不能够直接交易的产品和服务变得可以进行交易。

综上所述，可以认为跨境电子商务是电子商务应用过程中一种较为高级的形式，由分属不同关境的交易主体，通过电子商务平台达成交易、进行支付结算，并通过跨境物流送达商品、完成交易的一种国际商务活动。跨境电子商务作为一种新型的贸易方式，它依靠互联网和国际物流，直接对接终端，满足客户需求，具有门槛低、环节少、成本低和周期短等优势，已在全球范围内得到蓬勃发展。

3. 跨境电子商务的特点

跨境电子商务是基于互联网发展起来的，网络空间独特的价值标准和行为模式深刻地影响着跨境电子商务，使其不同于传统的交易方式而呈现出自己的特点。

（1）全球性

互联网是一个没有边界的媒介，具有全球性和非中心化的特征。依附于互联网产生的跨境电子商务也因此具有了全球性和非中心化的特性。电子商务与传统的交易方式相比，其中一个重要特点在于电子商务是一种无边界交易，丧失了传统交易所具有的地理因素。互联网用户不需要考虑跨越国界，就可以把产品尤其是高附加值产品和服务提供给全球市场。

跨境电子商务全球性的特征是一把双刃剑。其积极影响是信息得到最大程度的共享，任何人只要具备了一定的技术手段，在任何时候、任何地方都可以让信息进入互联网，从而相互联系进行交易；其消极影响是用户必须面临因文化、政治和法律的不同而产生的风险。对基于全球化的互联网建立起来的电子商务活动进行课税就困难重重，因为电子商务是基于虚拟的网络空间展开的，丧失了传统交易方式下的地理因素。比如，一家很小的地处爱尔兰的在线公司，通过一个可供世界各地的消费者点击观看的网页，就可以在全球范围销售其产品和服务，很难界定这一公司通过互联网产生的交易究竟是在哪个国家发生的，也就难以确定税收管辖权。

（2）无形性

互联网的发展给数字化产品和服务的传输提供了巨大的便利，而数字化传输是通过不同类型的媒介，如数据、声音和图像在全球化网络环境中集中进行的，这些媒介在网络中是以计算机数据代码的形式出现的，因而是无形的。以一个 E-mail 信息的传输为例，这一信息首先要被服务器分解为数以百万计的数据包，然后由 TCP/IP 通过不同的网络路径传输到一个目的地服务器并重新组织转发给接收人，整个过程都是在网络中瞬间完成的。

（3）匿名性

由于跨境电子商务的非中心化和全球性的特性，因此很难识别电子商务用户的身份和其所处的地理位置。在线交易的消费者往往不显示自己的真实身份和自己的地理位置，而这丝毫不影响交易的进行，互联网的匿名性也允许消费者这样做。当然，在虚拟社会里，隐匿身份的便利会导致自由与责任的不对称，人们在这里可以享受最大的自由，却只承担最小的责任，甚至干脆逃避责任。

（4）即时性

对于互联网而言，传输的速度与地理距离无关。传统交易模式，信息交流方式如信函、电报和传真等，在信息的发送与接收间，存在着长短不同的时间差。而跨境电子商务中的信息交流，即使实际时空距离遥远，但一方发送信息与另一方接收信息几乎是同时的，就如同生活中面对面交谈。某些数字化产品（如音像制品、软件等）的交易，还可以即时结清，订货、付款和交货都可以在瞬间完成。跨境电子商务交易的即时性提高了人们交往和交易的效率，免去了传统交易中的中介环节。

（5）无纸化

跨境电子商务主要采取无纸化操作的方式，这是以电子商务形式进行交易的主要特征。在跨境电子商务中，数据电文取代了一系列的纸面交易文件。由于电子信息以比特的形式存在和传送，整个信息发送和接收过程实现了无纸化。无纸化使信息传递摆脱了纸张的限制，既避免了浪费，又大大提高了信息传递的效率，降低了交易成本。

（6）成长性

跨境电子商务是一个新生事物，现阶段它处于快速时期，未来不管是技术还是商务模式等方面都具有很大的不确定性。比如，新技术的出现和发展可能会逐步消除跨境电子商务过程中信息不对称的问题，必将以前所未有的速度和无法预知的方式不断演进。基于互联网的电子商务活动也处在瞬息万变的过程中，短短的几十年中，电子交易经历了从 EDI 到电子商务零售业的兴起的过程，而数字化产品和服务更是花样百出，不断地改变着人类的生活。

1.1.2 跨境电子商务的分类

按照商业模式划分，跨境电子商务分为 B2B、B2C 和 C2C 共 3 种类型。按跨境平台服务类型划分，跨境电子商务平台分为信息服务平台和在线交易平台。但在跨境电子商务市场中，跨境 B2B 模式在整体跨境电子商务行业中尤为重要，扮演着支柱型产业的角色，且跨境 B2B 平台的交易规模始终占据着整体跨境电子商务市场交易规模的 90% 以上。按照跨境产品流向，跨境电子商务分为出口和进口两类，后者目前在国内主要为海淘服务。

1. 跨境电子商务模式分类

（1）跨境 B2B 电子商务

B2B 电子商务是电子商务的一种模式，是英文 Business - to - Business 的缩写，是指企业间的电子商务，即企业与企业之间通过互联网进行产品、服务及信息的交换。跨境 B2B 电子商务是指分属不同关境的企业对企业，通过电商平台达成交易、进行支付结算，并通过跨境物流送达商品、完成交易的一种国际商业活动。

（2）跨境 B2C 电子商务

B2C 电子商务是英文 Business - to - Customer 的缩写，是指企业针对个人开展的电子商务活动的总称，如企业为个人提供在线医疗咨询、在线商品购买等。跨境 B2C 电子商务是指分属不同关境的企业直接面向消费个人开展在线销售产品和服务，通过电商平台达成交易、进行支付结算，并通过跨境物流送达商品、完成交易的一种国际商业活动。

（3）跨境 C2C 电子商务

C2C 电子商务是英文 Customer - to - Customer 的缩写，指的是个人与个人之间的电子商务。C2C 电子商务主要通过第三方交易平台实现个人对个人的电子交易活动。跨境 C2C 电子商务是指分属不同关境的个人卖方对个人买方开展在线销售产品和服务，由个人卖家通过第三方跨境电子商务平台发布产品和服务，售卖产品信息、价格等内容，个人买方进行筛选，最终通过电商平台达成交易、进行支付结算，并通过跨境物流送达商品、完成交易的一种国际商业活动。

2. 跨境电子商务平台分类

（1）以产业终端用户类型分类

跨境电子商务平台按照产业终端用户类型可以分为跨境 B2B 平台、B2C 平台和 C2C 平台。

1)跨境 B2B 平台。B2B 跨境电子商务平台所面对的最终客户为企业或集团客户,为客户提供企业、产品和服务等相关信息。目前,中国跨境电子商务市场交易规模中 B2B 跨境电子商务市场交易规模占总交易规模的 90% 以上。在跨境电子商务市场中,企业级市场始终处于主导地位。代表企业有敦煌网、中国制造网、阿里巴巴国际站和环球资源网等,图 1-1 所示为敦煌网首页。

图 1-1　敦煌网网站首页

2)跨境 B2C 平台。B2C 跨境电子商务平台所面对的最终客户为个人消费者,针对最终客户,以网上零售的方式将产品售卖给个人消费者。

3)跨境 C2C 平台。与 B2C 跨境平台不同的是,其经营主体为个人,面向的也是个人消费者,而且在不同垂直类目商品销售上也有所不同,例如,Focal Price 主营 3C 数码电子产品,兰亭集势则在婚纱销售上占有绝对优势。C2C 跨境电子商务平台正在逐渐发展,且在我国整体跨境电子商务市场交易规模中的占比不断升高。在未来,C2C 跨境电子商务市场将会迎来大规模增长。跨境 C2C 平台的代表有全球速卖通、DX、兰亭集势、米兰网和大龙网等,图 1-2 所示为全球速卖通网站首页。

图 1-2　全球速卖通网站首页

(2)以服务类型分类

跨境电子商务平台按照服务类型可以分为信息服务平台和在线交易平台。

1)信息服务平台。信息服务平台主要是为境内外会员商户提供网络营销平台,传递供应商或采购商等商家的商品或服务信息,促成双方完成交易。代表企业有阿里巴巴国际站、环球资源网和中国制造网等。

2)在线交易平台。在线交易平台不仅提供企业、产品和服务等多方面信息展示,并且可以通过平台线上完成搜索、咨询、对比、下单、支付、物流和评价等全购物链环节。在线交易平台模式正在逐渐成为跨境电子商务中的主流模式。代表企业有敦煌网、速卖通、DX、米兰网和大龙网等。

(3)以平台运营方分类

跨境电子商务平台按照平台运营方可以分为第三方开放平台和自营型平台。

1)第三方开放平台。第三方开放平台型电商通过线上搭建商城,并整合物流、支付和运营等服务资源,吸引商家入驻,为其提供跨境电子商务交易服务。同时,平台以收取商家佣金及增值服务佣金作为主要盈利模式。代表企业有速卖通、敦煌网、环球资源网和阿里巴巴国际站等，图1-3所示为环球资源网网站首页。

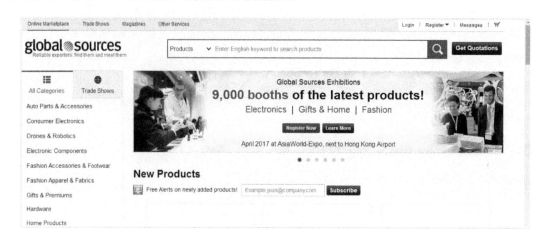

图1-3　环球资源网网站首页

2）自营型平台。自营型电商通过在线上搭建平台，平台方整合供应商资源，通过较低的进价采购商品，然后以较高的售价出售商品，自营型平台主要以商品差价作为盈利模式。代表企业有兰亭集势、米兰网和大龙网等。

1.2　跨境电子商务的发展现状

1.2.1　全球跨境电子商务的发展现状

电子商务全球化的大格局是我国企业开展跨境电子商务的大背景。全球互联网用户保持增长，从2015年的32亿提升至2016年的35亿，互联网普及率达到47.1%。同时，互联网推动了更多跨境货物和服务贸易，使更多消费者和企业摆脱国家边界限制。目前，欧盟地区有超过1/4的消费者在线购买非欧盟国家商品，这个比例在欧元区国家更高，其中最高的是奥地利。英国、德国和法国是欧洲地区最受国外消费者青睐的跨境电子商务进口目的国。在拉美，巴西跨境电子商务交易人数到2018年预计会达到1000万左右，交易额年均增长率估计会达到25%。哥伦比亚、巴拉圭和委内瑞拉等国家，由于国内电子商务交易水平较为落后，大多数网购都是通过跨境电子商务交易的方式进行。在亚洲，新加坡跨境电子商务交易在电子商务交易中的比例最高，其次是马来西亚，日本的网购也有1/5是通过跨境电子商务的方式完成的。

1. 欧洲跨境电子商务发展现状

欧洲地区已成为全球最大的跨境电子商务市场，规模占全球电子商务市场的1/3。欧洲电子商务市场可以分为北部成熟的市场、南部增长迅速的市场和东部新兴市场。一旦资金和物流体系有所改善，东部新兴市场将会有很大改变。以俄罗斯为例，该国电子商务发展环境较好，但俄罗斯较低的信用卡渗透率及相对落后的物流服务，导致了俄罗斯的跨境电子商务仍停留在现金交易为主的阶段。

网上交易对经济的贡献率逐步增长，互联网对欧盟GDP的贡献正在迅速增加，尤其是法国，它引领了欧洲跨境电子商务的潮流。除了为各国GDP做出贡献以外，跨境电子商务同时也为高失业率的欧洲创造了很多就业岗位。同时，移动设备的应用增加了电子银行和电子支付的使用，改变了移动支付的发展前景，一定程度上刺激了跨境电子商务的发展，也给消费者提供了更多购买跨境商品和跨境服务的可能性。

一个统一的欧洲市场能给商户提供巨大商机，但是只有27%的欧洲电子零售店主在跨境销售他们的产品；在不同地区，消费者的购买速度和商户的销售速度存在很大差异。由于相应的税法和物流因素，商户们似乎还是不愿做跨境电子商务。尽管如此，欧洲仍是世界上最有潜力的跨境电子商务地区和最有希望成为增长最快的跨境电子商务地区。但同时，由于欧洲各国法律和监管体系存在差异，给零售商造成了更高的成本，同时也破坏了消费者对跨境电子商务的信任。欧洲立法的多样性也同时阻碍了欧洲跨境电子商务的进一步发展。欧洲的商家认为，如果能够利用多渠道机会在线销售跨境物品，他们的销售额会大幅增长。促进在线交易的增长，目前已成为欧盟的经常性议题。为了达到这一目标，欧盟设立了统一数字市场来消除技术和法律的障碍。2007年，欧盟立法合作者通过了一项支付服务指导意见，除了为统一欧洲支付提供法律基础外，这个指导意见还引进了一项新的认证制度，以鼓励非银行机构进入支付市场；建立了一个有着高透明度的共同的支付标准；在欧盟及其他地区执行最大限度使用欧元和其他欧洲货币支付；针对一些成员国，在供应商和消费者之间引进一种快速责任制来对消费者进行保护。为了更好地保护和促进跨境电子商务市场，欧盟执行委员会将这些都移植到了法律中，多渠道跨境电子商务可能会潜在地为欧盟贡献10%的GDP。

2. 北美跨境电子商务发展现状

全球约1/3的跨境电子商务买家集中在北美。在在线零售领域，美国是世界上最大的市场。超过半数的美国商户都从国外接受订单。在跨境运送服务方式中，45%的美国商户会选择标准邮政渠道。跨境电子商务涵盖各个商品类别，目前，美国的跨境电子商务消费中，服装、消费电子及家庭用品网店的销售增长率较大。

语言是跨境电子商务的有趣动力，因为在线销售一般开始于搜索，顾客会用自己的母语进行搜索，而搜索习惯是由语言驱动的；关键词是找到信息的催化剂，从而引导网购者到达指定的网络商店。美国与邻国加拿大，以及英国、澳大利亚和新西兰都使用英语，消除了跨境电子商务的语言障碍。中文和法语也是美国特定地区的语言，这推动了美国与采用相应语言的其他国家和地区之间开展跨境电子商务。

虽然加拿大的互联网、手机和银行服务的普及率很高，但由于加拿大地广人稀，因此物流制约了加拿大偏远地区跨境电子商务的发展。加拿大也是美国跨境电子商务的重要市场之一，因为其税率比美国要更加优惠。加拿大信用卡的渗透率也非常高，81%的在线支付都是信用卡支付，紧随其后的是使用PayPal支付。这些因素都促进了加拿大跨境电子商务的发展。

3. 亚洲跨境电子商务发展现状

在亚洲，日本和韩国跨境电子商务的发展独树一帜，由于互联网渗透率很高，使得网络购物和"海淘"在日本和韩国也非常普遍。在人口众多的印度，互联网普及率相对较低，主要是由于在印度偏远地区只有3%的人口可以上网。印度的网络状况十分多样化，城镇和农村的情况相差悬殊。尽管如此，印度在线交易量的基数仍然很大，移动终端在在线交易中占据主导地位。当前印度互联网渗透率正在急速上升，跨境电子商务机会巨大。随着3G和4G技术的应用，印度网络交易额必将迅猛增长。马来西亚也是亚洲具有较强跨境电子商务发展潜力的国家，该国超过半数的人口都上网。

通过分析发现，全球电子商务呈现出传统强国仍居主导地位、新兴市场快速增长及跨境电子商务潜力巨大等主要特征。

1.2.2　中国跨境电子商务的发展

1. 我国跨境电子商务发展历程

我国跨境电子商务总共经历了3个阶段，实现了从信息服务，到在线交易、全产业链服务的跨境电子商务产业转型。

（1）第一阶段，跨境电子商务1.0阶段（1999～2003年）

这个阶段，跨境电子商务主要的商业模式是网上展示、线下交易的外贸信息服务。这个时期的跨境电子商务主要做两件事，一是网络渠道的搭建，二是网络推广。跨境电子商务竞争的焦点就集中在全网营销渠道搭建的效率，以及网络营销推广的力度。网站建设、搜索引擎和网络黄页等成为企业网络应用的三大热点。对于外贸企业来说，互联网的应用极大地降低了中小企业业务运营成本，提供了与大企业平等竞争的机会，同时也拓宽了面向国际市场的新通道。

在跨境电子商务1.0阶段，以阿里巴巴国际站平台和环球资源网为典型代表。这些平台为企业提供了向国外买家展示、推广企业和产品的机会，帮助他们拓展国际市场。

（2）第二阶段，跨境电子商务2.0阶段（2004～2012年）

随着2004年敦煌网的上线，跨境电子商务2.0阶段拉开了帷幕。在这个阶段，虽然网络渠道和网络营销依然重要，但是已经不是企业开展跨境电子商务要考虑的全部内容了，外贸企业开始借助电子商务平台，将服务和资源进行有效整合，将线下交易、支付和物流等流程实现电子化，逐步建设在线交易平台。在跨境电子商务2.0阶段，跨境电子商务平台对收费模式进行了颠覆，免收注册费，取而代之以收取佣金及增值服务费为主要收费模式。

（3）第三阶段，跨境电子商务3.0阶段（2013年至今）

2013年，随着大型工厂的上线、订单比例大幅度提升、大型服务商的加入和移动用户量的大爆发，以及跨境电子商务平台的全面升级，跨境电子商务3.0"大时代"到来。在这个阶段，跨境电子商务开始呈现出两个非常重要的特征，一是大外贸开始走上跨境电子商务平台，二是移动化趋势的凸显。

国内买家、国际采购商，以及整个产业链的供应链结构，都在发生着变化。传统的外贸工厂、供应商和制造企业开始纷纷进入跨境电子商务领域，越来越多的网商们开始谋求新作为，如在海外建立平台、建立海外仓等；大型服务商也开始进入到跨境电子商务的产业链中，整个供应链体系的中间环节呈现出多样化，支付、金融、保险、物流和仓储等环节也纷纷加入了跨境电子商务领域。而大型银行机构也不甘落后，如敦煌网与建设银行开发了一套自动化的、基于商户在网上进行交易的订单系统，帮助中小企业解决微小融资的问题。跨境电子商务的移动化不仅仅是工具上的变革，更是思维的变革，跨境电商不仅仅是外贸在互联网的延伸，它更会颠覆甚至重新构造整个产业链的格局。

2. 我国跨境电子商务的发展现状

受 2008 年国际金融危机的影响，2010 年以来我国进出口贸易增速明显下滑。2011 年和 2012 年进出口贸易总额分别为 23.6 万亿元和 24.3 万亿元，增速分别为 16.8% 和 3.0%，呈现显著的减缓趋势。鉴于外部市场环境的不确定性，国内劳动力、资源、能源等要素成本和资产价格的明显上涨，加之人民币持续升值，贸易摩擦不断加剧，我国传统进出口贸易的前景堪忧。随着"互联网 +"时代的来临，跨境电子商务有望成为对冲出口增速放缓的利器。以跨境电子商务为代表的新型贸易近年来的发展脚步正在逐渐加快，并有望成为中国贸易乃至整个经济的全新增长引擎。

我国 2009 年跨境电子商务交易规模总额为 0.9 万亿元，2010 年增长至 1.2 万亿元，增长率达 33.3%。2011 年和 2012 年交易规模分别为 1.6 万亿元和 2.0 万亿元，增长率分别为 33.3% 和 25.0%。跨境电子商务占我国进出口交易总规模的比重也在不断提高，2008 年仅占 4.4%，2012 年就达到了 8.2%。如果 2003 年被称为电商元年，那么 2013 年则是跨境电商元年，大量传统外贸工厂、企业和本土品牌商进入外贸电商领域。2013 年我国跨境电子商务交易规模已经达到 2.9 万亿元，增长率为 31.3%，占进出口贸易总额的 11.9%。2015 年，我国跨境电子商务交易规模为 5.1 万亿元，同比增长 28.6%。2016 年，我国跨境电子商务交易规模达到 6.3 万亿元。根据艾瑞咨询的数据预测，未来几年跨境电子商务将继续保持平稳快速的发展，预计到 2017 年，跨境电子商务在进出口贸易总额中所占的比例将达到 20% 左右。图 1-4 所示为 2013～2018 年中国跨境电子商务交易规模趋势图。

图 1-4　2013～2018 年中国跨境电子商务交易规模趋势图

数据来源：商务部、海关、艾瑞咨询

从结构上看，跨境出口电商的比例长期高于跨境进口电商的比例，中国跨境电子商务的发展将始终以出口为主，进口为辅。我国近年来力促跨境电子商务的发展，更多政策出台旨在扶持传统外贸企业借助互联网的渠道实现转型升级。中国跨境电子商务的交易模式中，跨境电子商务 B2B 交易占据主导地位和绝对优势，跨境电子商务 B2C 交易占比约为 10%。未来跨境电子商务将快速发展，2017 年跨境电子商务交易额将占我国进出口贸易总额的 20% 左右。而其中居主导地位的仍是出口电商，占比约保持在 80% 以上，预计未来几年我国出口电商交易规模仍将保持 20%～25% 的增速，2017 年将达到 6.64 万亿元的规模。未来随着跨境物流、跨境支付等关键环节的进一步完善，以及跨境电子商务企业盈利能力的进一步提升，我国跨境电子商务将迎来黄金发展期。未来我国跨境电子商务重点将从 B2C 模式转向

B2B模式。B2B模式具有更大的发展潜力，特别是通过推动制造型企业上线，促进外贸综合服务企业和现代物流企业转型，从生产和销售端共同发力，这将成为跨境贸易电子商务发展的主要动力。

3. 我国跨境电子商务发展背景

（1）旺盛的用户需求是我国跨境电子商务发展的现实基础

随着国内消费者消费习惯的改变，以及对国外商品的需求的不断增加，导致国内消费者对跨境电子商务的需求也日渐旺盛。同时消费者的购买力也在逐渐增强。根据尼尔森调查显示：高收入高学历年轻人成为跨境网购主力军，主要集中在26～35岁的年轻男性，以及26～40岁之间的女性中。相比国内网购，偏爱跨境网购的人更多在独资、合资或外资工作，教育程度普遍较高，多数家庭月收入超过11000元。相比传统网购，跨境网购呈现"频次略低"但"客单价更高"特点。3成跨境网购购物者年的购买频率达3～5次，频次为国内网购的76%。然而，跨境网购达到国内网购客单价的176%。其中约1/4的受访者跨境网购单次花费在1000～3000元，11%消费者单次花费在5000元以上。消费者强劲的购买力，势必成为整个跨境电子商务行业发展的源动力。

旺盛的用户需求也促使跨境电子商务企业销售的产品品类从服装服饰类、3C电子类、计算机及配件类、家居园艺类、珠宝类、汽车配件类、食品药品类等便于物流运输的产品，向家居家装类、汽车等交通工具类等大型产品扩展。跨境电子商务企业的发展需要不断扩张，产生规模效应，并使消费者具有强烈的购买欲望，产品品类的增加则是提升消费者购买欲望非常直接的方式。同时，产品品类的扩张将使得中国境内消费者与国际范围内的消费者的日常生活联系越来越紧密，从而也可以充分发掘境内消费者的购买潜力，消费者对境外产品的需求也就更多形成一个良性循环的过程。

从销售商品品类变化趋势可以看出，我国跨境电子商务已经与消费者的日常生活联系得越来越紧密，跨境电子商务对消费者的日常工作生活正在产生持续影响，这种影响还将继续加深或者扩大。同时跨境电子商务发展必须依靠的科学技术和物流方式也在进行不断的发展和创新，这些都将导致跨境电子商务出口经营的商品品类会持续扩充。与此相对应，跨境消费品进口的产品品类也同步持续扩充。

（2）降低成本的利益驱动推动跨境电子商务的发展

首先，跨境电子商务具有去中间商作用，使商品越过一些国外渠道直接面对当地消费者，避免了传统外贸模式中利润多被国外渠道攫取的状况。其次，跨境电子商务由于不受地理空间的制约，企业可以减少海外分支机构的设立，从而大大降低了企业进行海外市场扩张的成本，同时一些小企业也有机会开展国际贸易。再次，可以减免出国谈判磋商的频次，大幅降低成交的代价。最后，用网络营销取代传统的境外营销手段，不仅节约营销成本，而且借助网络营销的丰富手段和精准定位可以取得更好的营销效果。因此，跨境电子商务对比传统国际贸易，将极大地降低交易成本，其中产生了巨大的商机。从消费者角度来看，中间环节的减少，包括关税减免，进一步提高了进口消费品的吸引力。

（3）政策红利为跨境电子商务的蓬勃发展提供良好的土壤

自2012年至今，从中央政府至各地方政府，都在持续地释放跨境贸易利好政策。2013年至今，经海关总署批准的跨境电子商务进口试点城市已经有7个，分别为上海、广州、重庆、郑州、杭州、宁波和深圳，海关总署针对这些试点城市，先后发布了多个进出口零售电商政策文件。在 2014 年 3 月，海关总署下发《关于跨境贸易电子商务服务试点网购保税进口模式有关问题的通知》，对保税进口模式进行了界定，即境外商品入境后暂存保税区内，消费者购买后以个人物品出区，包裹通过国内物流的方式送达境内消费者。商品的价格构成为"商品标价＋行邮税"。明确了试点网购商品以"个人自用、合理数量"为原则，同时明确了试点商品范围、个人购买金额和数量等关键问题。

2014 年 7 月，海关总署的《关于跨境贸易电子商务进出境货物、物品有关监管事宜的公告》具体明确了企业注册登记及备案管理、电子商务进出境货物及物品通关管理、电子商务进出境货物及物品物流监控等监管问题。

2014 年 7 月 30 日，海关总署下发《关于增列海关监管方式代码的公告》，明确了保税跨境贸易电子商务贸易方式等问题。以上即为通常所说的"56 号"和"57 号"文，不同程度地在政策层面为跨境电子商务释放红利。目前，各试点均制定了自己的相关规定，对具体操作进行了进一步的规定，均为促进跨境电子商务发展指明了方向。

2015 年出台的《关于加快培育外贸竞争新优势的若干意见》和《关于促进跨境电子商务健康快速发展的指导意见》，鼓励培育跨境电商平台，鼓励有条件的企业拓展"海外仓"，积极抢占国际电商市场，使我国跨境电子商务向产业链协同化、服务集约化和管理规范化迈出一大步。2016 年 1 月 6 日国务院第一次会议指出，合理布局，注重特色，新设杭州跨境电子商务综合试验区，带动上海、天津等 10 个跨境电商试点城市的快速发展。可以预计，随着国家一系列利好政策的出台和"一带一路"倡议的实施，跨境电商新的浪潮正在酝酿与涌动，并将成为推动我国经济发展的网上丝绸之路。

4. 我国跨境电子商务未来发展趋势

（1）以出口为主导

对于中国外贸出口而言，跨境电子商务能够有效化解当前外贸企业所面临的突出问题，通过拓展市场、促进转型、树立品牌，把跨境电子商务打造成为外贸出口的新的增长点。从国际上看，鼓励出口是各国的通行做法，跨境电子商务也不例外。在目前及将来，必须坚持以出口为主的方针。跨境电子商务出口卖家正在从广东、江苏和浙江等沿海地区向中西部拓展，正在由 3C 等低毛利率标准品向服装、户外用品、健康美容、家居园艺和汽配等新品类扩展，这将为我国出口电商的发展提供新的空间。

（2）适度发展进口

近年来，跨境电子商务进口业务发展出许多模式，如代购模式、海淘模式、直邮模式和保税备货模式等。在发展初期，国家本着先发展后规范的初衷，对于进口模式持开放态度，鼓励积极探索，甚至给予极为优惠的政策，但是这也导致了许多地方跨境电子商务的野蛮生长。从长期来看，跨境电子商务进口对于丰富国内商品供给、提升居民消费层级有积极作用，但是必须明确，那种以税收优惠作为主要竞争手段的发展模式将难以为继，竞争将更多地体现在品牌、质量、服务和效率上。今后，我国政府仍将适度发展跨境电子商务进口，进行政策创新，促进跨境电子商务新业态发展，提高我国跨境电子商务的发展质量。

（3）阳光化将是大势所趋

由于历史原因和体制机制的不完善，海关驻邮局监管机构对通过邮包寄送的商品包裹的综合抽查率较低，难以对每个邮包进行拆包查验，大量的海淘快件邮包并不履行报关手续，实际上就是不计算进出口货值，不仅出口邮包不征税，进口邮包也基本不征税，直接导致出现了利用我国跨境电子商务商品政策漏洞的灰色通关现象。随着跨境电子商务规模的扩大，开正门、堵偏门，将灰色清关物品纳入到法定行邮监管的必要性不断增强。同时，跨境电子商务阳光化有助于保障正品销售、降低物流成本、完善售后制度，是未来跨境电子商务发展的必然方向。未来，随着跨境电子商务试点阳光化的继续推进，监管经验的不断累积丰富，将使得阳光模式流程化、制度化。

（4）建立海外仓，完善跨境物流体系

物流是电商发展的重要基础和支撑，也是目前中国跨境电子商务发展的主要瓶颈之一。从发展趋势来看，今后要促进国内物流快递企业的国际化发展，拓展国内物流快递企业的国际服务网络，提高物流配送效率，力求为客户量身打造仓配一体的一站式物流供应链服务；制定跨境物流配送企业服务质量标准，促进跨境物流配送企业提质增效；建设海外仓，帮助跨境电子商务跨越时空阻隔，提升用户体验。

海外仓是改进国际物流的重要举措。海外仓是指国内企业深入海外买家所在国家，在当地建立仓库并储存商品。当该国买家在线上下单之后，由当地的仓库直接向其派送包裹。建设海外仓可以有效解决国际物流时间过长、容易丢失、不能满足当地购物习惯与支付习惯、不能及时退换货，以及不能提供本土化的购物体验的问题，帮助电商降低物流成本、缩短交付时间、贴近用户服务。

（5）完善金融服务，开放第三方支付

目前，在跨境电子商务领域，银行转账、信用卡和第三方支付等多种支付方式并存。跨境电子商务B2B模式目前主要以传统线下模式完成交易，支付方式主要是信用证、银行转账等，如西联汇款。跨境电子商务B2C模式主要使用线上第三方支付方式完成交易。在国内市场，我国一批优秀的第三方支付机构，如支付宝、财付通和银联电子支付，已获得跨境电子商务外汇支付业务试点资格、跨境人民币支付业务试点资格和跨境汇款业务试点资格等跨境支付业务试点资格，陆续进军跨境支付领域，致力于提供高效、便捷、安全的跨境网络支付服务。它们可以通过银行为小额电子商务交易双方提供跨境互联网支付所涉及的外汇资金集中收付及相关结售汇服务。总体而言，我国第三方支付机构业尽管发展很快，但目前尚不具备国际竞争力。今后要继续推进金融创新，在风险可控的前提下进一步扩大支付限额，引导和支持国内金融机构特别是支付机构"走出去"，逐步完善跨境电子支付体系，有效满足境内外企业及个人跨境电子支付的合理需求，助推跨境电子商务的发展。

在除中国之外的全球市场，美国的第三方支付系统PayPal是规模最大的在线支付工具。作为美国公司，受制于中国政府尚未对外资第三方支付平台开放，PayPal无法在中国开展本地支付，但其为我国跨境电子商务提供外币在线支付服务已有多年。随着中国跨境电子商务在全球的崛起，PayPal与越来越多的国内跨境电子商务平台开展合作，并携手银联打通国内银行卡（包括借记卡），还将为中国商户正式推出B2B2C跨境电子商务解决方案。所以，应从发展大局考虑，尽快开放外资第三方支付机构在中国从事相关业务。

（6）建立"单一窗口"平台

建设"单一窗口"是国家推动与国际贸易规则接轨、扩大对外开放、推进口岸通关便利化的重大举措，在目前国际贸易形势严峻、全国全力稳定外贸增长的背景下具有现实意义。"单一窗口"的创举在于，打破海关、国检、海事和边检等口岸监管部门之间的"壁垒"，将各部门都需要提供的"同类项"合并，企业的所有申报行为只面对一个平台，且只需向平台一次递交全部申报信息及相关材料，实现一次性递交满足监管部门要求的标准化单证和电子信息，监管部门处理状态通过单一平台反馈给申报人。推行"单一窗口"建设，核心是信息共享，这不但可以提高政府监管效能，减少申报单证的重复录入和数据信息的差错，促进贸易程序便利，还能降低贸易和物流企业的物流成本。

（7）B2C 向 B2B 转型

跨境电商的发展从 B2C 模式开始，迅速发展。全球跨境电子商务 B2C 市场的规模不断壮大是重要的背景因素，但是，也应看到 B2C 模式的局限性，其在发展初期能够迅速聚拢人气、见到成效、烘托气氛，但是进出口的业务量很难做大，对进出口的增长作用有限。因此，只有转向 B2B 模式，业务量才可能有爆发式的增长，才能真正成为外贸出口的增长点。

（8）跨境电子商务发展生态圈

跨境电子商务是一个由跨境电子商务平台、电商企业、电商服务企业、政府和园区等组成的生态圈。一个好的生态圈，不仅是买卖，更要注重产业发展，要打通上下游，疏通左中右，营造良好环境。比如，杭州良好电商生态圈的构建为跨境电子商务发展提供了优质的土壤。因为杭州不仅有 B2B 电子商务交易平台阿里巴巴、全球最大的网络零售平台淘宝网，以及全球最大的网络支付平台支付宝等第三方支付平台，还有中国化工网、中国服装网、中国包装网和中国塑料网等一批行业领先企业；更有各类网店几十万家；还有 IT 服务、仓储物流、营销推广和视频美工等电子商务服务类企业 2000 多家；还有一达通、融易通、跨境通、跨境购等，以及浙江物产、杭州、宁波和义乌等跨境电子商务综合服务平台。

（9）平台模式成为服务共识

随着电商服务平台规模进一步扩大，将进一步强化"平台"的规模效应和网络效应，提高服务平台的生存能力和服务能力。一是政府各类公共服务平台，如从中央到省、市、县级的电子商务促进机构和电子商务园区，其服务模式将继续创新，在服务环节、服务范围和服务功能上实现更大突破，将扮演"公共服务"的角色，为跨境电子商务提供无处不在、随需随取、极其丰富、极低成本的商务服务，逐步实现现有的"工具性平台"向"生态性平台"过渡。二是各种交易平台占据了我国跨境电子商务较大的市场份额。其不参与交易，只是为平台上的买卖双方提供撮合机会。目前，跨境电子商务交易平台仍然是投资和发展的热点，国内众多电商公司纷纷推出国际板块和全球购的服务项目。三是进出口流程外包服务平台，就是外贸综合服务企业，如一达通，面向中小企业，通过互联网一站式为中小企业和个人提供通关、物流、外汇、退税和金融等所有进出口环节服务。

案例分析

传统外贸企业掘金中小企业跨境电子商务——辽宁迈克集团的转型之路

1. 企业背景介绍

辽宁迈克集团股份有限公司成立于 1994 年，最早可追溯到成立于 1960 年的辽宁省机械进出口公司，是集国际工程承包、国际贸易、国内贸易和仓储运输等于一体的综合性企业。设备时代（大连）电子商务有限公司为辽宁迈克集团全资子公司，公司旗下运营两大跨境电子商务平台——"设备时代"网和"出口时代"网，既为机电行业的中小企业提供外贸专业定制服务，又为其他行业的中小企业提供外贸综合业务服务，专注于支持中小企业无障碍、高效率、低成本地开展国际贸易，提供从市场开拓、报关报检、租船订舱，到退税、融资等国际贸易全价值链的一站式服务。其中，"出口时代"网是大连市首家外贸综合服务平台，获得了大连市电子商务示范企业认定。两大平台是辽宁省政府和辽宁省外经贸厅所共同认定的"全省外贸综合服务平台"，先后获得国家商务部"电子商务示范企业"和工信部"电子商务集成创新试点工程"两项认定。

2. 一箱可口可乐订单开启辽宁迈克电商路

1998年，辽宁迈克集团的一名业务员利用互联网与巴基斯坦客户达成交易，出口了一件20尺柜集装箱的可口可乐，开启了辽宁迈克集团电子商务创新之路。在电子商务应用初期，由于互联网普及程度低、企业没有应用意识及技术水平低等问题，导致电子商务的后续服务没有跟上，实施效果并不理想。集团内部对实行电子商务质疑声很多，集团领导不得不暂时搁置自上而下推行电子商务的最初想法，在业务部成立电子商务小组，"放权"给业务员，营造宽松的创新环境，该小组也成为迈克集团内部一块不折不扣的试验田，成为集团电子商务的萌芽，逐步推动迈克集团成为利用电子商务开拓市场的贸易领军企业。

2004年，迈克集团获阿里集团首届"中国十大网商"称号，这也是北方企业第一次获此荣誉；2008年，集团旗下成立"设备时代"网，对外为机电行业的中小企业提供专业的电子商务平台服务，获得了用户普遍支持，收费用户续约率高达79%；2013年成立的"出口时代"网，为中小企业提供外贸综合业务服务，专注于支持中小企业无障碍、高效率、低成本地开展国际贸易。截止到2015年底，平台全省注册会员超过4000家，实现全省出口额近4千万美元，平台海外营销服务体系已覆盖全球超过90%的国家和地区。

3. 迈克集团电子商务的主营业务与经营优势

迈克集团原为机电外贸出口企业，对有效询盘的订单转化、产品出运、国际结算和收汇退税等整套外贸业务的实际操作过程具有丰富的经验，拥有很多专业资源，还拥有一支百余人的资深外贸专业队伍，核心业务骨干被APEC电子商务工商联盟、阿里巴巴等聘为电子商务高级培训师，这些都为迈克集团发展电子商务奠定了良好的基础，形成了结构合理的业务模式和独特的外贸领域竞争优势。

（1）集团的主营业务与盈利模式

迈克集团的电子商务平台"设备时代"网和"出口时代"网的主营业务主要有3类，包括店铺的代理运营、店铺的自营和一站式的增值服务。主营业务模式覆盖范围较广，对各类中小企业具有很强的适应性。

1）提供代运营业务——收取订单成交佣金。供应商店铺由平台工作人员代理运营，全权负责产品发布和店铺日常管理运营，并后续实时关注产品询盘和审核采购信息，在询盘转化为订单的过程中提供全程专业服务。业务的主要盈利来自成交订单的佣金，此项服务适用于试图打入国际市场但没有稳定专业外贸团队（外贸人员）的供应商企业。

2）提供网络店铺服务——收取自营店铺年费。供应商全权自营店铺，自主发布产品、接洽采购商，有需要可另行购置增值服务。业务主要盈利为按年度收取会员费，以及增值服务费。此项服务适用于自有外贸团队（外贸人员）和对电子商务运作流程也比较熟悉的供应商。

3）提供综合外贸增值服务——收取服务费。平台提供围绕电子商务的一系列增值服务，包括从贸易洽谈磋商到货物外运及融资、展会、培训等一站式的外贸专业服务，服务方式一般是自助组合需要的服务，按具体项目收取增值服务费。平台还面向海外采购商提供工厂评估、产品检验、国际认证、赊销担保和行程安排等专业线下服务，按具体项目收取增值服务费。

（2）集团的竞争优势

迈克集团依托"设备时代"网和"出口时代"网，对内形成了全面独特的中小企业服务模式，对外整合渠道资源，形成了独特的竞争优势。

1）便捷的中小企业一站式跨境电子商务服务。平台提供高效率的通关、退税和结汇等多渠道出口服务，帮助不同类型、不同需求的中小企业打通出口关键环节，解决企业融资、结汇和退税等难题。在融资方面，平台与中信保合作，在融资服务方面取得了重大突破，帮助企业解决了订单执行和交付的资金压力；依托平台真实的交易数据，挖掘平台数据沉淀价值，开创了新型融资模式，大胆尝试为企业提供发货前融资服务，让企业能够借贷到运营周转资金。在结汇方面，平台与多方合作建立了快捷结汇渠道，特别是通过与昆仑银行进行战略合作，拥有伊朗出口绿色通道，能够有效解决企业的对伊收汇难题；在退税方面，通过汇总代报，大大提升了中小企业的退税效率。截止到目前，平台已为大连佳显电子、大连大富基缝纫机有限公司、旅顺寺冈重工和大连蓝创玻璃制品有限公司等10余家企业提供了多元化的外贸综合业务定制服务，受到了企业的欢迎和好评。

2）优质的海外网络营销推广渠道。一方面，迈克集团联合Google、Yandex等提供大数据营销——先后与全球最大搜索引擎Google和有俄罗斯百度之称的Yandex达成战略合作，成为其核心合作伙伴，并建立了东北首家Google AdWords体验中心，帮助中小企业高效率、无障碍、低成本地开拓国际市场。

另一方面，迈克集团凭借海外推广团队，提供SNS社会化营销——提供在Twitter、Facebook和LinkedIn等国际知名社交网络的社会化营销推广服务，帮助企业掌握行业动态，与客户形成有效互动，形成口碑，扩大出口。

3）重视人才在电子商务中的发展地位。迈克集团十分重视人才在电子商务中的地位。首先，其积极参与省、市人才培养计划，建成大连市外贸电商创业创新培训基地，并与全球最大的职业社交网站——LinkedIn接洽，提升集团在人才方面的影响力。其次，集团与东北财经大学等高校合作建设校园实训基地，成为辽宁省校企合作的典范。最后，平台依托Google的大数据优势，为企业客户提供专业的国际贸易和海外网络营销的培训服务，使企业在人力资本的储备上能够满足出口转型发展的需要。

4. 迈克集团的未来展望

未来，迈克集团将进一步完善平台"一站式"服务功能，扩大市场范围，细化创业实训平台和电商实训基地的搭建工作，从经营和人才两方面提升平台服务内涵，提升企业出口服务能力和核心竞争力。一方面，集团将依托示范企业效应和集团在服务水平、政策和人才等方面的优势，成为服务全省的跨境电子商务品牌，扩大平台市场占有率和覆盖面。同时，依托Google体验中心的服务功能和品牌效应，进一步增强平台海外营销服务在当地的影响力，进一步提升自身的合作能力。另一方面，推进电商孵化基地合作，构建"创业带动就业"生态机制。集团计划与市政府、外经贸局等相关部门携手，通过操作实训、专题培训等方式，培育电商创业带头人，形成全市"创业带动就业"的良好机制。

案例发布者（所在单位）：杨兴凯（东北财经大学）
案例发表时间：2016 年 3 月 9 日

阅读该案例，请分析以下问题。

1. 结合管理学和电子商务运营的相关理论，分析迈克集团向电子商务转型成功的关键因素。

2. 从跨境电子商务发展趋势角度，为迈克集团未来发展提出建议。

本章小结

随着电子商务的快速发展，跨境电子商务作为一种新型的对外贸易方式，已经在社会经济中占有越来越重要的位置。本章从跨境电子商务的概念和分类、发展状况两个方面做了具体的阐述。跨境电子商务是指分属不同关境的交易主体，通过电子商务平台达成交易、进行支付结算，并通过跨境物流送达商品、完成交易的一种国际商务活动，具有全球性、无形性、匿名性、即时性、无纸化、成长性的特点。按照商业模式划分，跨境电子商务分为 B2B、B2C 以及 C2C 三种模式。跨境电子商务平台按照产业终端用户类型可以分为跨境 B2B 平台、B2C 平台和 C2C 平台，按照服务类型可以分为信息服务平台和在线交易平台，按照平台运营方可以分为第三方开放平台和自营型平台。之后，本章还介绍了跨境电子商务在全球的发展现状，并重点介绍其在我国的发展历程、背景、现状和趋势。通过本章的学习，学生可对跨境电子商务的基本情况具备宏观的认识，为后续的学习奠定基础。

本章习题

1. 简述跨境电子商务的概念和特点。
2. 简述跨境电子商务商业模式的分类。
3. 查找数据资料，说明中国跨境电子商务的发展概况。
4. 根据本章所学内容，阐述未来跨境电子商务的发展趋势。
5. 讨论跨境电子商务对于中小企业的机遇和挑战。

第 2 章 跨境电子商务模式

按照商业模式划分,跨境电子商务分为 B2B、B2C 及 C2C 共 3 种模式,本章将从这 3 种模式的基本概念、模式和盈利模式等方面对跨境电子商务模式进行介绍。

导入案例:

大龙网公司是一家注册地在香港的国际性公司,成立于 2009 年,其核心管理团队为冯剑峰等人,天使投资人为前阿里巴巴集团 CTO 兼中国雅虎 CTO 吴炯,并先后引入了北极光创投、海纳亚洲和新加坡 F&H 等投资基金。大龙网在全球拥有 10 余家分公司,分布于美国、加拿大、日本及澳大利亚等地,业务覆盖全球 200 多个国家地区,有中外员工近千名。它是我国最大的跨国电子商务交易平台之一,也是国家商务部首批跨境电商试点企业。同时,大龙网曾作为海关总署跨境贸易电子商务通关服务平台的首个试点电商企业。

2014 年,大龙网首推"线上移动 APP、线下海外体验馆"的"跨境电商 B2B 商机平台",重点布局"一带一路"沿线版图,助力中国制造走出国门,实现"移动互联网 + 外贸"的转型升级,实现中国品牌的龙之梦,图 2-1 所示为大龙网的网站首页。

图 2-1 大龙网网站的首页

大龙网的商业模式如图 2-2 所示。大龙网坚持双向联合的策略做跨境电子商务,借助"一带一路"政策优势和全球资源,与海外渠道圈结盟,形成海外本土化跨境服务平台,利用大数据技术和跨境供应链金融产品整合资源,同时在国内寻找细分行业合适的产能圈落地合作,在国内落户中国"集采中心",与国内产能圈领袖企业形成产业园,跨境产业小镇等平台公司，两个平台互通互联。以共享经济模式聚合目标市场国家有实力的合作伙伴，为我国出口企业打造覆盖整个目标市场国家的分销网络，并推出全新的 FBO（Fulfillment By OSell）即跨境全程订单履行服务，以一站式整体出口解决方案助力中国制造的产品和服务实现一步跨境。

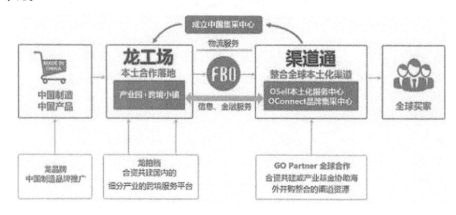

图 2-2　大龙网商业模式

目前，大龙网在俄罗斯、波兰、越南、阿联酋、印度、加拿大、德国、印尼、柬埔寨、巴西、沙特、巴林等国家和地区分别设立了海外本土化服务办公室及中国品牌样品体验中心，在各地组建了本土化的海外团队，聚集了海外本土的品牌、营销、运营、物流以及渠道建设等方面的优秀人才，整合了全球本土化资源。同时，大龙网在重庆、深圳、上海、北京、广州、苏州、徐州、杭州、台州、合肥、贵州、绵阳、青岛、洛阳、焦作、西安、梧州等国内多个城市设立了分公司，全球员工已达 1000 人左右。

2.1　跨境电子商务 B2B

2.1.1　跨境电子商务 B2B 的概念

跨境电子商务 B2B 是指商家对商家的跨境电子商务，即不同国家企业与企业之间通过互联网进行产品、服务及信息的交换。通俗的说法是指进行电子商务交易的供需双方都是不同国家的商家（或企业、公司），使用互联网的技术或各种商务网络平台，完成商务交易的过程。

跨境 B2B 不仅仅是建立一个网上的买卖者群体，它也为企业之间的战略合作提供了基础。任何一家企业，不论它具有多强的技术实力或多好的经营战略，要想单独实现跨境 B2B 是完全不可能的。单打独斗的时代已经过去，企业间建立合作联盟逐渐成为发展趋势。网络使得信息通行无阻，企业之间可以通过网络在市场、产品或经营等方面建立互补互惠的合作，形成水平或垂直形式的业务整合，以更大的规模、更强的实力、更经济的运作真正达到全球运筹管理的模式。

2.1.2　跨境电子商务 B2B 的模式

跨境电子商务 B2B 可以分为以下 4 种模式。

1. 垂直模式

面向制造业或面向商业的垂直 B2B 模式，可以分为两个方向，即上游和下游。生产商或商业零售商可以与上游的供应商之间形成供货关系；生产商与下游的经销商可以形成销货关系。简单地说，这种模式下的 B2B 网站类似于在线商店，这一类网站其实就是企业网站，就是企业直接在网上开设的虚拟商店，通过这样的网站可以大力宣传自己的产品，用更快捷、更全面的手段让更多的客户了解自己的产品，促进交易。

2. 平台模式

面向中间交易市场的平台 B2B 模式。这种交易模式，将各个行业中相近的交易过程集中到一个场所，为企业的采购方和供应方提供了一个交易的机会，这一类网站自己既不是拥有产品的企业，也不是经营商品的商家，它只提供一个平台，在网上将销售商和采购商汇集一起，采购商可以在其网上查到销售商的有关信息和销售商品的有关信息。

3. 自建模式

自建 B2B 模式是跨国公司或全球龙头企业基于自身的信息化建设程度，搭建以自身产品供应链为核心的行业化电子商务平台。行业龙头企业通过自身的电子商务平台，串联起行业整条产业链，供应链上下游企业通过该平台实现资讯发布、沟通和交易。但此类电子商务平台过于封闭，缺少产业链的深度整合。

4. 关联模式

行业为了提升电子商务交易平台信息的广泛程度和准确性，整合平台 B2B 模式和垂直 B2B 模式而建立起来的跨行业电子商务平台。平台 B2B 的优势在于内容更广，垂直 B2B 的优势在于内容更深，两者之间是竞争与合作的关系。平台 B2B 与垂直 B2B 模式未来将趋于融合，而融合的方向有两个，一种是像网盛科技的小门户＋联盟的模式，另一种就是关联模式。B2B 关联模式就是介于垂直 B2B 和平台 B2B 模式之间的一种模式，所经营的行业之间具有很强的关联性，行业之间的合作非常密切，是水平和垂直的完美结合，目的是为同一客户提供一套整合的行业解决方案，这种模式也可以称之为大垂直模式，而这种模式也将成为未来的 B2B 行业的主流模式。关联模式 B2B 平台作为"大垂直"平台的优势非常明显，即在满足垂直站点内容深的优势以外，还将两个密切相关的行业整合在一起，大大增加了相互贸易的可能性，而平台对用户的价值也得到了大大提升。再加上一些个性化的服务，如网络营销外包服务，通过建站、优化和推广一站式服务，将行业网站推广和全网推广相结合的模式无疑更有利于中小企业的发展。客户可以通过搜索引擎、行业网站等多种渠道找到企业，洽谈业务，对于中小企业来说机会更多。

2.1.3 跨境电子商务 B2B 的物流配送

物流问题是跨境 B2B 电商卖家极为关心的话题。一般来讲，小卖家可以通过平台发货，可以选择国际小包等渠道。但是作为大卖家，他们需要优化物流成本，需要考虑客户体验，需要整合物流资源并探索新的物流形式，所以先要了解跨境电子商务 B2B 模式的主要物流方式。现在，跨境 B2B 电子商务主要采用的物流方式大致有以下几种。

（1）邮政包裹模式

邮政网络基本覆盖全球，比其他任何物流渠道的覆盖面都要广。这主要得益于万国邮政联盟和卡哈拉邮政组织（KPG）。万国邮政联盟是联合国下设的一个关于国际邮政事务的专门机构，通过一些公约法规来改善国际邮政业务，发展邮政方面的国际合作。万国邮政联盟由于会员众多，而且会员国之间的邮政系统发展很不平衡，因此很难促成会员国之间的深度邮政合作。于是在2002年，邮政系统相对发达的6个国家和地区（中、美、日、澳、韩及中国香港）的邮政部门在美国召开了邮政CEO峰会，并成立了卡哈拉邮政组织，后来西班牙和英国也加入了该组织。卡哈拉组织要求所有成员国的投递时限要达到98%的质量标准。如果货物没能在指定日期投递给收件人，那么负责投递的运营商要按货物价格的100%赔付客户。这些严格的要求都促使成员国之间深化合作，努力提升服务水平。例如，从中国发往美国的邮政包裹，一般15天以内可以到达。中国出口跨境电商70%的包裹都是通过邮政系统投递的，其中中国邮政占据50%左右。中国卖家使用的其他邮政包括中国香港邮政、新加坡邮政等。

（2）国际快递模式

指四大商业快递巨头，即DHL、TNT、FEDEX和UPS。这些国际快递商通过自建的全球网络，利用强大的IT系统和遍布世界各地的本地化服务，为网购中国产品的海外用户带来极好的物流体验。例如，通过UPS寄送到美国的包裹，最快可在48小时内到达。然而，优质的服务伴随着昂贵的价格。一般中国商户只有在客户时效性要求很强的情况下，才使用国际商业快递来派送商品。

（3）国内快递模式

国内快递主要指EMS、顺丰和"四通一达"。在跨境物流方面，"四通一达"中的申通和圆通布局较早，但也是近期才发力拓展，比如美国申通2014年3月才上线，圆通也是2014年4月才与CJ大韩通运展开合作，而中通、汇通和韵达则是刚刚开始启动跨境物流业务。顺丰的国际化业务则相对成熟些，目前已经开通到美国、澳大利亚、韩国、日本、新加坡、马来西亚、泰国和越南等国家的快递服务，发往亚洲国家的快件一般2～3天可以送达。在国内快递中，EMS的国际化业务是最完善的。依托邮政渠道，EMS可以直达全球60多个国家，费用相对四大快递巨头要低，在中国境内的出关能力很强，到达亚洲国家需要2～3天，到欧美国家则需要5～7天左右。

（4）专线物流模式

跨境专线物流一般是通过航空包舱方式运输到国外，再通过合作公司进行目的国的派送。专线物流的优势在于其能够集中大批量到某一特定国家或地区的货物，通过规模效应降低成本。因此，其价格一般比商业快递低。在时效上，专线物流稍慢于商业快递，但比邮政包裹快很多。市面上最普遍的专线物流产品有美国专线、欧洲专线、澳洲专线和俄罗斯专线等，也有不少物流公司推出了中东专线、南美专线和南非专线等。

（5）海外仓储模式

海外仓储服务是指卖家在销售目的地进行货物仓储、分拣、包装和派送的一站式控制与管理服务。确切来说，海外仓储应该包括头程运输、仓储管理和本地配送3部分。头程运输是中国商家通过海运、空运、陆运或者联运将商品运送至海外仓库。仓储管理是中国商家通过物流信息系统，远程操作海外仓储货物，实时管理库存。本地配送是海外仓储中心根据订单信息，通过当地邮政或快递将商品配送给客户。

以上五大模式基本涵盖了当前跨境电商的物流模式和特征，但也有一些"另类"。例如，比利时邮政虽然属于邮政包裹模式，但其定位于高质量卖家，提供的产品服务远比其他邮政产品优质。对于跨境电商的卖家来说，首先应该根据所售产品的特点（如尺寸、安全性和通关便利性等）来选择合适物流模式，比如大件产品（如家具）就不适合走邮政包裹渠道，而更适合海外仓模式；其次，在淡旺季要灵活使用不同物流方式，例如，在淡季时使用中邮小包降低物流成本，在旺季或者大型促销活动时期采用中国香港邮政或者新加坡邮政甚至比利时邮政来保证时效；最后，售前要明确向买家列明不同物流方式的特点，为买家提供多样化的物流选择，让买家根据实际需求来选择相应的物流方式。

2.1.4　跨境电子商务 B2B 的付款方式

1. PayPal

跨境电子商务的支付通常使用 PayPal 进行，PayPal 的网站首页如图 2-3 所示。PayPal（在中国的品牌为贝宝）于 1998 年 12 月由 Peter Thiel 及 Max Levchin 建立，是一个总部在美国加利福尼亚州圣荷西市的互联网服务商，允许在使用电子邮件来标识身份的用户之间转移资金，改变了传统的邮寄支票或者汇款的方法。PayPal 在全球 202 个国家和地区，拥有超过 2.2 亿用户，已实现了在 24 种外币间进行交易。PayPal 在欧美的普及率极高，是全球在线支付的代名词，其即时支付、即时到账的特点，能够使卖家实时收到海外客户发送的款项。同时，最短仅需 3 天，即可将账户内的款项转账至国内的银行账户，从而帮助客户开拓海外市场。同时 PayPal 拥有完善的安全保障体系和丰富的防欺诈经验，风险损失率仅为 0.27%，不到使用传统交易方式的 1/6。PayPal 无注册费用、无年费，手续费仅为传统收款方式的 1/2。PayPal 也和电子商务网站合作，成为它们的货款支付方式之一，但是用这种支付方式转账时，PayPal 收取一定数额的手续费。总之，PayPal 支付简单，更能体现出对买卖双方的公平性，也显得更合理。可以直接在网站上进行支付或直接打钱到自己的 PayPal 账户里面，方便快捷，省去了去指定银行打钱的手续方面的麻烦，也更符合网上购物方式。

图 2-3　Paypal 网站首页

2. 西联

西联汇款是国际汇款公司（Western Union）的简称，西联汇款是世界上领先的特快汇款公司，迄今已有150年的历史，它拥有全球最大、最先进的电子汇兑金融网络，代理网点遍布全球近200个国家和地区。其优点是安全，先收钱后发货，对商家最有利。缺点是采用先付款、后发货的方式，买方容易产生不信任感；客户群体小，限制商家的交易量；汇款手续费按笔收取，对于小额收款手续费高；属于传统型的交易模式，不能很好地适应新型的国际市场，西联网站首页如图2-4所示。

图2-4　西联网站首页

3. 信用证（简称L/C）

信用证（简称L/C）支付方式是随着国际贸易的发展、银行参与国际贸易结算的过程中逐步形成的。在国际贸易活动中，买卖双方可能互不信任，买方担心预付款后，卖方不按合同要求发货；卖方也担心在发货或提交货运单据后买方不付款。因此需要两家银行作为买卖双方的保证人，代为收款交单，以银行信用代替商业信用。银行在这一活动中所使用的工具就是信用证。信用证是指开证银行应申请人（买方）的要求并按其指示向受益人开立的载有一定金额的、在一定的期限内凭符合规定的单据付款的书面保证文件。由于货款的支付以取得符合信用证规定的货运单据为条件，避免了预付货款的风险，因此信用证支付方式在很大程度上解决了进、出口双方在付款和交货问题上的矛盾。它已成为国际贸易中的一种主要付款方式。

4. 信用卡

跨境支付也可以采用国际信用卡支付。国际信用卡是一种银行联合国际信用卡组织签发给那些资信良好的人士，并可以在全球范围内进行透支消费的卡片，同时该卡也被用于在国际网络上确认用户的身份，如图2-5所示。信用卡是一种非现金交易付款的方式，是简单的信贷服务。信用卡一般是长85.60 mm、宽53.98 mm、厚1 mm的具有消费信用的特制载体塑料卡片，由银行向个人和单位发行，凭此向特约单位购物、消费和向银行存取现金。信用卡正面印有发卡银行名称、有效期、号码和持卡人姓名等内容，卡面有芯片、磁条和签名条。信用卡由银行或信用卡公司依照用户的信用度与财力发给持卡人，持卡人持信用卡消费时转账支付现金，待账单日时再进行还款。目前 VISA、MASTER 和 JCB 是全球拥有人数最多的 3 种国际信用卡，其中以 VISA 的市场占有率最高。它们普遍具有在线支付安全、快捷及方便的特点。

图 2-5　信用卡

2.1.5　跨境电子商务 B2B 的盈利模式

1. 佣金

企业通过第三方电子商务平台参与跨境电子商务交易，必须注册为跨境 B2B 网站的会员，企业每年无须交纳会员费，就可以享受网站提供的服务，但是要缴纳佣金，即网站只在买卖双方交易成功后收取费用。比如敦煌网，它采取佣金制，免注册费，购买时需要支付敦煌网不同的佣金，这部分佣金会自动计算到卖家产品销售的价格里面。

以敦煌网（DHgate）为例，当卖家 A 成功登录 DHgate，上传了某一产品后，在卖家后台编辑产品信息时，他可查看当前产品佣金率，具体如图 2-6 所示。

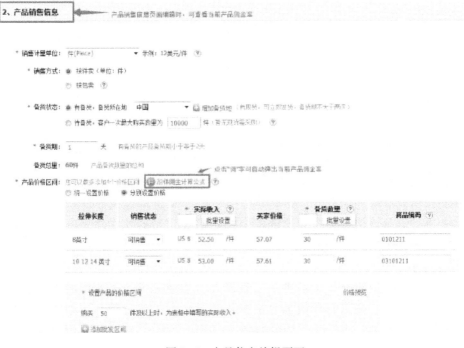

图 2-6　产品信息编辑页面

当鼠标放置在"阶梯佣金计算公式"上时，可弹出如图2-7所示提示框。

> 订单金额US$300以下,佣金为8.00% 订单金额US$300以上,佣金率为4.50%

图2-7　产品佣金率

图2-7表示当前产品佣金比率。如卖家A售卖的产品是假发，文本框将会提示：当前行业的佣金率为8%，当订单金额超过300美元时，佣金率为4.50%。

2. 会员费

有些第三方跨境电子商务平台每年要收取一定的会员费，企业才能享受网站提供的各种服务，目前会员费已成为此类跨境B2B网站最主要的收入来源。比如，阿里巴巴网站收取中国供应商和诚信通两种会员费。"中国供应商"服务主要面对出口型的企业，依托网上贸易社区，向国际上通过电子商务进行采购的客商推荐中国的出口供应商，从而帮助国内出口供应商获得国际订单，即帮助全球买家及卖家达成国际贸易合作，其服务包括独立的"中国供应商"账号和密码，建立英文网址，让全球会员在线浏览企业。目前，中国供应商的会员费是6万～8万元/年。"诚信通"是阿里巴巴为从事中国国内贸易的中小企业推出的会员制网上贸易服务，即为中小企业提供更多生意机会、开拓生意渠道、创新营销方法和全套网上贸易服务。"诚信通"会员针对的是国内贸易，通过向注册会员出示第三方对其的评估，以及在阿里巴巴的交易诚信记录，帮助"诚信通"会员获得采购方的信任，诚信通分为企业版诚信通和个人版诚信通两种。中国供应商及诚信通会员除了容易获得买家信赖外，还拥有企业信息的优先发布权，以便让客户更快地找到企业。除了付费的中国供应商和诚信通会员外，阿里巴巴网站上面还活动着免费的中国商户和海外商户数千万家。

3. 广告费

网络广告是门户网站的主要盈利来源，同时也是跨境B2B电子商务网站的主要收入来源。网络广告是指广告主利用一些受众密集或有特征的网站，以图片、文字、动画、视频或者与网站内容相结合的方式传播自身的商业信息，并设置链接到某目的网页的过程。与其他媒体相比，网络广告具有传播范围广、针对性强和价格低廉等优点。阿里巴巴网站的广告根据其在首页位置及广告类型来收费，如图2-8所示。有弹出广告、漂浮广告、BANNER广告和文字广告等多种表现形式可供用户选择。

4. 竞价排名

企业为了促进产品的销售，都希望在跨境B2B网站的信息搜索中将自己的排名靠前，而网站在确保信息准确的基础上，根据会员交费的不同对排名顺序进行相应的调整。阿里巴巴的竞价排名是诚信通会员专享的搜索排名服务，当买家在阿里巴巴搜索供应信息时，竞价企业的信息将排在搜索结果的前3位，被买家第一时间找到。

5. 增值服务

网站通常除了为企业提供贸易供求信息以外，还会提供一些独特的增值服务，包括企业认证、独立域名、提供行业数据分析报告和搜索引擎优化等。比如现货库存认证就是针对电子行业提供的一个特殊的增值服务，因为通常电子采购商比较重视库存。还比如Seekic平台推出的排名推广增值服务，就是搜索引擎优化服务的一种，企业对这个都比较感兴趣。再如网盛生意宝推出的"企业建站"服务——"企业生意网"，它拥有独立的域名和可控制的内容体系，并与生意宝形成"企业大联盟"体系，可以实现会员管理，可发布商机，同时拥有强大的搜索功能，可以设置站内搜索，也可以搜索生意宝内容，拥有在线客服等功能。

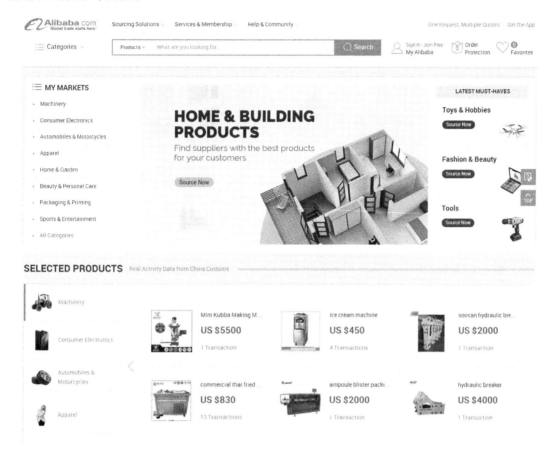

图 2-8　阿里巴巴网站

6. 线下服务

线下服务主要包括展会、期刊和研讨会等。通过展会，供应商和采购商可以面对面地进行交流，一般的中小企业还是比较青睐这个方式的。期刊主要是关于行业资讯等信息，期刊里也可以植入广告。比如环球资源网（Global Source）的展会业务现已成为其重要的盈利模式，占其年收入的 1/3 左右。

7. 商务合作

商务合作包括广告联盟、政府或行业协会合作，以及传统媒体的合作等。

广告联盟通常指网络广告联盟，指集合中小网络媒体资源（又称联盟会员，如中小网站、个人网站和 WAP 站点等）组成联盟，通过联盟平台帮助广告主实现广告投放，并进行广告投放数据监测统计，广告主则按照网络广告的实际效果向联盟会员支付广告费用的网络广告组织投放形式。1996 年亚马逊通过这种新方式，为数以万计的网站提供了额外的收入来源，且成为网络 SOHO 族的主要生存方式。网络广告联盟包括 3 个要素：广告主、联盟会员和广告联盟平台，涉及的内容有广告与联盟会员网站匹配、联盟广告数据监测和统计、联盟广告付费方式，以及联盟分成模式等内容。相比网络广告代理而言，通过广告联盟投放广告的广告主多为中小型企业或者是互联网网站，通过广告联盟投放广告能节约营销开支，提高营销质量，同时节约大量的网络广告销售费用。随着网络广告业的发展，已经出现了软文广告联盟。软文是指隐蔽了营销意图的宣传文章。顾名思义，软文广告联盟就是交易软文广告位置的广告联盟平台。通过这样的平台，网站主可以用自己网站内成千上万的内页来承接广告主投放的软文广告来换取收入。国内做得比较成熟的广告联盟有百度联盟、谷歌联盟等。

8. 按询盘付费

区别于传统的会员包年付费模式，按询盘付费模式是指从事国际贸易的企业不是按照时间来付费，而是按照海外推广带来的实际效果，也就是海外买家实际的有效询盘来付费。其中询盘是否有效，主动权在消费者手中，由消费者自行判断来决定是否消费。尽管跨境 B2B 市场发展势头良好，但还是存在发育不成熟的一面。这种不成熟表现在交易的许多先天性交易优势，比如在线价格协商和在线协作等还没有充分发挥出来。因此传统的按年收费模式越来越受到以 ECVV 国际贸易网为代表的按询盘付费平台的冲击。"按询盘付费"有四大特点：零首付、零风险；主动权、消费权；免费推、针对广；及时付、便利大。广大企业不用冒着"投入几万元、十几万元，一年都收不回成本"的风险，零投入就可享受免费全球推广，成功获得有效询盘后，辨认询盘的真实性和有效性后，只需在线支付单条询盘价格，就可以获得与海外买家直接谈判成单的机会，主动权完全掌握在供应商手里。

9. 资金服务

以阿里巴巴为例，阿里的信用贷款是阿里巴巴金融为会员企业提供的融资贷款服务，它主要满足会员企业在生产经营过程中产生的流动资金需求（阿里巴巴金融网站首页如图 2-9 所示）。申请条件为阿里巴巴中国站会员（曾经是阿里巴巴诚信通会员）或中国供应商会员，具有一定的操作记录（获贷时需是诚信通或中国供应商会员）；申请人为企业法定代表人或个体工商户负责人，年龄在 18～65 周岁之间，且是中国大陆居民；工商注册地在上海市、北京市、天津市、浙江省、山东省、江苏省、广东省，且注册时间满 1 年。

图 2-9　阿里巴巴金融网站首页

适用于生产经营过程中,有流动性资金需求的小企业主和个体工商户。申请人需要具备以下条件:近 12 个月总销售额不少于 100 万元,且经营有效益、成长性好;在阿里巴巴集团及外部金融机构无不良记录。

2.1.6 跨境 B2B 平台案例——敦煌网

1. 运营模式简介

敦煌网作为一个新兴的 B2B 跨境电子商务交易平台,在众多平台中很具有代表性,原因就在于它是国内首个为外贸型中小企业提供跨境业务的电子平台,并且为中小采购商提供高效的物流采购服务、贷款服务及营销服务。敦煌网成立于 2004 年,自成立以来,专注于帮助外贸型中小企业打开国际市场,利用网络平台将商品送往世界各地,其简单、高效的工作原则使之不断进步,从而成为优秀的跨境电子商务平台。

在不断发展的过程中,敦煌网形成了信息平台、在线支付平台、供应链金融服务体制、在线物流及网货中心业务和跨境电子商务服务保障系统的交易体系。敦煌网是商务部重点推荐的中国对外贸易第三方电子商务平台之一,工信部电子商务机构管理认证中心已经将其列为示范推广单位。

敦煌网注册时免费,达成交易后才会收取费用,通过此类方式可以保证企业资金运转更加精确,同时方便了中小企业管理。从平台 DHgate 账户上,企业用户可以直接查询业绩,直接反映出实际商机的真实性,为企业调整战略做参考。不同于其他 B2B 交易网站,敦煌网收费是向买家收取一定的佣金,这也是敦煌网为吸引卖家所使用的战略之一。

敦煌网自 2014 年 1 月 1 日起调整原有佣金方案,改为"阶梯"式佣金政策,共分两类:类目返还和订单返还。佣金率方面,在调整之前佣金率大多维持在 8%～12%,调整后降为 4%～4.5%。一级类目返还政策意为,顶级商户和优质商户当月某个一级类目累计成交总额(GMV)达到平台制定的按类目返还佣金标准,平台将对这两类商户的订单成交总额进行佣金返还,顶级商户返还后订单的实际佣金率为 4%,优质商户返还后订单的实际佣金率为 4.5%,按类目返还平台将在订单成交后两个月还至商户虚拟账户中;按订单返还佣金意为,顶级商户和优质商户当月某个一级类目累计成交总额未达到平台制定的按类目返还佣金标准,但单笔订单金额达到平台制定的按订单返还佣金标准,平台将对该笔订单进行佣金返还,返还后订单的实际佣金率为 4.5%。

2. 敦煌网发展历程

敦煌网是国内第一家专门为外贸型中小企业提供 B2B 网上交易的平台类网站。它采用了佣金制,省略了注册时需要交纳的费用,交易成功后才会收取一定比例的报酬。网站初期的定位并不是针对供应商市场,而是采取自销模式,专注外贸领域。2006 年年中之后开始大力推广外贸中小企业供应商,将目标放在 B2B 交易平台;2007 年,敦煌网与全球著名的贸易支付工具 PayPal 合作,与此同时,与 Google 的战略合作也将平台推上了更高的层次,将国内外贸型中小企业展现在世界消费者的眼前;2008 年与 eBay 结盟为重要的合作伙伴;2009 年交易额突破 25 亿人民币,物流系统升级引来美国著名物流企业 UPS 的关注,在同年 7 月份 UPS 与敦煌网达成合作伙伴关系;2010 年敦煌网得到来自华平投资集团 2 亿元人民币的投资,同时,建设银行与之合作,推出"建行敦煌 e 保通"在线小额贷款服务;2011

年，标志性的"一站通"服务平台上线。

2012年12月，全球一流的标准化组织中国物品编码中心（GSI China）与敦煌网签订战略合作协议，成为亚洲第一个拥有全球"身份证"的在线外贸B2B电子商务交易平台。2016年，敦煌网已经达到140多万个国内供应商在线、4000万种商品在线、遍布全球230个国家和地区以及1000万买家在线购买的规模。每小时有10万买家实时在线采购，每1.6秒产生一张订单。

3. 敦煌网发展规模分析

面对变化多端的世界市场，许多中小企业开始考虑进行转型升级，然而中小企业的发展面临诸多障碍，在为数不多的选择中，许多中小企业选择实施跨境电子商务业务。敦煌网为所有中小企业解决了在跨境电子商务业务上的许多困难，利用国家给予的政策扶持及自身所带来的优势，敦煌网在众多竞争对手中脱颖而出，成为国内第六大跨境电商交易平台，极大地为我国中小企业的跨境业务发展带来了便利。在敦煌网整体买家市场中，北美、欧洲和澳洲是敦煌网的成熟市场，同时也是敦煌网的优势市场，敦煌网在这3个优势市场中的市场份额占比在80%左右。同时，敦煌网的跨境电子商务规模也发展迅速。截至2012年，敦煌网跨境电子商务交易额达到108亿元，比2006年增长了83倍多，由此可见敦煌网的发展势头比较强劲。在敦煌网2013年的交易规模结构中不难发现，在跨境电子商务B2B市场中，仅消费电子、手机和手机附件、计算机和网络这3类属于整体平台的热销品类的交易规模就占据了整体平台交易规模的48.4%。

4. 信息平台分析

（1）数据智囊服务

2013年9月17日，敦煌网正式推出"数据智囊"，老版本"数据管家"退出原系统。与过去相比，新版本增添了许多新功能，比如全面帮助卖家进行市场分析、跟踪产品的目的地等。新版数据智囊包含商铺解析、行业动态和搜索词追踪三大版块。卖家可以实时查询店铺运营效果与类目经营情况；同时掌握所在行业动态，同行数据动态追踪；及时更新买家动向，通过大数据统计搜索关键词和浏览记录，掌握买家购买需求。"数据智囊"分为五大类，分别是综合版、基础版、商铺解析、行业动态和搜索词追踪。

（2）移动支付平台

移动商务能更好地实现用户的个性化服务，移动计算环境能提供更多移动用户的动态信息（如各类位置信息、手机信息等），这为个性化服务的提供创造了更好的条件。移动用户能更加灵活地根据自己的需求和喜好来定制服务与信息的提供（例如，用户可以将自己所处的城市结合进去，调整商品递送的时间，实现自己的个性化服务）。

敦煌网在行业内率先推出APP应用，不仅解决了跨境电子商务交易中的沟通问题和时差问题，而且还打通了订单交易的整个购物流程。移动电子商务中移动用户可实现信息的随时随地访问本身就意味着信息获取的及时性。但需要强调的是，与传统的电子商务系统相比，用户终端更加具有专用性。从运营商的角度看，用户终端本身就可以作为用户身份的代表。因此，商务信息可以直接发送给用户终端，这进一步增强了移动用户获取信息的及时性。

在移动电子商务中，用户可以通过移动终端访问网站、从事商务活动，服务付费可通过多种方式进行，可直接转入银行、用户电话账单或者实时在专用预付账户上借记，以满足不同需求。

（3）多语言平台

在跨境电子商务发展的过程中，最先得到发展的英语市场在经历顶峰之后，增长速度逐渐趋缓甚至停滞，小语种市场开始崛起，并带动新一轮的跨境电子商务发展。就全球监测数据来看，多语言市场目前已占据很大的市场份额。

对敦煌网来说，多语言区无论是市场空间还是发展速度都有极大的开发潜力。2015年，敦煌网开始着力新兴市场，首先开启德、法、葡、西、意语市场。敦煌网借助自己英文站的优势，在产品翻译、资金支付、专线物流、精准营销、技术同步和服务器建设上做出平台独有的优势，敦煌网采取人工精准翻译、本地化独立营销的手段帮助广大的商户开辟新的利润市场。

在页面展示上，多语言站点拥有区别于英文主站的独立首页，且拥有独立的行业频道DCP页面，这些页面全部可以灵活更新。每个国家的用户习惯不同，每个国家的产品侧重也不同，多语言站点不会再完全按照英语体系国家的Google习惯来操作，而是更加贴近本地化习惯。网站的搜索规则与搜索限制完全与Google不同，敦煌网会有专业的人来操作该类型网站的广告引流。

5. 在线支付平台

敦煌网提供了第三方网络交易平台，中国卖家通过商铺建设、商品展示等方式吸引海外买家，并在平台上达成交易意向，生成订单，可以选择直接批量采购，也可以选择先小量购买样品，再大量采购。并且提供集货源、海外营销、在线支付和国际物流、保险、金融、培训于一体的供应链整合服务体系，实现一站式外贸购物体验。

6. 供应链金融服务体制

敦煌网是国内第一家联合银行推出针对中小企业的互联网金融贷款产品e保通的跨境电子商务平台，使企业低成本能够做跨境电子商务。敦煌网贷款对平台企业和个人卖家开放。同时，敦煌网推出了不需要提供担保的信用贷款，以及与P2P平台合作针对敦煌网卖家的P2P平台敦煌专属贷款。敦煌网供应链金融服务帮助敦煌网卖家实现资金快速周转，不再出现货款压滞。

对于中小企业而言，贷款融资难一直是困扰着他们的大问题，一方面传统民间贷款利息高，风险也较大，而向银行申请贷款，没有那么多的抵押担保物，而且要通过层层严格审查，时间等待较长。随着互联网数据系统的日益强大，互联网贷款以此为依据，通过交易记录、交易频率、交易金融及客户对其的反馈，建立强大的数据库，以此作为信用的参考，然后基于企业信用积累申请贷款。敦煌网开展面向小微企业的无抵押贷款，基于商户在平台的经营情况和资信记录授信，降低融资门槛。这种做法大大降低了中小企业贷款门槛高、时间长、效率低的弊端。类似于银行贷款的额度，外贸电商贷款同样以不同的发展阶段分为初级、中级和高级，依照他们现在所处的阶段，敦煌网对他们进行产业链各个阶段的服务也不同，同时选择性也很强。

7. 在线物流及网货中心业务

（1）网货中心

2013年11月26日，义乌市政府和敦煌网联合打造的"义乌全球网货中心"（Virtual Warehouse）正式上线。这被认为是区域政府和跨境电子商务平台合作，通过"帮、扶、带"的方式推动当地企业实现转型，建立线上线下打通的全球渠道的一个创举。2013年，网货中心模式推进到山西、东莞、宁波和哈尔滨等货源地。全球网货中心旨在集合当地商务及商品信息，打造一个线上虚拟仓库与线下实体仓库及物流集散中心相结合的外贸货源开放库，并通过一系列技术手段将此开放库与以敦煌网为代表的国内外各大电商平台相连接，依托各平台的巨大流量，实现敦煌平台交易、线下交易、全球多平台交易和内贸电商交易之间的对接。

（2）在线物流

物流是所有电子商务行业不可或缺的部分，在整个外贸电商供应链中，起着承上启下的衔接作用。在各个环节的交接中，物流的成本是必须考虑的因素之一。加强物流管理、减少物流成本、提升物流服务，可以缩短整个交易的周期时间，加快资金周转速度。许多中小企业在寄送包裹时采用邮政寄送，物流费用很高，敦煌网为了解决这一问题，选择与国际物流公司合作。目前，敦煌网已经与全球近50家物流公司进行了合作，采取积累订单拿折扣的方式对用户进行优惠。

2013年，敦煌网推出"在线发货"这一全新的物流服务，通过线上申请、线下发货的方式，简化了发货流程，为外贸商家提供更加简便的快递服务。中小企业卖家在线上通过敦煌网申请，通过审核之后，由线下发货，所有操作都在网上进行即可，简化了发货流程，为外贸商家提供了更为快捷、便利的服务。

在线发货分为两种运输方式：仓库发货和国际e邮宝。仓库发货使卖家享受低廉物流折扣，卖家将货品发往指定仓库，在线支付物流费用后，仓库将统一调配，集中发货。目前敦煌网仓库覆盖长三角、珠三角及西南地区重庆。国际e邮宝价格低廉，妥投周期短，全程可跟踪信息，同时可由邮政人员上门取件。敦煌网综合物流平台DHLink与全球四大物流公司签约，目前可覆盖超过190个国家和地区，DHLink在物流渠道、价格等方面均具有明显优势。敦煌网通过将供应链各环节的集约化，以及采用竞价机制降低跨境物流成本，保证交易真实性，全程跟踪，获得贸易完整数据，降低增值服务风险，降低成本，打造一站式便捷跨境物流。

8. 跨境电子商务服务保障系统

为完善跨境交易规则，提高交易服务质量和水平，敦煌网建立了23个政策和8个条例的政策规则体系，通过完善的安全交易保障体系，最大限度地保障用户的合法权益。

敦煌网通过建立成熟的跨境交易规则体系，实现安全至上的服务体系。敦煌网制定了一系列旨在建立良好交易秩序的平台交易规则，设立卖家诚信指数，通过对市场无形的约束和规范，鼓励和引导买卖双方诚信交易。同时，敦煌网建立了完善的风险控制体系，通过发现和预警买家的欺诈行为，尽可能地减少卖家因此造成的不必要损失，保护买卖双方的利益。通过建立规范的纠纷处理流程，能够保证交易方的利益。一旦交易双方出现无法协商的争议，敦煌网将积极进行协调，以公正的立场帮助买卖双方解决争议。

2.2 跨境电子商务 B2C

2.2.1 跨境电子商务 B2C 的概念

跨境电子商务B2C是跨境电子商务中一种非常重要的商业模式，该模式是指一国企业通过互联网和电子信息技术向国外消费者提供商品和服务的商务活动。这是一种新型的国际贸易形式，同传统国际贸易交易过程相似，包括交易前的准备、交易谈判和签订合同、合同的履行和后期服务等整个过程。跨境电子商务 B2C，又称外贸 B2C、小额外贸电子商务或跨境电子商务零售。简单来说，跨境电子商务 B2C 就是跨越国界的，即国内的企业或者商家通过跨境电子商务平台或者自建的跨境电子商务网站，采用国际航空小包和国际快递等方式将国内的产品或服务直接销售给国外消费者。

2.2.2 跨境电子商务 B2C 的模式

1. 直发/直运平台模式

直发/直运平台模式又被称为 Dropshipping 模式。在这一模式下，电商平台将接收到的消费者订单信息发给批发商或厂商，后者则按照订单信息以零售的形式对消费者发送货物，具体流程如图 2-10 所示。

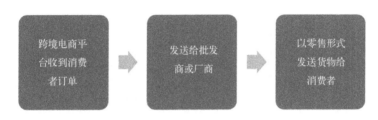

图 2-10 直发/直运平台模式流程图

由于供货商是品牌商、批发商或厂商，因此直发/直运是一种典型的 B2C 模式。可以将其理解为第三方 B2C 模式（参照国内的天猫商城）。直发/直运平台的部分利润来自于商品零售价和批发价之间的差额。

该模式的优势是对跨境供应链的涉入较深，后续发展潜力较大。直发/直运模式在寻找供货商时是与可靠的海外供应商直接谈判签订跨境零售供货协议的；为了解决跨境物流环节的问题，这类电商会选择自建国际物流系统（如洋码头）或者与特定国家的邮政、物流系统达成战略合作关系（如天猫国际）。该模式的劣势是招商缓慢，前期流量相对不足；前期所需资金体量较大。代表性企业有天猫国际（综合）、洋码头（北美）、跨境通（上海自贸区）、苏宁全球购、海豚村（欧洲）、一帆海购网（日本）和走秀网（全球时尚百货）等。

2. 自营 B2C 模式

在自营 B2C 模式下，大多数商品都需要平台自己备货，因此这应该是所有模式里最重要的一类。自营 B2C 模式分为综合型自营和垂直型自营两类。

（1）综合型自营跨境 B2C 平台

目前能够称得上综合性自营跨境 B2C 平台的大概只有亚马逊和有沃尔玛支持的 1 号店了。亚马逊和 1 号店先后宣布落户上海自贸区开展进口电商业务。它们所出售的商品将以保税进口或者海外直邮的方式入境。

该模式的优势主要是跨境供应链管理能力强、后备资金充裕。表现在强势的供应商管理和较为完善的跨境物流解决方案等方面。其劣势是业务发展会受到行业政策变动的显著影响。代表性企业有亚马逊和1号店的"1号海购"等。

（2）垂直型自营跨境B2C平台

垂直型自营跨境B2C平台是指平台在选择自营品类时会集中于某个特定的范畴，如食品、奢侈品、化妆品或服饰等。

该模式的优势主要是供应商管理能力相对较强，其劣势是前期需要较大的资金支持。代表企业有中粮我买网（食品）、蜜芽宝贝（母婴）、寺库网（奢侈品）、莎莎网（化妆品）和草莓网（化妆品）等。

2.2.3 跨境电子商务B2C的优劣势分析

1. 跨境B2C的优势

1) 跨境B2C使得中间商变为零售商、推销员变为采购员。传统外贸的前向供应链是进口商、批发商、渠道商、分销商，最后是零售商。跨境型B2C电子商务模式则把中间商的环节延伸到零售环节，打破了原来的国外渠道如进口商、批发商、分销商甚至零售商的垄断，它面对的客户群不单是消费者，还有个体批发商和个体零售商。传统外贸采用的是"先推销，后采购，客户工厂已挂钩"的模式，跨境B2C模式使得中间商成了买家，不用再和工厂竞争，而是国外买家多了一个竞争者，工厂多了一条渠道。原来的推销员成了采购员。在工厂面前，买方议价能力提高了，完全可以让工厂们自己去竞争，消费者就可以从中从容不迫地挑选质量好、价格低、交货及时的工厂。

2) 跨境B2C促进商业模式更快转型。比如，杭州全麦公司是一家成功的跨境电子商务企业，但公司成立之初并不是主营服装跨境业务，而是一家IT公司。原来公司的主业是为中国供应商提供销售平台，类似于敦煌网的第三方电子商务交易平台的服务性企业。后来该公司由平台改变成现在的以供应链管理为中心的电子商务零售企业。一家非专业外贸公司能够迅速地改变原有的商业模式进入外贸领域，并取得了骄人的业绩，就是凭借跨境B2C模式实现的。

3) 跨境B2C使得单一出口变为全球出口。跨境B2C模式属于小额外贸，面向全球，出口产品和国际市场都呈多元化趋势。产品和市场多元化大大降低了国际市场变化对跨境交易的影响。全球市场机会远远超过任何一个单一市场的机会。跨境B2C面向市场多元化的特点使得由于某一个或几个国家经济衰退影响交易额的现象大大减少了。

4) 跨境B2C价格竞争力强且利润空间大。由于跨境B2C模式直接的零售面对国外消费者，即使物流成本偏高，但是相对于本地的实体店零售价还是有很大的竞争力。以兰亭集势最具优势的婚纱产品为例，目前兰亭集势卖到国外的婚纱价位在200～300美元，相对于国外市场定制婚纱约1000美元的价格而言非常便宜，所以在国外市场上大受欢迎。另外，跨境B2C的利润率普遍都在30%以上，有的甚至更高，其原因在于跨境B2C省掉了原来国外中间商的很多中间环节的费用。

5) 跨境B2C符合定制化消费趋势。当前电子商务的发展趋势已正在逐步由B2C向C2B模式方式转变。所谓C2B，就是消费者向零售商定制产品。由零售商委托加工商为消费者生产。这是互联网的个性化文化向商业领域涉透的表现，即所谓的"长尾理论"。比如，以经营婚纱产品为主的跨境B2C企业兰亭集势，消费者可以根据自己的爱好定制个性化婚纱。兰亭集势收到订单后的15天内就可以完成。由快递送往全世界任何地方，一般只需3～5

天。消费者在20天内就可以收到完全为自己量身定制的产品。

6）跨境B2C使得企业资金周转快且汇率风险小。跨境B2C的最大优势是买家在网购时是预付全部货款的。商品发出以后，没有任何收不到货款的风险，而且货款收到及时。这样可以大大减轻企业的资金负担，提高企业的经济效益。另外还有一个可以避免的风险就是汇率风险。由于外汇的汇率走向不稳定，跨境B2C的即时交易，即时支付完全避免了这种结构性风险给出口企业带来的经济损失。

2. 跨境B2C的劣势

1）开展跨境B2C的物流成本高昂。跨境B2C电子商务主要面向个人消费者。产品运输以小批量、多批次的国际快递物流为主要方式。一般情况下，跨境物流成本大概是国外本地物流成本的两倍以上。假如一个跨境B2C企业每天有3000单的流量，目前主要是利用国外第三物流快递公司，即TNT、UPS、DHL和FEDEX四大国际快递公司，或者通过国际平邮和国际空运运输。如果以将1千克物品运到美国为例，海运费为1.30元、空运费为35元、快递费为45元，最低和最高之间的差距达几十倍。虽然目前有些商品即使采用国际物流运输，但也可能比当地零售价便宜，所以销量可观。可是，在这种商业模式普及后，竞争者增多，那么物流成本高昂的缺陷就会显现出来。

2）跨境B2C会对产品类别产生一定的限制。由于物流成本的高昂，因此跨境电子商务主要经营的产品一般是服装类和3C电子产品。中国排名第一的DX公司经营的就是3C产品，排名第二的兰亭集势经营的是婚纱。如全麦公司经营的服装，由于物流成本的原因，全部走低价路线，每件服装都控制在3~5美元左右，这实际上也限制了产品本身多档次、多品种的发展空间。因为这类产品包裹体积小，相对的附加值较高，但对于家具、百货、箱包、户外休闲、运动、旅游产品，以及重量较重的机械、五金等来说，其物流成本会影响产品的销售，这对于大型出口企业全方位的出口产品线局限性很大。

3）跨境B2C售后服务的缺失。跨境B2C电子商务面对消费者的最大困境是售后服务。国外消费者特别是欧美地区的消费者，有一套完整的零售售后体系。"无理由退货"是他们的消费习惯和消费文化。但是跨境网购的商品由于跨越国境必然涉及跨境物流、报关和税收等复杂的流程，这使得退货变得极为复杂，同时这也影响了消费者对质优价低的中国制造产品的消费热情。进一步说，如果产品质量有问题，需要投诉时，巨大的时间成本足以使消费者望而却步。这些对于跨境网购市场的发展都有很大的影响。

4）跨境B2C综合性人才缺乏。跨境B2C对综合型的人才结构要求非常高。首先是具有产品行业背景的专家，对行业产品具有国际和国内两个市场的专业知识。第二是语言专家，特别是小语种语言，如法语、西班牙语和葡萄牙语等。这些语言都是非洲和南美的官方语言。虽然是小语种，但是其覆盖市场区域辽阔广大。第三是国际化专业人才。所谓国际化人才，是指具有所在国文化、习俗、语言和法律等专业知识的人才，这样就能了解当地消费者的思维方式和生活方式。因为对全球化的零售而言，营销策划是关键。面对不同的国家、不同的文化、不同的消费对象、不同的产品，要有针对性的营销策略，即使是拍一张产品图片和做产品的具体描述。第四是供应链管理专家。所有电商平台的成功都是供应链管理的成功。全球零售从产品方案制定、采购、生产、运输、库存、出口和物流配送等一系列环节都需要专业的供应链管理人才。

2.2.4 跨境电子商务 B2C 平台案例

1. 保税自营+直采模式——京东全球购

京东集团在 2013 年开始出现海外购业务，当时主要采取海外代购商家入驻京东平台成为 POP 商家的模式。至 2014 年，京东发力海外购，首先进行的就是海外自采，通过直接联系海外商家，采购大量自营商品，如葡萄酒等，在京东电商平台上进行销售。在经营模式上，京东全球购目前仍然保留自营直采及平台模式。自营直采是指京东自主采购，由保税区内的服务企业提供支持服务；平台模式则是指海外商家入驻京东全球购。京东全球购的正式上线时间为 2015 年 4 月 15 日，首批上线商品超过 15 万种，品牌数量超过 1200 个，商铺超过 450 家。同时，京东与 eBay 合作的"eBay 海外精选"也正式上线，截至目前，京东已经开具了数家海外馆，开展了欧美、日韩、澳洲和新西兰的全球直供业务。

京东承诺，京东全球购平台的所有卖家均为海外商家，所有商品均属海外生产或销售，商品从中国以外的国家或地区发出，或从海关监管的中国保税区发出，进行 100% 阳光海关，物流全程可以查看。由真正海外商家发货，从货源开始全程监管，并承诺"正品保障"服务，商家如果被京东自行审查或者被消费者有效投诉、第三方监管机构查处，确认商家售假或出售非原装正品商品，京东全球购有权立即采取措施，先行对买家进行赔付，同时终止与商家的协议。即在京东全球购购物时，若经过合法认定买家已购得的商品为假货或非原装正品，则有权在交易成功后 90 天内按平台规则发起针对该商家的投诉，并申请"正品保障"赔付，赔付的金额以买家实际支付的商品价款的"退一赔四"+买家支付的邮费为限。图 2-11 所示为京东全球购网站页面。

图 2-11 京东全球购网站页面

京东一直以自营及自营性物流作为自己的主要经营模式，在跨境电子商务的业务上，仍然坚持这个思路。一直以来，自营性物流在传统企业中广泛运用，如大型的生产型企业集团和流通型企业集团，需要对原料购买、生产、运输和交易环节进行把控，通过自行组建物流中心，实现内部采购、制造、客户各环节的信息、产品、服务和资金流通。其次才扩展至电商行业，进行互联网零售的企业（集团）通过独自组建物流体系，实现平台销售商品与消费者之间的自行送达。目前来看，电商的这种自营性物流模式能够满足消费者对商品及时送达、质量保证和用户体现方面的较高需求。

京东的自建物流系统，截至2015年3月底，已经是非常庞大的规模，京东在全国范围内拥有七大物流中心，自建库房规模100余万平方米，在43座城市运营着143个大型仓库，拥有3539个配送站和自提点，覆盖全国范围内的1961个区县。随着京东的渠道下沉战略的实施，京东服务店、乡村推广业务的发展，京东的物流规模将进一步扩大。

自建物流在客户最重视的速度和服务两方面的优势都是显而易见的。一般来说，境内影响货物流通速度的因素有3个环节：仓与仓之间的干线运输、分拣中心的运营能力、末端配送即最后一公里的配送，第一个环节自建物流与第三方物流差别不大，分拣中心即可以出现较大差别，京东在逐渐推行园区化管理，即将仓与分拣中心距离拉近，充分提高分拣中心的效率，这在第三方物流模式下基本难以实现；到"最后一公里"配送环节，自建物流与第三方物流出现了明显差距，"最后一公里"的准时达成则依赖数量充足且高度负责的配送人员，虽然第三方物流已经逐渐加强自身管理，开始重视客户体验，但物流企业与电商企业毕竟是企业愿景截然不同的两个组织，拥有不同的管理模式和服务准则，快递员并不能完全达到电商对服务质量的高要求。自建物流因为是直接管理，甩开了不必要的交接环节，使得物流配送的"最后一公里"更加人性化。

因此，京东在跨境电子商务的发展中也希望实现自建物流的模式，鉴于现实条件不具备，目前仅体现在美国、欧洲、日本、韩国和澳洲等地直接租仓，利用当地供应链服务，作为跨境贸易的支持，但后期发展不排除将自己的供应链延伸至境外，做境外的自建物流。与此同时，在国内，京东将坚持自建物流，通过国内一些城市或保税区租仓，用来做京东自己的进口商品销售，或者为第三方商家提供仓储服务，打通跨境电子商务海关和保税仓的通道，实现京东系统与海关系统直接对接，实现畅销商品快速通关。

将供应链延伸至商品产地，其优势在于电商跨境平台直接对接境外商家，并通过依靠供应链来保证商品货源组织，依靠自己不断发展壮大的境外物流体系，能够进行商品品质的保证，同时时效性也比较好。能够自行控制货源，还可以通过组织闪购、特卖等方式来补充SKU丰富度，以及适时缓解供应链压力。但是自营及自建物流体系的劣势在于，引进商家的数量和种类受限，商品种类受限，同时由于规模的扩大是需要稳步推进的，很难实现爆发式的增长。这种模式对资金要求较高，实力雄厚或者较强的融资能力是前提条件。

2. 海外电商直邮模式——亚马逊

海外电商直邮模式，即消费者从海外的购物网站上购买商品，直接通过国际物流递送至境内消费者的模式。典型的代表为亚马逊，亚马逊为方便中国消费者而特别推出"海外购"中文海外购物服务，包括服饰、鞋靴、母婴、美妆、玩具、个护健康、户外及运动、电子、家居、厨具等品类的高品质国际选品，涵盖众多一线热销品牌，在售商品均100%来自美国亚马逊。"亚马逊海外购"将帮助更多的中国消费者购买到心仪的高品质国际选品，享受快速、便捷的亚马逊全球配送服务和中国本地客服支持。

亚马逊的全球开店模式使亚马逊的境外扩展范围相当广，遍及美洲、欧洲和亚洲等，亚马逊对入驻的商户提供物流服务，一旦商家在亚马逊开店，就可以激活"亚马逊物流"服务，并让客户享受"超值免运费递送"和"亚马逊金牌客户"的优惠。其提供服务的对象为商家，在亚马逊网站上，可以打破地域概念，实现真正的全球购买。图2-12所示为亚马逊海外购网站页面。

图2-12 亚马逊海外购网站页面

  亚马逊的发展被视为全球电商行业的风向标。亚马逊的电子商务战略中的3条战略,即强化购买力战略、品牌和信赖战略、成本管理战略,也是境内电商领域各平台的关注重点。

  亚马逊公司将"以顾客为中心"作为企业文化,不断努力提升顾客体验,其在消费者中的良好口碑使得网站的流量大幅提升,而流量的增加将可以吸引到更多的销售商(sellers),销售商愿意提供更加低廉的价格,消费者的选择余地更加丰富,同时亚马逊对物流投入的高昂的固定成本将摊销到不断增加的消费者购买中,成本降低的同时物流效率更高,顾客的体验也更好,亚马逊在物流上的投资使得其有能力为第三方商家提供FBA(Fulfillment by Amazon)服务,极大地支撑了第三方商家开放平台的发展,进一步增加了亚马逊的商品品类,如此形成良性的循环。

  亚马逊充分利用这个良性循环,消费者群体及重复购买客户持续增加,愿意为亚马逊提供商品和服务的销售商持续增加,产品价格也持续降低,亚马逊在物流方面的投入也逐渐显示出自己的竞争能力,将电商行业门槛提高,亚马逊持续不断地将获取的利润再增加投资于物流、信息技术等方面,这些投资既能使得亚马逊在这些领域持续保持较强的竞争力,提高电商行业的竞争门槛,同时高效的物流体系也不断地拓展着亚马逊商品和服务的内涵和外延,使得亚马逊有能力进入更多的市场,得以能够从一个线上的图书零售商发展成为为全球提供商品和服务的全球跨境电子商务行业领先者,并为公司未来的高速成长开辟更多机会。

  亚马逊作为典型的跨境电子商务公司,作为其主要特色的丰富的商品和服务选择、便利的物流服务,以及持续的低廉价格,同时也是亚马逊提升顾客体验的关键因素。持续的低价使得用户数量持续增加,同时用户的重复购买率得到极大提高,这保证了亚马逊可以一直保持低于同行的用户获取成本(营销费用仅为销售收入的2%~3%),这也是吸引境内消费者选择海外直邮方式的重要原因。在保持价格优势的同时,亚马逊运用个性化的推荐技术,向用户推荐相关类型商品,进一步提高了用户购买的客单价和购买频率,境内消费者出于分摊直邮运费的考虑,也会希望一次性选购批量产品,亚马逊可以维持合理的毛利率水平,消费者也能获得更实惠的价格。

在上述基础上，亚马逊推出了 Prime 项目，用户只需每年支付 79 美元就可以享受大部分订单两天内的免费送货服务。Prime 是为亚马逊大量的高净值且高忠诚度的用户设计的，亚马逊通过这项服务为用户带来了很大的价值，也使得这些用户经常在亚马逊上购物，实现了对用户的锁定。这是一个将其诸多优势汇聚成一个独特服务的很好实践。

亚马逊所有的上述努力，使得其在跨境电子商务行业中处于极具竞争力的优势地位，亚马逊平台上拥有众多的商家，加之自营商品，可以为消费者提供丰富的商品；其拥有优质的全球供应链物流体系，满足了消费者进行跨境电子商务购物的基础需求，对消费者非常有吸引力。但同时，由于亚马逊的全球性布局，也使得其短期内在某一个区域的扎根不够深入，客户挖掘不够，尤其在国内，在把握本土用户消费需求方面，远不如淘宝，这方面还需要亚马逊结合境内消费市场的特征，进行调整提高。

2.3 跨境电子商务 C2C——海外代购

2.3.1 海外代购模式的概念

简称"海代"的海外代购模式是继"海淘"之后第二个被消费者熟知的跨国网购概念。简单地说，就是身在海外的人/商户为有需求的另一国家的消费者在当地采购所需商品，并通过跨国物流将商品送达消费者手中的模式。

2.3.2 海外代购模式的类型

从业务形态上，海外代购模式大致可以分为以下两类。

1. 海外代购平台

海外代购平台的运营重点在于尽可能多地吸引符合要求的第三方卖家入驻，自身不会深度涉入采购、销售及跨境物流环节。入驻平台的卖家一般都是有海外采购能力或者跨境贸易能力的小商家或个人，他们会定期或根据消费者订单集中采购特定商品，在收到消费者订单后再通过转运或直邮模式将商品发往消费者手中。

海外代购平台走的是典型的跨境 C2C 平台路线。代购平台通过向入驻卖家收取入场费、交易费和增值服务费等获取利润。

该模式的优势是为消费者提供了较为丰富的海外产品品类选项，用户流量较大。其劣势是消费者对于入驻商户的真实资质持怀疑态度，交易信用环节可能是 C2C 海代平台目前最需要解决的问题之一；对跨境供应链的涉入较浅，或难以建立充分的竞争优势。其典型代表是洋码头、淘宝全球购、美国购物网和易趣全球集市等。

以美国购物网为例（如图 2-13 所示）。美国购物网成立于 2005 年 11 月，是一家专营网上代购的大型电子商务平台，也是国内较早致力于网络代购业务的互联网公司，是目前中国最大、最专业的代购网站，是中国唯一一家可以帮助客户免除美国消费税的商家。美国购物网可以代购国外品牌服饰、箱包、运动鞋、保健品、化妆品、名表首饰、户外装备和家居母婴用品等商品，相比国内专柜同品牌、同型号商品可节省高达 50% 的费用，还能让客户在省钱的同时买到一些国内未上市的新品。代购的商品由美国发货直接寄至客户手中，转账经过国内转运。使用人民币支付，双语客服在线服务，轻松化解众多跨境购物支付难题，并为客户提供完善的售后服务，实现无障碍跨国购物。代购的美国商品，美国发货后，若清关无异常，10～20个工作日即可直达客户手中。美国购物网采购商品主要有四大来源：美国官网、大型百货商场、品牌专卖店及美国工厂直供。美国购物网自2005年成立以来，先后与200余个美国品牌及大型厂商建立了合作关系。比如，美国大型综合百货商家Macy's梅西百货、Amazon亚马逊、Saks Fifth Avenue第五大道、Neiman Marcus内曼·马库斯、Bluefly、Nordstrom诺德斯特龙和6PM等，合作的知名品牌商家有Ralph Lauren拉夫劳伦、GNC健安喜、Puritan's Pride普瑞登、Coach蔻驰、BioCalth百傲钙、Uniflora优福和ResMed瑞斯迈等。美国购物网在每一个正常工作日都会定期同步更新美国最新、最全的折扣优惠信息，然后对比找出优惠力度最大的折扣信息并呈现出来。特色国外折扣产品独享。同时该网站还拥有一支专业的中英文双语客服队伍，能够准确地为客户和商家联系销售和产品事宜，包括专业的订单跟踪团队。美国购物网采用专业统一的国际快递配送体系——纽约全一快递。客户代购的商品均由美国分公司采用统一的物流配送，由美国发货直接寄至客户手中，无须经过国内转运，不但节省了代购时间，还避免了国内中转货物可能出现的错货、丢货等。对于大额商品，3%～9%的消费税是一笔不小的开支，美国购物网是国内唯一可以免消费税代购的网站，比去美国直接购物还省钱。美国购物网使用人民币支付，化解了众多跨境购物支付难题。接受多种付款方式，如支付宝、财付通、信用卡支付、银行转账和网上银行等。使用支付宝，安全放心，网上银行转账，款项即刻到账，发货迅速，客户可以任意选择喜欢的付款方式。美国购物网拥有国内代购行业最全面、最完善的售后，不同于一般的代购商家仅提供代购服务，由美国购物网代购的商品，如果出现国外网站发错货、坏货、丢货或少货等现象，都会进行免国际运费免服务费为客户退换或者全额赔付。

图2-13　美国购物网页面

2. 微信朋友圈海外代购

微信朋友圈代购是依靠熟人或半熟人社交关系从移动社交平台自然生长出来的原始商业形态。虽然社交关系对交易的安全性和商品的真实性起到了一定的背书作用，但受骗的例子并不在少数。随着海关政策的收紧，监管部门对朋友圈个人代购的定性很可能会从灰色贸易转为走私性质。在海购市场格局完成未来整合后，这种原始模式恐怕将难以为继。

2.3.3　海外代购平台——洋码头

洋码头成立于 2009 年，其初始定位为电商服务平台，通过与海外零售商合作，对接目标消费者。卖家的属性有两种，一种是海外商家，一种是个人买手。如果在洋码头平台上找不到需要的商品，可以找买手进行代购，买手帮消费者在海外进行采购。洋码头网站首页如图 2-14 所示。据其创始人描述，目前在洋码头平台上，海外商家与个人买手大约各占 50%的比重。洋码头官网显示，其买手有严格的认证程序，买手在入驻洋码头之前，需提供其在美国的住址、个人信用卡账单及各项缴费账单，资料齐备后，洋码头将寄送认证函至买手所填写的美国住址，从而完成最终的身份验证。同时，贝海国际速递在洛杉矶、旧金山和纽约三大城市设立了货站，接受洋码头的买手们来自美国各个城市的包裹，包裹到达货站后将直接被空运至中国，经海关清关后，由 EMS 承接国内的配送任务。

图 2-14　洋码头网站首页

洋码头的代购流程就是由美国代购买手或零售商家在洋码头网站上提供各类商品的信息，消费者自主在网站进行选择并下单，由美国零售商或代购买手提供货品，运送至洋码头自建物流——贝海国际速递，商品运回中国后，再经中国海关通过其他快递公司送达消费者手中，如果商品有问题，顾客可以选择退换货，至此，一次完整的美国购物体验便完成了。这种在跨境电商领域中的创新性做法使个人跨境交易过程变得十分简化，整个过程中碎片化的服务商整合成为一个透明可控的供应链条，实现各环节无缝对接，服务效率可以提升到最大可能。

跨境电商的消费群体以具有一定购买力的白领和家庭主妇为主，她们对生活品质有更高的要求，对身体健康的关注超过了普通群体，有孩子的家庭主妇更关注孩子的健康状况，因此她们对营养保健品的需求很高。而目前国内的食品安全问题已经难以让人信任，营养保健品更是参差不齐。因此，一旦拥有购买力和产品渠道，她们更愿意付出更多时间和金钱来购买安全的保健品。基于这个状况，洋码头将保健品作为主要产品，其中又以婴幼儿营养保健品为首。洋码头首先将保健品作为主要产品，其次又把母婴产品作为另一个重要销售领域。洋码头有着明确的消费者定位，从而也明确了产品定位。

洋码头购物模式是 C2C 模式，产品价格由零售商或者买手自己决定。代购产品的价格通常由产品成本价、代购费用或卖家自定利润和运费构成。代购费用或利润都是由卖家自己决定。代购费用原则上是按照产品实际价格的 10% 收取，但买手或商家可以自己决定在这一行为中获得的利润。C2C 模式让消费者可以比较各供货商的价格，寻找最适合自己的商家或买手。国际运费是海外代购难以突破的瓶颈，消费者必须要承担这笔费用。并且许多代购物流的中间程序是不透明的，消费者很难获取物流的信息。物流进入清关环节，若出现需要补缴税款等事项需要由消费者自行解决，给消费者带来很多麻烦。洋码头通过自建海外物流完美解决了这个难题。洋码头自建的贝海国际物流，在美国设立了 4 个物流仓库，与中国多家航空公司合作，利用航空物流飞机返回中国时的空档资源配送货物，大大降低了国际航空物流的成本，缩短了消费者的购物时间。消费者在洋码头购物，通过洋码头国际物流运输，消费者可以随时追踪物流信息，并且可以在线解决关税问题。在物流价格上实现突破，成为洋码头在价格上的一大优势。

洋码头自身现在有两大主要营销渠道：洋码头海外购物社区和洋码头扫货神器。海外购物社区是购物网站的形式，主要面向使用计算机终端的消费者。可以为其提供全面的销售服务。洋码头的渠道优势体现在"扫货神器"APP 上。这是洋码头开发的 APP，面向移动终端的消费群体。扫货神器是国内首款海外卖场扫货的 APP，可以让消费者通过移动终端和海外买手一起购物，营造现场购物感。通过洋码头认证并入驻的海外买手直播全球范围内的各大商场/卖场/OUTLETS 扫货实况，以现场拍照的方式发布各大促销活动和商品状况。国内消费者可以关注海外买手发布的促销直播，通过海外扫货神器下单购物。扫货神器给消费者带来的便利（Convenience）也是购物网站所不能比拟的。消费者足不出户，就可以跟随买手关注现场购物状况，只需要使用手机和网络这样的日常资源，就可以体验海外现场购物。海外扫货会有时间限制，一是现场促销有时间限制，二是海外买手的时间限制，所以下单速度很重要。洋码头扫货神器为消费者提供了"一键下单"，让海外购物流程更加流畅。扫货神器支持消费者下单、付款和查询物流，让海外购物和国内网购一样便利。海外扫货神器为消费者提供了很大的便利，其实用性和便利性是其他跨境电商都不具备的，扫货神器也就成为洋码头营销渠道的绝对优势。此外，洋码头也同国内电商巨头合作，在苏宁易购和京东商城上都开辟了洋码头海外购物专场，分享传统电商的客户资源。传统电商通过洋码头开启了海外购物板块，在一定程度上可以说是一次双赢的合作。但是洋码头目前在苏宁易购和京东商城上的产品类目并不丰富，仅以保健品和母婴用品为主，产品资源还有待拓展。

团购的营销模式可以将购物成本和物流成本都降到最低，是一种国内外都实用的模式。开展团购活动的同时，洋码头还发起"晒单有奖"活动，鼓励消费者在微博、微信等社交平台上发布自己购买产品的照片，并要标明是在洋码头海外购物平台购买，通过晒单，消费者便有机会获得洋码头送出的礼品。洋码头更多的是通过消费者的社交平台进行品牌营销和推广，提升洋码头的知名度，将"洋码头"塑造成海外购物的品牌。

洋码头的发展模式更被看好，可以为买手提供更个性化的商品和服务，而且理论上讲，没有商品边界，不受平台资源的限制。只要供应链物流做得足够灵活，可以实现持续的快速增长。

案例分析

兰亭集势的发展历程

兰亭集势是一家跨国 B2C 公司，成立于 2007 年，创始人有曾担任谷歌中国首席战略官的郭去疾、卓越和当当的供应商张良、卓越前副总裁刘俊和博客中国的创办者文心。图 2-10 所示为兰亭集势网站的首页。兰亭集势成立于金融危机之时，致力于为全世界的中小企业提供一个基于互联网的全球整合供应链。兰亭集势网站首页如图 2-15 所示。它的主要网站是 Light In The Box 与 Mini In The Box，基于 26 国语言，客户遍及全球 200 多个国家。欧洲和北美市场是兰亭集势的主攻方向，其 98% 的客户均来自国外。

图 2-15 兰亭集势网站首页

兰亭集势上线之初，主营电子产品，但是由于电子产品的毛利比较低，后来便开始转向毛利较高的产品品类，如服装、电子产品配件等，并不断地进行产品品类的调整，增加毛利较高的产品的占比，而降低对毛利较低的产品的投入，目前电子产品配件已成为它最大的销售品类，排在第二位的是服装。

1. 供应链管理

B2C 跨境电子商务极大地缩短了国际贸易中的流通环节，使毛利率得到了很大程度的提高。2012 年，迅猛发展的唯品会的销售实现 22.3% 的毛利率，起步较早、稳步发展的亚马逊实现 24.8% 的毛利率，而兰亭集势的毛利率达到 41.77%，这与兰亭集势较短的供应链和较低的成本密不可分。

以婚纱为例，根据 The Wedding Report. Inc 在 2011 年的调查结果，在美国地区，平均每件的价格约为 1166 美元，而兰亭集势上婚纱的价格不足其 1/5，平均单价为 209 美元，当然，这主要得益于"中国制造"的优势，这也是我国大多数 B2C 跨境电子商务企业都具备的优势。兰亭集势之所以能在众多 B2C 跨境电子商务企业中遥遥领先，最大的特色在于其极大地缩短了 B2C 跨境电子商务的供应链，向上绕过众多中间环节，自己采购绝大部分商品，目前70%的商品都是直接从工厂进货，自己拥有定价权。兰亭集势对供应商有着严格的要求，供应商不仅要能满足其要求的采购量，而且还要能及时捕捉海外市场需求，把握海外市场流行趋势，在设计并生产产品的同时，还要避开海外知识产权风险。除了没有自主品牌的供应商外，一些国内知名品牌厂商，包括爱国者、神舟电脑和方正科技等也是该公司的供应商。

此外，兰亭集势还拥有非常高效的供应链管理方式，不仅实现了较高的库存周转率，而且降低了库存风险。一方面，针对服装类的定制产品，兰亭集势派其专家团队直接进入供应商的生产线，制定专门的指导方案，帮助其改进生产和管理流程，从而提高生产效率，改善产品质量。兰亭集势会每日更新供应商订单，由于已经在兰亭集势的专家团队的指导下调整了生产流程，达到了个性品定制生产的标准，因此供应商通常能在10～14天的时间内完成定制产品的生产并将其运送至兰亭集势的仓库，这就保证了兰亭集势较高的订单履约率。另一方面，对于标准品而言，兰亭集势2011年第四季度调整了供货方式，要求其部分供应商提前备货。供应商将货物提前存放在兰亭集势的仓库，但是这些货物的所有权依然在供应商手中，只有当客户下单之后，这些货物的所有权才会转到兰亭集势，计入其营收与成本。通过这种方式，兰亭集势相当于实现了"零库存"，不仅能够保证订单的高效处理，而且降低了库存风险。对于滞销商品，兰亭集势可以随时要求供应商将其商品从仓库取走并支付其将库存运走时的物流费用。也就是说，在提前备货的过程中，兰亭集势只是为供应商提供存放仓库，以及支付供应商运走其剩余库存的费用。

总之，在供应链的管理方面，兰亭集势有着其独特的模式：一方面通过对接工厂，压缩上游供应链，降低产品成本，实现了较高的毛利；另一方面，分别与订制品和标准品的供应商建立了独属的合作方式，不仅保证了订制品的生产效率和订单履约率，而且能有效较低库存风险并提高库存周转率，实现仓储管理的科学化，从而使得兰亭集势在B2C跨境电子商务行业位居前列。

2. 营销模式

新增用户和重复购买是电子商务持续经营的基础，随着企业电子商务规模的不断扩大，便可在规模化的基础上降低运营成本，从而确保现金流的持续流入，实现良性循环。伴随电子商务的发展，以互联网为核心的网络营销受到许多电子商务企业的学习和应用。网络营销的基本职能主要是树立品牌形象、进行网站推广、构建销售渠道、实现销售促进、进行网络调研和管理客户关系等，可以看出，营销对于一个企业的品牌推广和商品销售有着至关重要的作用。

兰亭集势常用的营销模式包括搜索引擎营销、社会化营销、展示广告营销、邮件营销及联盟广告方案。兰亭集势最近几年的迅猛发展，可以主要归结为其网络营销的成功应用。不同于国内注重品牌营销的凡客，兰亭集势更加热衷于那些能够直接拉动销售的营销手段，而对于建立渠道品牌并不是很热情。

目前，搜索引擎营销是兰亭集势最常用也是最主要的营销手段。从Alexa统计数据来看，美国、意大利、英国、法国和德国的谷歌站点是网站www.lightinthebox.com的流量的主要来源，社交网站Facebook是兰亭集势开展社会化营销的主要工具。Hitwise公布的流量数据显示，在北美地区，兰亭集势主站45.58%的流量源自谷歌，3.06%的流量来自社交网站Facebook。此外，兰亭集势还与其他公司合作，向其提供具备网站吸引力的内容和工具，并支付一定比例的销售佣金建立起联盟营销方案，而且已在 10 万家以上的网站上投放了展示性的广告。兰亭集势的广告主要目的是拉动消费而不是品牌推广，因此多以定向销售广告为主。兰亭集势在广告方面投入巨大，也得到了明显的效果，即活跃用户的快速增长，而这些用户正是给兰亭集势带来大量营业收入的最关键因素。

但是，因广告带来的活跃用户并没有在兰亭集势上形成良好的沉淀。虽然活跃用户带来大量营收，但是兰亭集势在品牌方面做得并不是很好，这些用户重复购买的可能性较低，因此，兰亭集势的收入增长更多的是依赖各种营销方式带来的流量，而这些流量大部分都是需要付费的。在重复购买率较低的情况下，兰亭集势营收的快速增长主要源于网络营销的成功应用不断带来新用户。但是，为了不断抓取新用户，兰亭集势在网络营销方面的开支要远远高于国内电子商务企业的营销开支。

不过，B2C 跨境电子商务的市场定位决定了其客户的价格敏感度极高，难以形成用户黏性，且市场竞争加剧导致各种营销工具的价格上涨，因此，营销费用高和重复购买率低是 B2C 跨境电子商务网站的共性。兰亭集势之所以能够从中脱颖而出，部分原因是因为它较其他企业更早发现并开发了这块市场，也与精通搜索引擎营销的创始人团队密切相关。兰亭团队善于利用互联网增加商业价值，他们自己研发了一套算法来发现关键字并对其进行调整优化，从而获取更高的投资收益，这是其他 B2C 跨境电子商务企业没有的优势。

总而言之，兰亭集势的营销模式的核心是快速而有效地抓取新用户，扩大用户基数。基于其团队在营销上的优势，以搜索引擎营销为主，以社会化营销、联盟营销、展示广告及邮件营销为辅进行大力推广，其营销效率得到了明显提升，重复购买营收占比也在逐步上升，实现了营收的快速增长，并有望通过规模经济降低营销费用。

3. 物流配送

Fedex、UPS、DHL 和 EMS 是兰亭集势最主要的物流服务商，它们均提供超省、标准和特快 3 种运输方式，这 3 种方式的配送时间在非高峰期分别为 10～20 个、6～8 个、3～5 个工作日。兰亭集势主营产品的重量大多在 1～3 kg。0.9 kg 的包裹的配送费用至少需要 17 美元，而 2.48 kg 的包裹的配送费用最高可达 62 美元。即使平均每件商品的价格超过 200 美元，配送费用依然是一个很大的开支。

不过，兰亭集势凭借其较大的规模，具有更强的议价能力，能够跟快递公司谈到更低折扣的协议价，因此，在不少航线上，兰亭集势的物流配送费用较标准模式更低。此外，兰亭集势已经在美国加利福尼亚州等地建立了仓库，将部分畅销商品提前存放于海外仓库，极大地缩短了配送时间，提高了用户满意度。

由此可以看出，与其他 B2C 跨境电子商务企业相似，兰亭集势也主要采取国际快递和邮政小包的方式配送商品，物流配送费用较高，且风险不可控，因此造成较低的用户满意度。不过，兰亭集势也在积极探索其他的物流模式，即海外仓储，这种模式能够大幅缩短物流配送时间，改善用户的购物体验感，从而提升客户满意度，提高用户黏性。

阅读该案例，请分析以下问题。
1. 兰亭集势发展顺利的原因是什么？
2. 兰亭集势需要在哪些方面完善？

本章小结

跨境电子商务按照商业模式分为 B2B、B2C 及 C2C 共 3 种类型。本章主要从基本概念、模式分类、物流配送、支付和盈利模式等方面对其进行介绍；跨境电子商务 B2C 部分在阐述相关概念和模式的基础上介绍了相关案例；跨境电子商务 C2C 主要以"海代"模式为主，这部分内容对海代模式的概念和分类进行论述。

本章习题

1. 简述跨境电子商务 B2B 模式的基本概念和模式分类。
2. 简述结合某个具体的跨境电子商务 B2B 网站，说明其物流配送、支付和盈利模式等情况。
3. 简述跨境电子商务 B2C 模式的概念和模式。
4. 简述跨境电子商务 C2C "海代"模式的概念和分类。
5. 通过查找我国跨境电子商务 B2B、B2C 和 C2C 的发展状况的相关数据和资料，做出一份调查报告。

第3章 跨境电子商务平台

随着经济全球化的快速发展，国际人均购买力呈长足的增长态势，同时随着网络普及率和跨国公司业务辐射范围的增加，以及物流水平的进步和网络支付环境的进一步改善，我国的跨境电子商务业务有了进一步的提升，根据咨询机构艾瑞的预测，2017年我国跨境电商规模将达8万亿元、复合增速26%，行业仍将处于快速增长阶段。跨境电商业务的发展必然离不开跨境电子商务平台的支撑和辅助，因此，与我国跨境电商业务快速发展相呼应的必然会产生一些在行业激烈的竞争中脱颖而出的优质跨境电商平台。目前，最具代表性的当数阿里巴巴、环球资源、兰亭集势和焦点科技（中国制造网）等，他们所服务的对象和涉猎的范围既相互补充又相互竞争，在跨境电商群雄逐鹿的时代为我国跨境电商业务的发展提供了良好的交易平台和贸易环境。

导入案例：

近年来，跨境电商以开放、多维、立体的多边经贸合作模式拓宽了企业进入国际市场的路径，跨境电商有效降低了产品价格，使消费者拥有更大的选择自由，不再受地域限制。此外，与之相关联的物流配送、电子支付、电子认证、IT服务、网络营销等都属于现代服务业内容，这些得天独厚的优势，都大大促进了跨境电商的高速发展。跨境电商平台展现出了自己的特色和特点，在跨境电商的洪流中脱颖而出。

阿里巴巴平台有三个跨境网购业务——淘宝全球购、天猫国际和一淘网。淘宝全球购的商户主要是一些中小代购商，天猫国际则引进140多家海外店铺和数千个海外品牌，全部商品海外直邮，并且提供本地退换货服务。一淘网则推出海淘代购业务，通过整合国际物流和支付链，为国内消费者提供一站式海淘服务。阿里巴巴在进口购物方面采取海外直邮、集货直邮、保税三种模式。

立志为中国消费者扮演好全球买手角色的阿里巴巴，又开创了跨境电商领域的新模式。阿里巴巴和荷兰、韩国、泰国等国合作，在阿里巴巴的网购平台上开设国家馆，共同促进国与国之间产业跨境电商的进程。

——摘自：联商网

3.1 跨境电子商务平台概述

3.1.1 跨境电子商务平台的含义

跨境电子商务平台是分属于不同国界或地区的交易主体交换信息、达成交易并完成跨境支付结算的虚拟场所，具有电子化、全球性、开放性和低成本等特征，其显著提高了跨境贸易的交易效率，使得中小外贸企业有可能拥有与大企业一样的信息资源和竞争优势。跨境电子商务是基于互联网络进行的跨境贸易,受到网络虚拟性和交易主体虚拟化的制约,跨境交易主体的行为模式和价值标准都较传统交易方式有所不同,涉及的交易主体较多、产业链较长、交易环节繁杂、相关税收法律政策不统一,而通过跨境电子商务平台进行交易,在物流运输、通关检验和退税结汇等方面能够获得较为完善的服务,所以跨境电子商务平台成为了当前外贸企业和个人开展跨境贸易的主要途径。

3.1.2 跨境电子商务平台的主要模式

我国的跨境电子商务从2004年开始起步,经过10余年的发展壮大,已经涌现出一批能够提供交易、支付、物流和后台服务的综合性跨境电子商务贸易平台,形成了一套非常成熟的集交易、物流、金融、营销和风险控制等于一体的产业链条,探索出了一些较为清晰的商业模式。

按照跨境电子商务企业在跨境交易环节中所处的地位和作用,目前我国较为清晰的跨境电子商务贸易平台模式主要有4种:传统跨境大宗交易平台(大宗B2B)、综合门户类跨境小额批发零售平台(小宗B2B或C2C)、垂直类跨境小额批发零售平台(独立B2C)和专业第三方服务平台(代运营)。

1. 传统跨境大宗交易平台——大宗B2B

传统跨境大宗交易平台是指服务于中国进出口贸易的、数量和金额非常大的B2B电子商务交易平台,主要为境内外会员企业提供网络营销平台,传递供应商或采购商的商品和服务信息,并帮助双方完成交易。供应商即卖家在交易过程中生产和出售商品或服务,通过B2B平台获得相关采购商即买家信息,并将其供应信息传递给采购商。采购商根据自身的采购需求,通过B2B平台获取相关供应商信息,并将其需求信息传递给供应商,买卖双方之间的信息提供和传递借助B2B平台完成,B2B交易平台通过收取会员费和营销推广费获得盈利。国内典型的大宗B2B平台包括阿里巴巴国际站、环球资源网和中国制造网等。

2. 综合门户类跨境小额批发零售平台——小宗B2B或C2C

综合门户类跨境小额批发零售平台是指中国企业卖家或个体卖家通过第三方电子商务平台,直接与海外小型买家(包括企业买家和个体买家)进行在线交易,实际上就是由处于不同国家和地区的交易双方通过交易平台实现的无须报关、不缴纳关税的交易,交易平台本身不参与物流、资金支付等交易环节,即传统小额跨境贸易的新型电子化方式。交易平台主要依靠买家支付的交易佣金盈利,有些平台还会收取会员费、广告费等增值服务费用。国内典型的代表平台有敦煌网、阿里巴巴的速卖通、易贝(eBay)等。

3. 垂直类跨境小额批发零售平台——独立B2C

垂直类跨境小额批发零售平台是指平台自己联系国内外贸企业作为供应商,买断货源,在自建B2C平台上将商品销往境外,B2C平台提供物流、支付及客服等服务,一端连接国内的制造工厂,另一端连接境外消费者,通过赚取商品进销差价盈利。国内典型的代表平台有兰亭集势、帝科思、环球易购和米兰网等。

4. 专业第三方服务平台——代运营

专业第三方服务平台不直接或间接参与跨境电子商务的交易过程,仅仅为那些从事小额跨境电子商务贸易的企业提供通用的解决方案,为其提供后台支付、物流、客服和法律咨询等服务,帮助这些企业发展跨境电子商务销售业务,这类平台主要依靠收取服务费盈利,国内典型的代表企业有四海商舟、递四方科技、法思特信息和特易资讯等。

跨境电子商务平台模式比较如表3-1所示。

表3-1 跨境电子商务平台模式比较

平台模式	传统跨境大宗交易平台（大宗B2B）	综合门户类跨境小额批发零售平台（小宗B2B或C2C）	垂直类跨境小额批发零售平台（独立B2C）	专业第三方服务平台（代运营）
平台性质	网络营销平台	独立的第三方销售平台	自建的批发零售平台自建B2C平台	跨境电子商务贸易服务提供商
核心业务	提供产品、企业及供求交易信息服务	为小额交易提供无须报关、不缴纳关税的交易服务	提供物流、支付及客服等服务	提供后台支付、物流、客服和法律咨询等服务
赢利模式	会员费和营销推广费	交易佣金、会员费和广告费等增值费用	商品进销差价	服务费
是否参与交易	不参与	不参与	参与	不参与
典型企业	阿里巴巴国际站、环球资源网、中国制造网	敦煌网、阿里巴巴的速卖通、eBay	兰亭集势、帝科思、环球易购、米兰网	四海商舟、递四方科技、法思特信息、特易资讯
适用企业	国内外规模以上外贸企业	国内小型外贸企业、个体外贸卖家	国内一般制造企业	小额跨境电子商务贸易企业

3.2 跨境电商平台的服务和交易方式：以阿里巴巴跨境电子商务平台为例

1999年，阿里巴巴网站上线，定位于"中国中小企业贸易服务商"，为中小企业提供"网站设计+推广"服务。2003年，阿里巴巴调整发展方向，先后将重点转移到国内电子商务C2C（淘宝网）和B2C（天猫商城），并着力构建阿里生态系统。在国内电子商务平台做大做强后，阿里巴巴开拓跨境电子商务，陆续推出淘宝全球购（2007）、全球速卖通（2010）和天猫国际（2014）等4个平台。在这4个平台中，阿里巴巴国际站和全球速卖通以出口业务为主，淘宝全球购和天猫国际分别隶属于淘宝网和天猫商城，以进口业务为主。

本章以阿里巴巴国际站和全球速卖通这两个出口平台的服务与贸易方式为主进行介绍。

3.2.1 阿里巴巴国际站平台

阿里巴巴国际站是服务于B2B进出口业务的信息服务平台，是中国最大的全球在线批发平台。根据阿里巴巴2014年报，截至2014财年，其国际站付费会员超过136000名。其中卖家主要是国内中小企业，买家大多是从事进出口的贸易代理商、批发商、零售商和生产企业等中小企业。

卖家需要在国际站注册成为会员才可以在平台进行产品展示，获取一定的信用评级，购买平台的营销服务以吸引买家询盘。买家通过国际站的沟通软件"贸易通"与卖家进行交流并下单。买卖双方在线联络完成后，在线下继续洽谈、达成交易，并完成支付、物流和通关等国际贸易流程。平台主要发挥信息展示和交流的作用，洽谈和交易在线下进行，因此交易内容不公开，价格也不透明。平台通过提供融资、数据分析及物流合作等增值服务促进买卖双方达成交易。2014年，阿里巴巴国际站由在线信息平台向交易平台转型，即提供在线支付和交易，通过一达通平台完成国际贸易流程。

通过整合各项外贸服务资源和银行资源，一达通目前已成为中国国内进出口额排名第一的外贸综合服务平台，为中小企业提供专业、低成本的通关、外汇、退税及配套的物流和金融服务。一达通还与中国主要商业银行合作，根据中国供应商的出口数据提供纯信用贷款的金融服务。在物流方面，通过整合船公司和货代资源，一达通为客户提供安全及价格100%透明的整柜拼箱服务。

3.2.2 全球速卖通平台

全球速卖通是阿里巴巴B2C出口平台，主要以批发和零售体积较小、附加值较高的产品为主，如首饰、数码产品、计算机硬件、手机及配件、服饰、化妆品、工艺品、体育与旅游用品等相关产品。卖家主要是国内小型供应商及个人，买家以个人用户为主，也有部分买家从事小额批发业务。全球速卖通也提供与阿里巴巴国际站相似的服务，但是交易都是在线完成的。国内卖家在平台注册后，可以在全球速卖通平台发布商品信息。速卖通也建立了商铺的信用评级体系，同时速卖通平台也为买卖双方提供语言翻译服务。买卖双方通过全球交易助手软件沟通，并可以通过支付宝平台设置双币收款账户，进行货款的支付。同时速卖通平台和中国邮政、芬兰邮政、中俄航空，并与出口易、速四方、中环运物流等物流服务商进行合作，支持商家采用航空物流方式发货。平台向买家提供退货保证，若没有收到货物可全额退款，若货物不符合描述则部分退款。

3.3 跨境电商平台迅速发展的主要原因

阿里巴巴国际站和全球速卖通都充当了贸易中间商的角色，或匹配供求信息、撮合买卖双方达成交易，或直接为买卖双方完成交易。与传统的线下贸易中间商相比，这两个跨境电商平台具有一些不同的特征，正是这些特征促进了跨境电商平台上的贸易规模迅速扩张。

3.3.1 跨境电商平台具有更强大的信息沟通和匹配撮合功能

第三方平台的综合性和开放性形成了巨大的向心力，吸引了众多制造商、批发零售商、消费者和单品类垂直电商等进入。庞大的入驻商家和用户规模是跨境电商平台的核心竞争力。用户群和入驻商家形成海量供求信息，让买卖双方都更为容易找到合意的交易对象。在基于信息技术的电子平台上，信息的发布与传递无论从时间上还是从费用上都远远低于线下贸易中间商，供求信息可以实现快速匹配。

在阿里巴巴国际站首页，买家可以通过3种方式找到卖家：通过产品关键字搜索、通过产品类目筛选，以及通过Suppliers搜索，输入完整公司名称找到卖家。在全球速卖通首页，买家也可以通过产品关键字搜索、产品类目筛选或查看网页活动推荐3种方式找到卖家。卖家可以通过提高平台搜索排名的方式提高曝光率，来获得买家关注。阿里巴巴国际站的卖家通过平台可以实现与买家的沟通交流。"贸易通"沟通软件已经实现了计算机端与移动端的即时沟通服务。

速卖通平台提供阿里旺旺国际版供买卖双方进行沟通，也提供第三方软件——全球交易助手，方便卖家进行订单管理。阿里巴巴跨境平台提供翻译功能，并具有多语言市场优势。阿里巴巴集团为帮助供应商开拓非英语市场，建立了阿里巴巴多语言市场。在阿里巴巴国际站（英文站）之外又建立了包括西班牙语、葡萄牙语、法语和俄语等13种主流语种在内的多个语种网站，不仅提供翻译平台，还提供嵌入式的翻译服务和第三方人工翻译升级服务。全球速卖通也提供15种语言的网页，淘代销平台作为速卖通的翻译平台，提供语言翻译服务。

海量数据和云计算中心是综合型电商平台的竞争优势。为了促进买卖双方快速匹配，阿里巴巴国际站2010年曾推出一种被称为"轻骑兵"的撮合服务。阿里巴巴利用国内电商平台上供应商的海量数据信息，对国内各产业集群地供应商的交易数据进行整合与挖掘，将之与海外买家的个性采购需求进行快速匹配。2013年，阿里巴巴将交易撮合升级为采购直达平台（RFQ）模式：买家发布RFQ表单，卖家通过公开频道、定制搜索和系统推荐等多种方式获取RFQ表单后，根据自身情况进行报价。买家收到报价后联系卖家起草订单及要求样品，卖家响应买家要求再次报价，双方终达成交易。

此外，阿里巴巴国际站还为卖家提供数据管家服务，"阿里云"也为用户数据分析提供支持。海量的客户群、交易数据和便捷快速的沟通和数据处理技术使得跨境电商平台拥有比传统贸易中间商更为强大的信息传递和交易撮合功能。

3.3.2 跨境电商平台能够提供更为便捷的交易服务

除了海量商家、产品信息和买卖双方便利的沟通工具之外，跨境电商平台还提供融资服务、数据服务和在线支付服务，以及报关、物流等国际贸易服务等交易便利。基于规模优势，阿里巴巴跨境平台能够提供更便宜、更便捷的交易服务。阿里巴巴集团与银行合作，为商户和消费者提供多种融资服务。如面向"诚信通"会员的无抵押低利息银行贷款，工商注册满一年的阿里巴巴国际站会员可以申请的"网商贷"服务；面向中小企业的基于网商信用的无抵押贷款计划——网商贷高级版，最高授信可达1000万元；一达通为卖家提供的"赊销保"服务可为出口企业垫付高达80%的应收货款。全球速卖通为客户提供"速卖通贷款"，转账质押即可。速卖通也向会员提供阿里金融的其他贷款，还可根据交易数据与银行合作设计金融创新产品。

阿里巴巴国际站提供的数据服务包括面向供货商的数据管家服务，方便供货商掌握它们在国际站营销操作及推广的效果，以及阿里云计算公司为用户提供的数据分析支持等。阿里巴巴跨境平台为商家和个人买家提供了方便快捷的支付方式。转型为交易平台的阿里巴巴国际站认证的支付方式主要有万事达卡、Visa卡、Maestro卡、支票和西联汇款等，同时也接入了俄罗斯在线支付工具WebMoney、Qiwi Wallet，以及巴西在线支付渠道Boleto。全球速卖通平台提供以国际支付宝为主的多样化支付方式。卖家一般开设人民币和美元双币收款账户，可接受买家的PayPal、信用卡（美元通道）、西联、MoneyBookers和Bank Transfer（T/T银行转账）等多种支付方式。作为交易平台的阿里巴巴国际站为商户提供外贸综合服务平台"一达通"。国内供应商在一达通进行下单后，由一达通代为完成通关、物流、退税和外汇等所有出口环节，并发放外贸服务补贴款。速卖通客户多为小型商户或个人，货物多为2 kg以下的航空邮件包裹，物流主要走国际直邮或合作快递。速卖通商品一般转账在外汇管理局备案，关税支出也较小，报关比较简单。

3.4 阿里巴巴国际站操作案例

3.4.1 阿里巴巴国际站简介

阿里巴巴国际站（www.alibaba.com）成立于1999年9月，是目前全球最大的B2B交易平台。据中国电子商务研究中心监测数据显示，2015年上半年，中国B2B电商服务商市场份额排名情况为：阿里巴巴排名第一，占比39%，环球资源占5.2%，慧聪网占3.6%，焦点科技占2.1%，环球市场占1.3%，网盛生意宝占0.7%。

3.4.2 阿里巴巴国际站首页功能介绍

阿里巴巴国际站为中小企业拓展国际贸易出口营销推广服务，它基于全球领先的B2B电子商务网站阿里巴巴国际站贸易平台，通过向海外买家展示并推广供应商的企业和产品，进而获得贸易商机和订单，是出口企业拓展国际贸易的网络平台。下面分别就其首页的主要功能进行一一介绍。

阿里巴巴国际站的首页与人们所熟知的国内B2B电商平台的首页功能类似，能够清晰地向访问者展示搜索（如图3-1所示）、产品目录，以及各项基本服务和增值服务（如图3-2所示），并为供应商提供一定的有价竞争的区块进行商品展示和推送（如图3-3所示）。

图3-1 阿里巴巴国际站首页功能区1

图3-2 阿里巴巴国际站首页功能区2

如图 3-3 所示，阿里巴巴的国际站中充分体现了国际特性，在首页上有明确的模块按照国家分类，浏览者可根据自己所需商品的来源国家进行专有国家相关产品的咨询或根据自己产品的目标国进行有效推送。

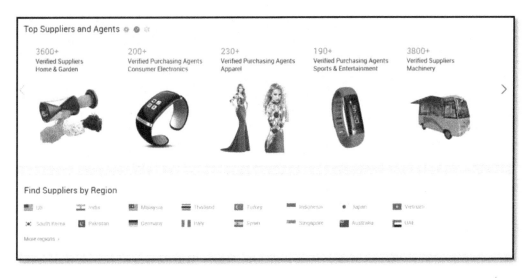

图 3-3　阿里巴巴国际站首页功能区 3

3.4.3　阿里巴巴国际站账号设置

进入阿里巴巴国际站首页，通过单击如图 3-1 所示的右上角处的 My Alibaba 链接，进入账号登录页面（如图 3-4 所示）。

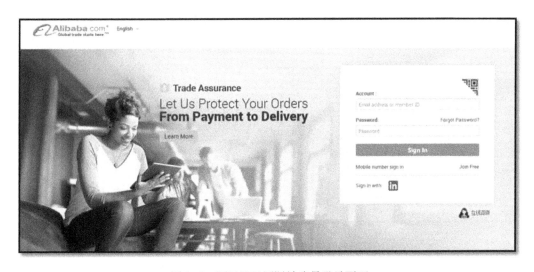

图 3-4　阿里巴巴国际站账号登录页面

已注册淘宝账号的用户可直接输入账号和密码，即登录名和密码；若还未注册过，则单击免费注册，按页面提示要求完成注册即可（如图 3-5 所示）。

图 3-5　阿里巴巴国际站账号登录页面

3.4.4　产品发布的步骤与内容

在中国注册的阿里国际站免费会员不可以发布产品，需要成为付费会员后才可以。用国外 IP 注册的免费会员是可以发布产品的。

产品的发布前期需要准备好关键词、产品名称、产品图片（上传图片银行），以及产品的参数表和相应的描述性文字（如图 3-6 所示）。

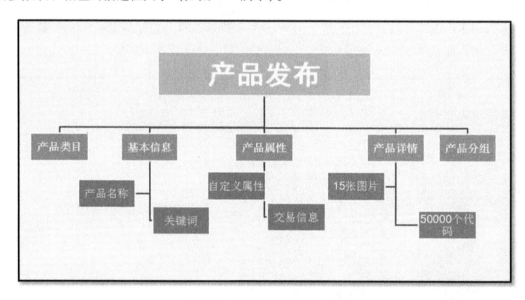

图 3-6　产品发布前准备的内容

待所有的资料准备齐全之后，就进入产品发布阶段。

第一步：登录 www.alibaba.com 网站。

第二步：进入后台，在左边蓝色导航栏中将出现"产品管理"选项，单击产品管理中的"发布产品"链接，进入产品类目页面（如图 3-7 和图 3-8 所示）。

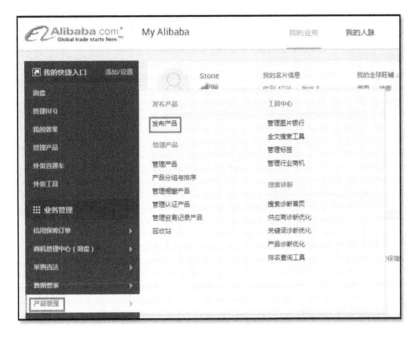

图 3-7 产品发布页面

图 3-8 产品类目页面

第三步：首先需要正确选择类目，这里有两种方法。

1）一种是在"搜索类目"下的搜索框中输入关键词，利用关键词搜索对应类目，如图 3-9 所示。系统会推荐 3 个对应类目，需要注意以下几点：

① 准确第一，不要错放——a. 错放会有处罚；b. 错放（或放置于 other）可能会导致买家找不到你产品，流量会丢失。

② 具有行业交叉特点的产品，可以在准确的基础上，选择多个合适类目进行产品展示，以便能获得更多的曝光机会（同一产品信息，不同的类目放置不算做重复产品）。

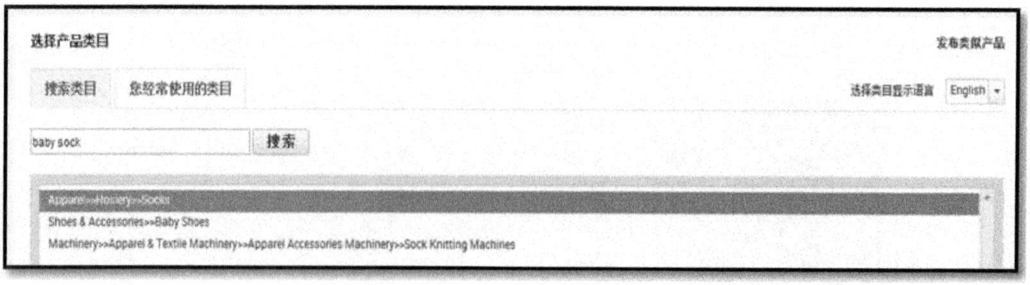

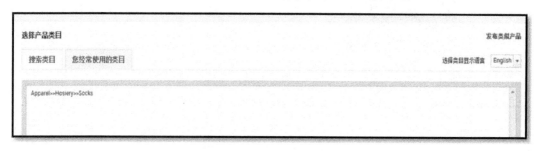

图3-9 产品搜索类目

③ 系统推荐类目无主次先后之分。

系统推荐的类目,在不清楚放哪个最合适时,可以回到阿里巴巴国际站的首页用关键词搜索产品,观察同行放得最多的类目和系统展示最多的类目,然后再选择。

2)另一种是在"您经常使用的类目"中选择,如图3-10所示。

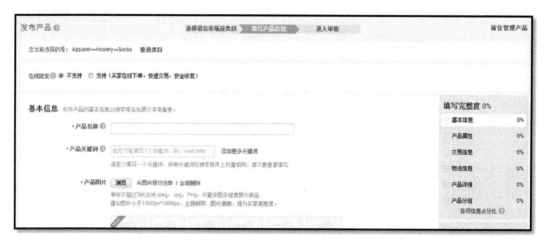

图3-10 您经常使用的类目

选择好类目后单击 我已阅读如下规则，现在发布产品 按钮即可。

第四步:选择正确类目之后,就进入产品发布的信息填写页面。基本信息包括产品名称、关键词和产品图片,如图3-11所示。

图3-11 基本信息填写页面

注:"产品名称"为产品名+关键词。

"产品关键词"为主关键词+副关键词1+副关键词2。

"产品图片"为主图 1 张 + 细节图 6 张。

6 张图应全部放满,相对应的产品细节图放置越完整,客户体验度越高,每一处信息都要填写完整,参考右边的信息完整度完善产品信息。

产品标题书写标准格式如下:

修饰词 A(热门长尾词)+ 修饰词 B(+ 修饰词 C)+ 核心词(关键词)(+ for/with ……)对应的主副关键词设置(无主次之分,重复关键词之和):

"主关键词"为核心词(关键词)。

"更多关键词"格式有以下几种:

修饰词 C + 核心词(关键词)。

修饰词 B(+ 修饰词 C)+ 核心词(关键词)。

修饰词 A(热门长尾词)+ 修饰词 B(+ 修饰词 C)+ 核心词(关键词)。

第五步:在对应信息栏中填入完整后,开始进入产品属性。产品属性需填写的是"自定义属性"和"交易信息","自定义属性"最多可填写 10 个,所以必须填满 10 个(右上角显示产品信息完整度),可以填产品的型号、工艺、使用范围、使用场合、特点、尺寸(长宽高)、净重、毛重和产品名称等,如图 3-12 和图 3-13 所示。

图 3-12 自定义属性 1

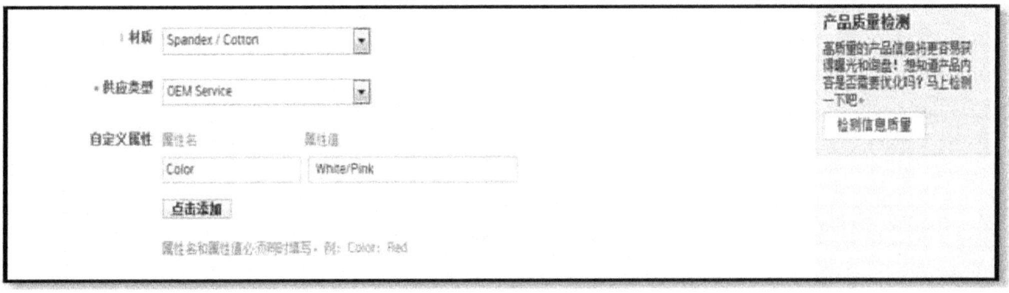

图 3-13 自定义属性 2

"交易信息"中的每一项都要填满,"最小起定量"后的"添加"可以在文本框中填入"for + 核心关键词","供货能力"也是一样填写。FOB的价格填区间值即可,"常规包装"一定要写,如图3-14所示。

图3-14 交易信息和物流信息

也可以选择"根据数量设置价格"单选按钮,即在线批发的价格设置,如图3-15所示。

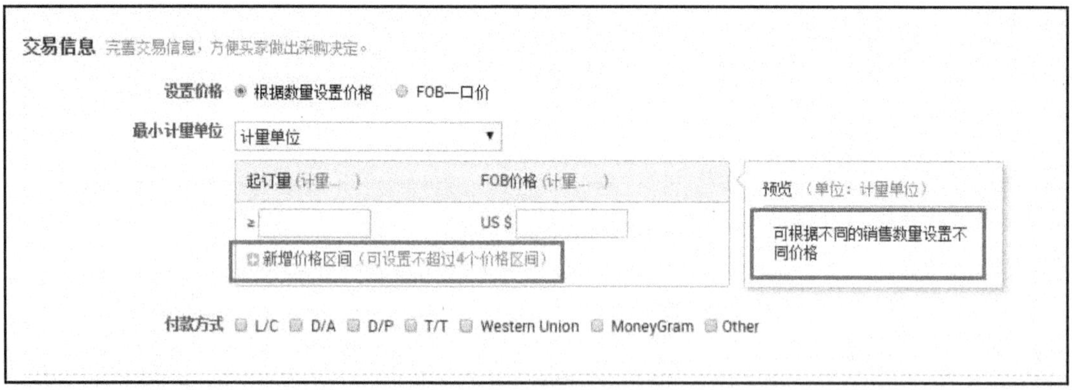

图3-15 根据数量设置价格

根据不同销售数量设置不同的价格,可以新增价格区间,如图3-16所示。

第六步:产品详情页的编辑需要根据详情页的设计模板,依次将图片、文字和表格放入其中。

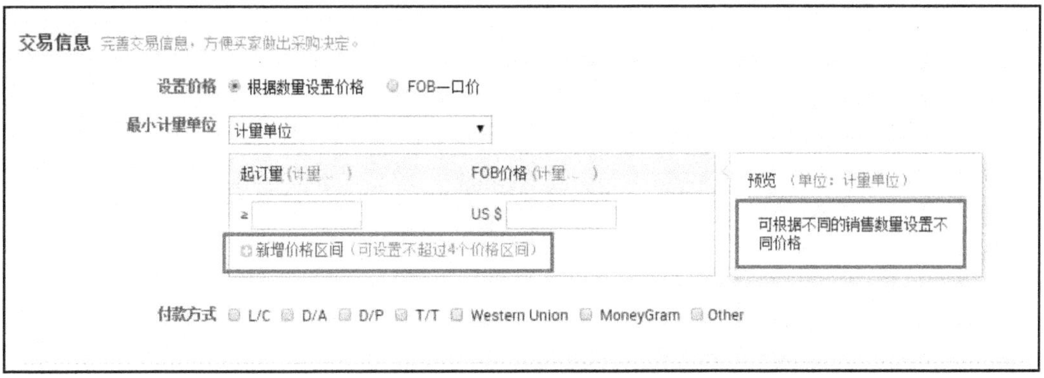

图3-16 新增价格区间

对详情页的编辑，首先得知道编辑页面的各个编辑功能，如图3-17所示，从左到右依次为"代码编辑""撤销按钮""字体""字号""加粗""斜体""下画线""字体颜色""字体底色""清除格式""工具集""上下标""从我的电脑选择图片""从图片银行选择图片""插入新表格""插入特殊符号""切换全屏模式""插入/编辑链接"和"清除链接"。

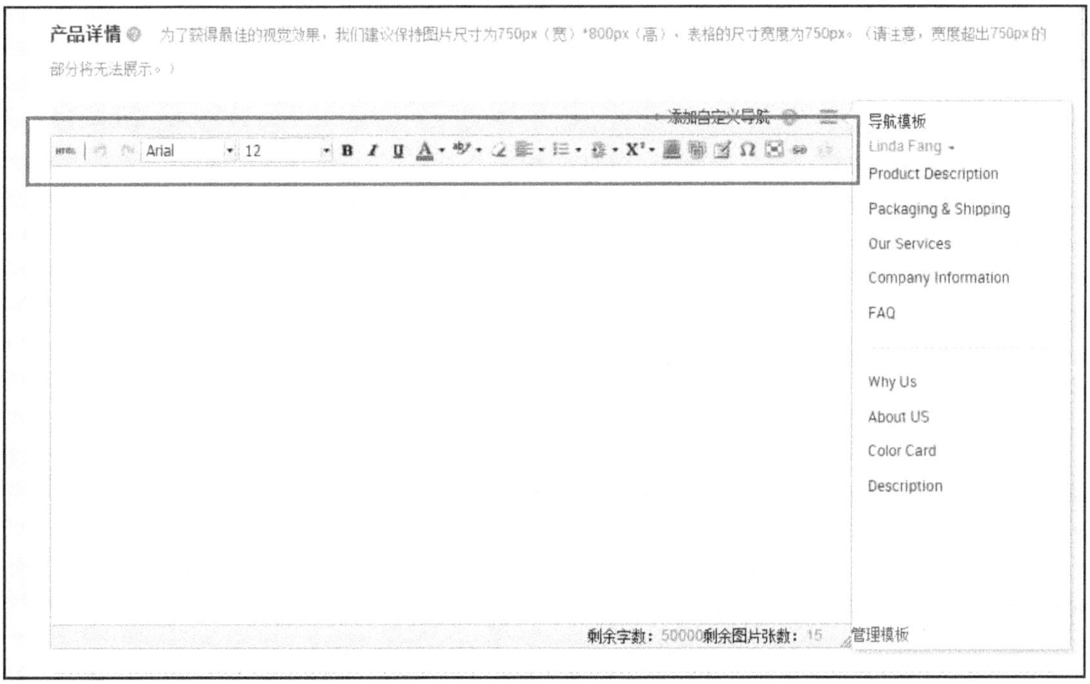

图3-17 产品详情的编辑功能

先单击"从图片银行选择图片"按钮，在图片银行选择应用场景图，如图3-18所示。然后在应用场景图下方添加小语种按钮图片，编辑图片之间的位置，追求视觉上的美观，可单击下方的"保存"按钮，然后预览效果，根据效果进行再次调整，如图3-19所示。

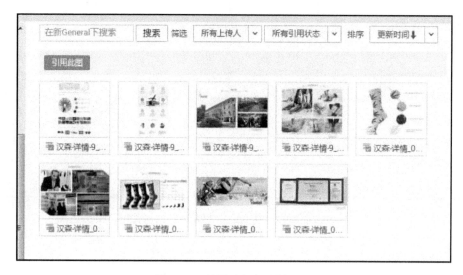

图3-18 从图片银行选择图片

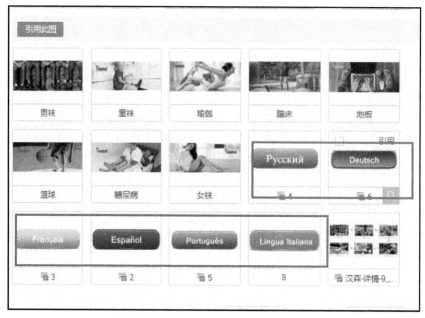

图3-19 小语种按钮图片

场景图之后是产品细节图的描述,在此应插入导航条。单击详情页编辑右上方的"添加自定义导航"链接,如图3-20所示。

图3-20 选择"添加自定义导航"链接

输入导航条的名称,如Detail,单击"立即使用并保存模板"按钮,跳转到详情页编辑页面,出现一条浅灰色的线条,如图3-21和图3-22所示。

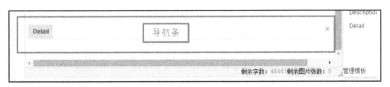

图 3-21　输入导航条名称

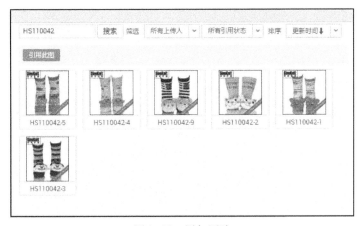

图 3-22　导航条

在导航栏之后放入产品细节图片，单击"添加图片"链接，在图片银行中找到对应产品的细节图进行添加，完成后，导入文字和产品参数。文字和产品参数是在产品发布之前就准备好的，分别用 Word 和 Excel 整理好，所以此步骤只要将文字或表格直接复制粘贴即可，如图 3-23 所示。为保证美观性，需要进行多次调整，表格要居中，字体大小要统一，大小写要注意一致，文字文本的内容需要控制行间距，避免太紧凑而影响美观。

图 3-23　添加图片

在产品细节展示之后紧跟的是产品的证书或者是公司的证书,这里需要添加导航条 Certifications,导航条之后添加证书的图片。

介绍完产品后,可以将公司的信息进行选择性展示,比如产品的生产流程图、公司的基本介绍、展会介绍、物流信息及 FAQ 等,这些信息加上导航条,都可以帮助客户在浏览时直接跳转到相应模块中。

当为详情页的图片添加链接时,可以单击图片,待图片出现蓝色阴影时,单击"插入链接",在文本框中插入想要链接的网址即可。要注意详情页图片最多可添加 15 张,50000 个代码。

第七步:单击产品分组的白色方框,将产品放入对应的产品分组,最后检查所有信息是否有误,完整度是否为 100%,然后单击"提交"按钮,等待审核通过,那么产品就发布成功了,正式上线,如图 3-24～图 3-26 所示。

图 3-24　产品分组步骤 1

图 3-25　产品分组步骤 2

图 3-26　产品分组步骤 3

案例分析

晚宴包店通过阿里速卖通成功的历程

这是农历羊年的最后一笔订单发出去后,黄玲燕长舒了一口气,驾车带着家人,前往杭州附近的富阳乡下婆婆家过年。黄玲燕今年30岁,浙江丽水人,是阿里巴巴速卖通上的一个卖家。2015年,5000个晚宴包从她的店铺里发出,通过国际包裹运送到欧美的10多个国家。

跨境电商来势凶猛,已经成为一个风口。2015年10月,中信证券发布的一份研究报告显示,2014年全国跨境电商交易额突破4万亿元人民币,其中出口占到87%;而在出口跨境电商中,速卖通占到B2C领域的50%以上份额。

黄玲燕是速卖通平台上百万卖家中的一员。她的故事,也许并不跌宕起伏、激动人心,却是中国跨境电商浪潮里的一个微小而真实的缩影。

黄玲燕的婆家在富阳乡下,村子三面环山,紧贴着一条狭窄蜿蜒的小河。地理环境封闭,加之可耕作的农田又小,村里经济就不太景气,一辈辈的年轻人总会选择外出打工,黄玲燕的公婆早年就在江苏做纸张生意。

当新商业形态通过互联网充斥着城市的每一个角落时,村子里依然岁月平缓,没有什么变迁。在这里,大多数城市常用的商业词汇,在乡亲们眼里都是遥远而新奇的事物。

"什么是速卖通?"这是过年回家,黄玲燕被问得最多的一句话。

黄玲燕总会掏出手机,打开淘宝APP解释说,速卖通就是外国人用的淘宝。亲友们大多数都知道淘宝,点头表示理解后,又有些不明白,黄玲燕店铺里卖的那些包包造型古怪又容量小,到底什么人会买啊。

"这是我的兴趣啊,就像玩游戏上瘾也能赚零花钱一样。"黄玲燕说,另一方面则是来自家庭环境,她的父母在丽水经营着一家鞋店,养家糊口之余,还把家从农村搬到了县城,生活忙碌而富足。

大学毕业,黄玲燕和丈夫都从事了服装外贸工作,穿梭于国内各个工厂间,再与国外客户谈判。几年下来,他们对服装行业有了较深的了解,对于尺码、库存、质量把控和采购价格等基本问题都了如指掌,便萌生了开家网店的想法。

2012年,黄玲燕开了第一家速卖通店铺,以女装为主。其运作流程很简单:从1688上找商品,并把挑中的商品放到速卖通的店铺中,如果有人下单,就马上到1688上购买,产品先寄到家中,经过大致检查后贴上单号,累积到一定量就能打包寄给代运公司统一寄出。

速卖通官方数据称,截至2015年4月,速卖通平台的注册用户(含未开店者)接近200万,其中平台型卖家40万。更多的则是黄玲燕这样的中小卖家,没有自己的生产线,也不会有积压库存,投入不多,经营起来简单便利。

黄玲燕的一天通常是这样度过的:早晨9点起床,开始在1688上搜索商品,并逐个抠图、复制、上架,通常在下午3点后结束工作。黄玲燕的丈夫则负责商品宝贝详情的英文描述,以及购买过程中与顾客的邮件沟通。

一开始不懂行，黄玲燕也在物流方面吃过亏，她曾将所有国际包裹统一使用邮政小包寄出，后来摸清门道，原来中小卖家一般会寻找当地的货代公司帮忙发货，但发往国外的快递公司需要商家自己选择，且不同的快递公司在不同的国家有不同的收费标准，选择好了可以节省一大笔物流成本。

几年下来，黄玲燕也积累了自己的生意经：国外客户中，俄罗斯客户最喜欢低价和折扣商品，欧美用户最在意商品评价的好坏；不断地上新，比买广告吸引流量更有效；比起迫不及待要收货的国内客户，国外的客户对于商品到货期限有更多的耐心。

黄玲燕的店铺有过两次"拥抱变化"的经历，一次是主动变化，一次是跟着速卖通平台调整。

第一次变化是在2014年，女装店的生意逐渐趋于平稳，增长愈发艰难吃力。"两方面的原因吧，女装是速卖通最早发展起来的类目，卖家越来越多，竞争越来越激烈。"黄玲燕说，另一方面是伴随着互联网的信息透明化，拿货的方式让利润空间也透明起来，款式选择被动，也经常因为上游卖家断货而失去下游卖家的订单。

黄玲燕四处寻觅激活店铺的方法，发现速卖通店铺的售卖产品是不限制单一品类的，很多中小卖家会用大杂烩的形式进货，往往一个男装的店铺，还会有数码产品、婚庆产品等组合，甚至无法区分哪个才是主营商品。

"我就想我为什么不扩充点类目，顺便也卖点其他东西？"黄玲燕说，但她不想在女装店里加入别的商品，想再开一家店铺，"当时平台有数据推荐，我综合比较了各个品类，发现晚宴包是一个不错的选择。"

晚宴包在中国还不太流行，在欧美却有不错的市场，是箱包类目中较为细分的一个类目，款式追求造型新颖奇特。经营这样竞争不太激烈的细分类目，再加上各国间的汇率和物价差异，即便不费心打理店铺，店铺也能维持基本运营。

2014年2月，黄玲燕的第二个店铺开业，专营晚宴包。从那时起，她开始思考如何对店铺进行精细化运营。

圣诞节之后，生意清淡起来，众多速卖通中小卖家却没能清闲地迎接新年，陷入了史无前例的纠结。

因为从2016年1月开始，速卖通店铺正式执行单店铺单类目运营阶段，并对商家进行收费管控。中小卖家大多依赖1688阿里巴巴批发网拿货的模式，多类目经营已成习惯，在没有供应链和品牌优势的前提下，单品类经营意味着舍弃大部分客户。

"第二家店没上线时，我考虑过单店多类目的模式，"黄玲燕说，但她在考察同行时发现，多品类经营只是占据了平台早期的流量红利优势，但这种红利不会持续存在，她庆幸自己当初的选择。

黄玲燕陷入了另一个纠结：到底是保留女装店，还是晚宴包店？她在进一步观察后得出结论，晚宴手拿包是一个相对小众的类目，往往隐藏在箱包产品类目的二级分类中，但在欧美地区很受欢迎。"可以说是供不应求，加上这个类目的竞争还不算激烈，我们就狠狠心关掉已经积攒了3颗钻的女装店，保留了它。"

店铺砍掉一个，意味着另一个的经营压力会增大。黄玲燕开始对这个店精耕细作，进行精细化运营。

首先，她坚持一个一个产品的上新品方式，如果是有潜力能够推爆的产品，她还会自己拍图上新，保证图片和产品风格统一。"很多代理商都是用数据包一步上新，有些一天可以上新 500 个，产品多曝光多，是他们的优势。但数据包会造成店铺图片不统一，产品数量混乱，价格层次不齐，首页图杂乱无章。"

其次，将店里的 500 个晚宴包，按照材质、颜色等进行细致分类，方便客户精准搜索。而其他综合类包店的做法是，使用代理商直接导货的方式自动分类，无论是 100 种还是 1000 种，晚宴包都归在一个类目里。

第三，定价巧妙而合理。比如上一个新品木头包，如果利润是 80%，黄玲燕在上新前先搜索对比价格，通常定价会比最低的高几美元，但绝不超过最高价。

"我的产品很统一，品类很齐全。也是我们的上新目标和定位，每次找商品时就会非常累，需要花很多心思把这个东西归类好。"言谈之间，黄玲燕表达出对这些精细化经营方法的满意。

她的下一个方案是，将上新的产品保持在 1000 个 SKU（Stock Keeping Unit，库存量单位）后，就停止每天更新，改成定期排查库存，保证不会因缺货而造成订单损失。（来源：思路商道）

通过该案例请思考以下问题。
1. 根据案例分析如何对店铺进行精细化运营。
2. 根据案例分析在速卖通平台上网店的定价策略。

本章小结

跨境电子商务贸易平台是分属于不同国界或地区的交易主体交换信息、达成交易并完成跨境支付结算的虚拟场所。目前我国跨境电子商务交易平台模式主要有四种：传统跨境大宗交易平台（大宗 B2B）、综合门户类跨境小额批发零售平台（小宗 B2B 或 C2C）、垂直类跨境小额批发零售平台（独立 B2C）和专业第三方服务平台（代运营）。本章以阿里巴巴跨境电子商务平台为例，探讨了跨境电商平台的服务和交易方式。通过分析发现，电子商务平台之所以能够迅速发展，是因为充当了贸易中间商的角色，或匹配供求信息、撮合买卖双方达成交易，或直接为买卖双方完成交易。最后，本章以阿里巴巴国际站为例，阐述了其具体操作流程。

本章习题

1. 什么是跨境电子商务平台？
2. 如何理解跨境电子商务平台的贸易中间商作用？
3. 跨境电子商务平台迅速发展的原因是什么？
4. 请在跨境电子商务平台中注册账号，完成实名认证和商品上传任务。

第 4 章 跨 境 支 付

支付是跨境电子商务中非常重要的环节。国际货款结算方式有很多，如汇款、托收、信用证、银行保函和备用信用证等。本章内容主要介绍跨境支付中的国际货款结算方式、国际货款结算工具、结算方式的选择、结汇和退税等内容。

导入案例：

近年间电子商务的发展带动了第三方支付的快速增长，当人们切身感受着商品贸易全球化所带来的便利的同时，大家对于跨境支付的需求也日益增多。截至2014年3月，"支付宝"的购物付款服务已覆盖32个国家和地区的上千家网站，支持15种海外货币结算。用户可以通过"支付宝"使用人民币进行支付，再由境外电商网站或者"支付宝"合作的转运公司将商品运送至国内。

"财付通"与美国运通于2012年11月19日宣布"财付通美国运通国际账号"正式上线，开启跨境支付业务；随后几年中，财付通境外支付通过与多方合作、提供微信便捷服务及进军日本市场等一系列布局，在消费群体中获得了较好口碑。

快钱在支付2.0时代来临之际率先发布了支付叠加的发展战略，并宣布与中国台湾省的元大银行携手，布局两岸跨境支付，推动人民币直购台湾商品，此前，快钱率先宣布提供在线反欺诈管理解决方案，为广大商户带来更加安全、可靠的跨境支付服务。

当然，除了22家已获跨境支付牌照的第三方支付平台外，还有例如银盛支付、盒子支付等一批企业也在通过与银行合作推进其跨境支付服务。在国家各项政策"管得住，放得开"的持续张力中，跨境支付定会释放更多潜能。

——摘自：支付界

4.1 国际货款结算方式

在当前跨境电子商务迅猛发展的趋势下，国际货款结算的方式正在向小额化、电子化方向发展，众多小型批发商甚至个人消费者在线通过跨境电子商务平台进行订购和支付，销售渠道向扁平化方向发展。

汇款结算方式有4个当事人，分别如下。

汇款人（Remitter）：将现金交给在银行申请汇款的人或被借记的客户，通常是国际贸易中的进口商。

汇出行（Issuing Bank）：发出付款授权书（Payment Order，PO）的银行。即受汇款人委托而汇出款项的银行，一般是汇款人所在地或进口地银行。

汇入行或解付行（Paying Bank）：接受汇出行委托，向收款人解付款项的银行。汇入行往往是收款人所在地或出口方银行，必须是汇出行联行或代理行。

收款人（Payee/Beneficiary）：收取现金或被贷记的客户，通常是出口方或债权人，但也可以是汇款人本身。

4.1.1 普通银行电汇

电汇（Telegraphic Transfer，T/T）是汇出行应汇款人的申请，以加押电报、电传或SWIFT（全球银行间金融电讯协会）形式通知汇入行，委托其把款项付给收款人的一种汇款方式。图4-1所示为电汇业务流程图。

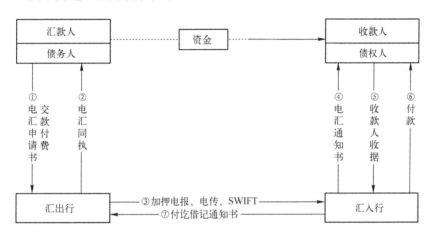

图4-1 电汇业务流程图

电汇结算方式交款迅速，安全性强，有利于资金的充分利用，但费用较信汇、汇票高。在实际的跨境电商进出口中，T/T分为预付、即期和远期。现在用得最多的是30%预付和70%即期。T/T付款有以下3种方式。

1. 前T/T：先收款，后发货

在发货前付款，也就是预付货款，对买方来说风险较大。

2. 后T/T：先发货，后收款

全部发货后付款，对卖方来说风险较大。

3. 先订金，再余款

外贸业务中，一般熟悉的客户会采用T/T付款，经常是发货前预付部分货款，余款在发货后付清。通常情况下，电汇常用的是用30%货款作为订金，另外70%的余额见提单付款复印件支付。订金的比例越大，出口商的风险越小。

出口商银行收款账户必须包含以下信息：Beneficiary；Beneficiary Account#；Bank Name；Bank Address；SWIFT code。

4.1.2 专业国际汇款公司

1. 西联汇款

西联汇款是国际汇款公司（Western Union）的简称，是世界上领先的特快汇款公司，迄今已有150年的历史，它拥有全球最大、最先进的电子汇兑金融网络，代理网点遍布全球近200个国家和地区。西联公司是美国财富500强之一的第一数据公司（FDC）的子公司。

中国农业银行、中国光大银行、中国邮政储蓄银行、中国建设银行、浙江稠州商业银行、吉林银行、哈尔滨银行、福建海峡银行、烟台银行、龙江银行、温州银行、徽商银行和浦发银行等多家银行是西联汇款的中国合作伙伴。

西联汇款分为现金即时汇款和直接到账汇款两类。

(1) 现金即时汇款

1) 现金即时汇款有以下3种方式：西联网点、网上银行（目前只支持光大银行和农业银行）和银联在线。西联汇款的付款流程如图4-2所示。

2) 取款流程。

作为出口商，当客户汇款过来后，要了解如何去银行取款的流程。具体的取款流程如图4-3所示。

图4-2　西联付款流程　　　　　　图4-3　西联取款流程

3) 签名并接收收据。

在确认收据上的所有信息均无误之后，需要签署一张收据。收据所打印的内容之一是汇款监控号码（MTCN）。可使用MTCN联机（在网上）跟踪汇款的状态。确认汇款已经到位后，随时可以取款。在前往西联合作网点之前，请确保汇款已经可以提取。可以直接联系汇款人确认，也可以在网上跟踪汇款状态，还可以拨打中国地区热线进行咨询。

(2) 西联直接到账汇款

西联直接到账汇款的适用国家和地区包括：新加坡、加拿大、马来西亚、英国、新西兰和中国香港。这些国家地区发汇至中国可直接到账汇款。

1) 办理流程。

步骤一：填写汇款表格。

发汇人在西联指定合作网点填妥"发汇表格"，提交收款人的相关信息。

- 收款人姓名。
- 收款人电话号码。
- 收款人银行名称和银行账户号码。

步骤二：提交资料、缴费。

发汇人将填妥的表格、汇款、汇款手续费及发汇人个人身份证明文件递交给柜台工作人员。

步骤三：汇款收据。

汇款完成后，发汇人将会收到一张印有汇款监控号码（MTCN）的收据，请通知收款人有关发汇人信息。

- 发汇人姓名。
- 汇款监控号码（MTCN）。
- 汇款金额。
- 发出汇款和国家。

2）西联直接到账汇款应注意的问题。

首次采用直接到账汇款服务，收款时间视收款人与中国服务热线确认相关资料时间、银行营业时间、节日及假日、没有系统误差及其他限制而定。

同一收款人第二次以上通过同一账户使用直接到账汇款服务，收款时间视交易批次处理时间、银行营业时间、节日及假日、汇款于银行营业时间内汇入中国、没有系统误差及其他限制而定。收款人最快于两小时内收到款项。

发汇人提供的收款人姓名和银行名称及账户号码必须与收款人的到达银行记录严格一致。若资料不符，或发汇人提供不完整或难于辨认的银行信息或银行账户号码，汇款将无法到达银行账户。此种情况下，西联将把汇款金额退回发汇人，但仍收取汇款手续费。

如果收款人无法核实相关信息，发汇人可以拨打电话（8621）6866 4622（收费）并代表他们提供相关资料。如在银行第三个工作日的北京时间下午4点前（自发汇之日起）仍未进行资料核实，汇款将被退回发汇人。

西联汇款或其合作伙伴不提供通知发汇人及收款人汇款已经到账服务。

2. 信用卡支付通道

在跨境支付中，信用卡支付通道成为当前一种较为常见的支付方式。

（1）信用卡基本知识介绍

信用卡由卡号、CVV码、有效期和发卡行信息组成。发卡行（Issuing Bank）是指签发信用卡的银行，如工行缩写为ICBC。卡号由16位数字组成，4开头的是VISA卡，5开头的是Master卡，第16位数字根据前数位数字规则推算而成，一般是根据前6、后4位数字来查看交易记录。CVV码在信用卡的背面，VISA卡为CVV码，Master卡为cvc码。有效期是指信用卡能有效使用的期限，即Valid Month/Year Thru。

（2）信用卡支付网关

国际信用卡支付网关是指专业提供国际信用卡收款的银行支付接口。通常也称为信用卡支付通道，包括3D通道和非3D通道、VIP通道（延时通道）。信用卡支付网关涉及的对象有发卡行、持卡人（买家）、卡组织（VISA、Master和JCB等）、收单行（主要是指国内银行）和第三方支付平台。

（3）第三方支付公司

即与具有信用卡支付网关的银行合作，为商家提供信用卡支付服务，具备一定实力和信誉保障的第三方独立机构提供的交易支持平台。目前国内有只接公司客户的环迅（IPS）、网银在线，以及能同时接公司客户和个人客户的YourSPay（优仕支付）、Ecpss（E汇通）、

95epay（双乾）和首信易等。

（4）3D 通道

即持卡人（买家）付款时，需求到发卡行进行认证（3D 数字认证或身份认证）的信用卡支付通道。因为涉及发卡行、收单行及卡组织 3 个领域（Domain），所以称之为 3D 通道。3D 通道是一种需要发卡行、收单行、卡组织、持卡人、第三方支付平台及身份验证的安全认证通道。3D 通道的主要适用地区为亚洲。

3D 通道以人民币为交易符号，持卡人（买家）在商家网站上付款时可能会因为不了解汇率而终止付款，付款时还需要去银行页面再填写一次信息，比较烦琐。买家客户群体小且不符合国外消费习惯，成功率比较低。

（5）非 3D 通道

即持卡人（买家）付款时，不需要到发卡行进行认证（3D 数字认证或身份认证）的信用卡支付通道，转账 3D 认证，持卡人只需要输入简单的信息即可进行支付，符合国外买家的消费习惯。非 3D 通道的优点在于实时到账，商家能在后台实时查询交易情况；符合国外消费者的购物习惯；支持 Visa、Master 卡等交易卡种；交易直接显示国外货币符号，成功率高。

（6）实时通道和延时通道

实时通道下买家在线付款：实时通道是商户在后台实时查询支付结果是支付成功或失败、是否到账等的收款通道。实时通道的优点在于便于商户备货、发货；便于商户更好地服务买家；避免不必要的重复支付；增强买家的购物体验。实时通道的缺点在于未授权交易不易被察觉；容易被系统屏蔽，影响交易成功率。

延时通道下买家在线付款：延时通道是订单由银行系统与人工审核相结合进行审单，一般在 24 小时内反馈在线支付结果的收款通道。支付状态显示为"待处理"。延时确认一般白天会在 3 小时左右反馈出支付结果，晚上一般会在 8 小时左右反馈出买家在线支付的支付结果。延时通道的优点在于银行系统同人工审单相结合，提高交易成功率；确认交易后，安心发货，无须担心交易风险；提高信誉，增加订单。延时通道的缺点在于确认时间较长，无法实时查询支付信息；交易呈待处理状态，发货速度会受到影响。

3. PayPal

所谓 PayPal，就是通常所说的"PayPal 贝宝国际"，是针对具有国际收付款需求用户设计的账户类型。它是目前全球使用最为广泛的网上交易工具之一。它能帮助客户便捷地进行外贸收款，提现与交易跟踪；从事安全的国际采购与消费；快捷支付并接收包括美元、加元、欧元、英镑、澳元和日元等 25 种国际主要流通货币。

PayPal 是 eBay 旗下的一家公司，致力于让个人或企业通过电子邮件，安全、简单、便捷地实现在线付款和收款。PayPal 集国际流行的信用卡、借记卡和电子支票等支付方式于一身，帮助买卖双方解决各种交易过程中的支付难题。由于 PayPal 从买家角度考虑问题，采取的是保护买方的方针，买家有任何不满意都可以提出争议，卖家无法拿到钱。因此，客户喜欢用 PayPal 付款。

（1）PayPal 的优势

1）全球用户广。PayPal 在全球 190 个国家和地区拥有超过 2.2 亿用户，已实现在 24 种外币间进行交易。

2）品牌效应强。PayPal 在欧美的普及率极高，是全球在线支付的代名词，其强大的品牌优势能让用户的网站轻松吸引众多海外客户。

3）资金周转快。PayPal 独有的即时支付、即时到账的特点，让用户能够实时收到海外客户发送的款项。同时最短仅需 3 天，即可将账户内的款项转账至国内的银行账户，及时高效地帮助用户开拓海外市场。

4）安全保障高。完善的安全保障体系，丰富的防欺诈经验，业界最低风险损失率（仅 0.27%），不到使用传统交易方式的 1/6，这些都确保交易顺利进行。

5）使用成本低。无注册费用、无年费，手续费仅为传统收款方式的 1/2。

6）数据加密技术。当注册或登录站点时，会验证网络浏览器是否正在运行安全套接字层 3.0（SSL）或更高版本。传送过程中，信息受到加密密钥长度达 168 位（市场上的最高级别）的 SSL 保护。

7）循环结账。定期为客户开具账单、支付会员费或提供租用服务和分期付款计划。

（2）支付流程

付款人通过 PayPal 欲支付一笔款项给商家或者收款人时，可以分为以下几个步骤。

1）只要有一个电子邮件地址，付款人就可以登录开设 PayPal 账户，通过验证成为其用户，并提供信用卡或者相关银行资料，增加账户金额，将一定数额的款项从其开户时登记的账户（如信用卡）转移至 PayPal 账户下。

2）当付款人启动向第三人付款程序时，必须先进入 PayPal 账户，指定特定的汇出金额，并提供收款人的电子邮件账号给 PayPal。

3）接着 PayPal 向商家或者收款人发出电子邮件，通知其有等待领取或转账的款项。

4）如商家或者收款人也是 PayPal 用户，其决定接受后，付款人所指定的款项即移转予收款人。

5）若商家或者收款人没有 PayPal 账户，收款人需要根据 PayPal 电子邮件内容指示链接进入网页注册取得一个 PayPal 账户，收款人可以选择将取得的款项转换成支票寄到指定的处所、转入其个人的信用卡账户或者转入另一个银行账户。

从以上流程可以看出，如果收款人已经是 PayPal 的用户，那么该笔款项就汇入他拥有的 PayPal 账户中；若收款人没有 PayPal 账户，网站就会发出一封通知电子邮件，引导收款者至 PayPal 网站注册一个新的账户。所以，也有人称 PayPal 的这种销售模式是一种"邮件病毒式"的商业拓展方式，从而使得 PayPal 越滚越大地占有市场。

（3）争议处理

当卖家发货时满足以下标准，争议事件结果会对卖家有利：交易日后 7 天内发货；发货有追踪单号，在线可以查询到成功妥投，请保存发货底单；强烈建议发货到交易详情上 PayPal 提供的发货地址，或者是买家 PayPal 账户上添加的地址；250 美元/250 美元以上的交易要有签收人签字（一般快递公司提供的服务）。

（4）补偿申请

针对非 eBay 交易（客户有自己网站），通常不介入调查，但是会保留 180 天的处理权限。因此，建议卖家主动联系买家看是否可以私下帮助买家解决问题，以免买家再向信用卡公司提出退单。

（5）PayPal 限制

Paypal 账户使用遇到的问题，主要是账户的限制问题，以下是关于 PayPal 账户的主要限制类型及应对措施。

1）新账号21天低限，从客户反馈情况来看，新账户的限制很频繁，这是PayPal对新账户的审核，不需要提交任何资料，PayPal会在审核结束后自动解限，如果用户的账户是新进注册的，遇到这种情况，不要惊慌，只需耐心等待即可。

2）临时审查限制，这种类型的限制是出现在多次收款之后的某一天突然被限，之前一直处于正常状态，没有任何异常。出现这种情况时，PayPal是需要了解用户的经营模式和产品信息了，用户需要做出积极的回应，提供相应的资料让PayPal了解自己所经营的产品，常见的解限资料包括信用卡证明、地址证明、供应商信息和发票等。

3）风险审查类的限制。这类型的限制是从账户风险的审核引发的，账户的风险包括两方面：一是来自买家的风险，如果买家账户风险过高，PayPal会自动退款，交易无法进行；二是卖家的风险，那就要从是否投诉率过高，以及是否短期内收款过高等几个方面找原因。

4）高限，此类型的限制同样来自高风险，高限的账户不能收款，不能付款，无论产品是否违规。投诉率高都是导致高限产生的原因。另外，如果账户出现限制的情况，若没有及时回应，限制会自动升级到高限，直至被封。所以请广大卖家警惕，一旦账户出现限制情况，请第一时间在账户中做出积极回应，按要求提交资料。

（6）PayPal冻结

PayPal账户冻结是指账户的某笔交易被临时冻结，账户使用者不能对这笔交易进行退款、提现等操作。所以应先了解账户会被冻结的原因。一个账户从注册到收款然后到提现，PayPal公司从来没有从用户手里得到过任何资料，所以每个账户从开通到提现的过程中肯定是要被冻结一次，然后要求账户使用者递交身份证明、地址资料等来证明使用者是真实存在并且遵纪守法的公民。同时出现以下几种情况时也会被冻结。

1）收款后立马提现。比如账户收了1000美元，收款后马上提现900美元，这种情况下，有可能卖家收了款，货还没发就提现，难免引起怀疑导致被冻结。

2）提现金额过高。例如收款1000美元，发货后，卖家需要资金周转，把1000美元全部提现，这种情况比较危险。PayPal一般提现金额在80%是比较安全的，留20%首先是为了防止买家退单，其次是为了让PayPal放心。

3）被客户投诉过多、退单过多。一般投诉率超过3%、退单率超过1%就会被PayPal公司终止合作了。

4）所售产品有知识产权问题。也就是仿牌或者假货，这些都是PayPal禁止交易的，国外对知识产权的保护非常重视，一旦国际品牌商投诉PayPal，后果是非常严重的，所以有这种情况的客户，建议就不要再使用PayPal账户了。

（7）PayPal提现

1）将资金通过电汇发送到用户在中国的银行账户（电汇银行）。

这种方式具有提现周期短，费用固定的特点，一般建议用户在有较多余额时一次性大额提取，可降低提现成本。

2）提现至用户的中国香港账户。

需要到中国香港办理银行账户，该方式提现周期短，费用低；但对于客户群不是中国香港地区的卖家而言，会有较高的汇率转换损失；1000港币以下的收取3.5港币的手续费，1000港币及以上的免收手续费，可以用招行一卡通。此外提现到中国香港，提出来的是港币，同时还会有一个2.5%的币种转换费率。

3）提现至用户的美国账户。

该方式需要到美国办理银行账户，提现周期短，无费用。不适合中国用户，因为无法办理美国银行账户。

4）向 PayPal 申请支票。

该方式费用较低，但是提现周期很长，支票可能在邮寄过程中丢失；适合小额提现且资金周转不紧张的人群。申请支票每次 5 美元手续费，支票重发每次还得 15 美元。目前支票提现的方式在中国已经不能使用，原因是无法入账。

4. 国际支付宝

国际支付宝（Escrow Service）是阿里巴巴专门针对国际贸易推出的一种第三方支付担保交易服务，其英文全称为 Alibaba.com's Escrow Service。该服务现已全面支持航空快递、海运和空运等常见物流方式的订单。航空快递订单和海运订单已经实现了平台化，买卖双方均可在线下单。通过使用国际支付宝的交易，能有效避免传统贸易中买家付款后收不到货、卖家发货后收不到钱的风险。

交易安全是整个电子商务环节中最关键的环节，淘宝网初期的突破性的发展在很大上是因为支付宝帮助网民解决了其对网上购物资金安全的担忧。国际支付宝对 Alibaba.com 平台的价值主要如下。

（1）卖家优势

1）凸显诚信，提升成交。海外买家更倾向于和开通国际支付宝的卖家交易，丰富真实的交易记录可以提升买家的信任，减少与买家的沟通成本，快速达成交易。

2）免费服务，增加曝光。国际支付宝向卖家免费开放，开通国际支付宝，点亮 Escrow 标志，提高国际站搜索概率，赢得更多曝光率。

3）保证货物和资金安全。国际支付宝收到买家全部货款后才会通知卖家发货，帮助卖家规避收款不全或钱货两空的风险。

（2）买家优势

1）安全交易。买家打的货款将在国际支付宝账户上被暂时冻结，等待买家确认之后直接转给卖家，很受海外买家的欢迎。

2）支付方便。只要海外买家有信用卡账户，并开通网银功能，就可以方便地在网上进行付款操作。即使没有信用卡账户，买家也可以通过传统的 T/T、西联等方式进行付款，不会增加海外买家的任何额外操作成本。

3）阿里巴巴已经推出了一套供应商星级积分体系，帮助那些有意在平台上服务好买家的诚信供应商脱颖而出。现在就开始通过国际支付宝积累交易记录数据，对供应商来说，无疑在未来的星级积分体系中抢占了先机。

4.2 国际货款结算工具

国际货款结算工具的主要分类有票据、现金结算和记账结算。在国际货款结算中，一般采用票据作为结算工具，现金结算和记账结算使用得较少。

票据是出票人签名于票据上，无条件约定由自己或另一个人支付一定金额的、可以流通转让的有价证券。常用的票据有以下几种。

4.2.1 汇票

汇票（Bill of Exchange/Postal Order/Draft/Money Order）是最常见的票据类型之一，最能集中体现票据的基本功能，在实际中的应用也最广泛。汇票示例如图4-4所示。

```
                    BILL OF EXCHANGE
凭                      不可撤销信用证
Drawn under _____    Irrevocable L/C No _____
                        支取      按___息___付款
Date _____           Payable With Interest@ ___%
号码           汇票金额                 北京
No. _____    Exchange for _____    BEIJING
见票___日后(本汇票之副本未付)付交
AT ___ sight of this FIRST of Exchange (Second of Exchange being unpaid)
Pay to the order of _____ the sum of _____
款已收讫
Value received _____

此致：
TO：
                                    ××× 
```

a)

```
                    BILL  OF  EXCHANGE
No.      LD_DRGINV01
For      US$ 188256.00                SHANGHAI    27-May-17
         (amount in figure)           (place and date of issue)
At       ***************  sight of this   FIRST   Bill of exchange(SECOND being unpaid)
pay to   BANK OF CHINA, SHANGHAI BRANCH                  or order the sum of
SAY UNITED STATES DOLLARS ONE HUNDRED AND EIGHTY EIGHT THOUSAND AND TWO HUBDRED AND FIFTY SIX ONLY
                         (amount in words)
Value received for   600 SETS     of   TELECONTROL PACING CAR
                     (quantity)        (name of commodity)
Drawn under          CHEMICAL BANK NEW YORK
L/C No.              DRG-LDLC01           dated        14-Apr-17


To:   CHEMICAL BANK NEW YORK              For and on behalf of
      55 WATER STREET, ROOM 1702,         LIDA TRADING CO., LTD.
      NEW YORK, NEW YORK 10041
                                                  ×××
                                                (Signature)
```

b)

图4-4 汇票示例

a) 汇票示例1 b) 汇票示例2

1. 汇票的概念

我国的《票据法》第十九条规定："汇票是出票人签发的，委托付款人在见票时，或者在指定日期无条件支付确定的金额给收款人或者持票人的票据。

2. 汇票的当事人

汇票的主要当事人有以下6种。

1）出票人（DRAWER）。即签发汇票的人。在信用证和托收业务中，通常是进口商。

2）受票人（DRAWEE）。即汇票的付款人。在进出口业务中，通常是进口商或其指定的银行。

3）收款人（PAYEE）。即汇票规定的可收取票款的人，也称抬头人。在进出口业务中，若信用证没有特别指定，收款人通常是议付行或出口商。

4）背书人（ENDORSER）。收款人或持票人在汇票背面签字，将收款权力转让他人的人。

5）承兑人（ACCEPTOR）。远期汇票付款人办理了承兑手续，即成为了承兑人。在实际业务中，承兑人通常是开证申请人、开证行或其指定的付款银行。

6）持票人（HOLDER）。即指持有汇票、有权收款的人，是汇票的合法持有者。

3. 汇票的主要内容

根据我国票据法规定，汇票必须记载下列事项。

1）注明"汇票"的字样。目的在于与其他票据如本票、支票等加以区别。

2）无条件支付的委托。应理解成汇票上不能记载支付条件。

3）确定的金额。

4）付款人名称。在国际贸易中，通常是进口方或其指定银行。

5）收款人名称。在国际贸易中，通常是出口方或其指定银行。

6）出票日期。

7）出票人签章。汇票上未记载规定事项之一的，汇票无效。实际业务中汇票尚需列明付款日期、付款地点和出票地点。尚未列明的，可根据票据法予以确定。

4. 汇票的票据行为

票据行为是以票据权利义务的设立及变更为目的的法律行为。广义的票据行为是指票据权利义务的创设、转让和解除等行为，包括票据的签发、背书、承兑、保证、参加承兑付款、参加付款和追索等行为在内。狭义的票据行为专指以设立票据债务为目的的行为，只包括票据签发、背书、承兑、保证和参加承兑等。主要票据行为有以下几种。

（1）出票

出票（Draw/Issue）是指出票人签发汇票并交付给收款人的行为。出票后，出票人即承担保证汇票得到承兑和付款的责任。若汇票遭到拒付，出票人应接受持票人的追索，清偿汇票金额、利息和有关费用。

出票时有3种方式规定收款人。

1）限制性抬头（Restrictive payee）。这种汇票通常会标注"pay ABC Co. Ltd. only"或"pay ABC Co. Ltd., not negotiable"。这种汇票不得流通转让。

2）指示性抬头（To order）。这种汇票通常标注"pay ABC Co. Ltd. or Order"或者"pay to the order of ABC Co. Ltd."。

3）持票人或者来人抬头（To bearer）。这种汇票通常标注"pay to bearer"或者"pay to ABC Co. Ltd. or bearer"。

（2）提示

提示（Presentation）是指持票人将汇票提交付款人要求承兑或付款的行为，是持票人要求取得票据权利的必要程序。提示又分付款提示和承兑提示。

（3）承兑

承兑（Acceptance）是指付款人在持票人向其提示远期汇票时，在汇票上签名，承诺于汇票到期时付款的行为。具体做法是付款人在汇票正面写明"承兑（Accepted）"字样，注明承兑日期，于签章后交还持票人。付款人一旦对汇票做承兑，即成为承兑人，以主债务人的地位承担汇票到期时付款的法律责任。

（4）付款

付款（Payment）是指付款人在汇票到期日向提示汇票的合法持票人足额付款。持票人将汇票注销后交给付款人作为收款证明。汇票所代表的债务债权关系即告终止。

（5）背书

背书（Endorsement）是指持票人在票据背面或者粘贴单上记载有关事项并签章，将汇票权利让与他人的一种票据行为。

背书时写明受票人姓名或受票单位名称的，称为记名背书；未写明受票人姓名或受票单位名称的，称为不记名背书。经过背书转让的票据，背书人负有担保票据签发者到期付款的责任，如果出票人到期不付款，则背书人必须承担偿付责任。经过背书，票据的所有权由背书人转给被背书人。一张票据可以多次背书、多次转让。背书主要有3种方式，即限定背书、特定背书和空白背书。

1）限定背书即不可转让背书。是指背书人对支付给被背书人的批示带有限制性的词语。有些限定背书规定汇票只交付一次，受让人只能自行使用汇票而无须再次转让的权利。如背书人在汇票背面签字，写明"仅付×××（被背书人名称）"或"付给×××（被背书人名称），不得转让"。有些则给出某些附属条件，如"当×××时，付给×××（背书人名称）：，当条件满足时，该背书才成立。有些背书人写明持票人只能把汇票存在银行，而不能做别的使用。

2）特定背书又称记名背书，此种背书既有出让人签名，又指明了受让人是谁，但无"仅付""不得转让"等字样。如背书人在汇票背面签字，写明"付给×××（被背书人名称）的指定人"等。如此背书的汇票可以连续多次背书和支付，多次转让，甚至可以在市场上无限转让下去。

3）空白背书又称不记名背书，即背书人在汇票上只有签名，不写付给某人，即没有被背书人。空白背书的汇票凭交付而转让。即空白背书的第一出让人背书签字后，可多次在市场上流通，直到最后一个受益人，而无须在汇票背面注明流通过程中的其他出让人和受让人。

（6）拒付与追索

拒付是持票人提示汇票要求承兑或付款时遭到拒绝承兑或付款的行为，又称退票。追索是指汇票遭到拒付，持票人要求其前手背书人、出票人或其他票据债务人偿还汇票金额及费用的行为。

5. 汇票的种类

汇票可以从不同的角度进行分类。

1）按照出票人的不同，汇票可分为银行汇票和商业汇票。

银行汇票是指出票人是银行，受票人也是银行的汇票。商业汇票是指出票人是商号或个人，付款人可以是商号、个人或银行的汇票。

2）按照有无随附商业单据，汇票可分为光票和跟单汇票。

光票是指不附带商业单据的汇票，银行汇票多是光票。跟单汇票是指附带有商业单据的汇票，商业汇票一般为跟单汇票。

3）按照付款时间不同，汇票可分为即期汇票和远期汇票。

即期汇票是指在提示或见票时立即付款的汇票。远期汇票是指在一定期限或特定日期付款的汇票。

4）按承兑人的不同，分为商业承兑汇票和银行承兑汇票。

商业承兑汇票是企业或个人承兑的远期汇票，托收中使用的远期汇票即属于此种汇票；银行承兑汇票是银行承兑的远期汇票，信用证中使用的远期汇票即属于此种汇票。

5）按流通地域不同，可以分为国内汇票和国外汇票。国内汇票的出票地和付款地在同一国境内，汇票的流通也在国内。国外汇票是指汇票出票地和付款地的一方或双方在国外，汇票的流通涉及两国以上。

一张汇票往往可以同时具备几种性质。例如，一张商业汇票同时又可以是即期的跟单汇票；一张远期的商业跟单汇票同时又是银行承兑汇票。

4.2.2 本票和支票

1. 本票

我国《票据法》对本票的定义指的是银行本票，指出票人签发的、承诺自己在见票时无条件支付确定金额给收款人或者持票人的票据。

各国票据法对本票内容的规定并不完全一致，但基本包括：①标明其为"本票"字样；②无条件支付承诺；③出票人签字；④出票日期和地点；⑤一定的金额；⑥收款人或其指定人的姓名；⑦付款期限；⑧付款地点。

本票示例如图4-5所示。

本票示例

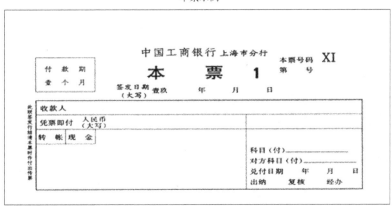

图4-5 本票示例

2. 支票

《中华人民共和国票据法》对支票的定义是：支票是出票人签发的、委托办理支票存款业务的银行或者其他金融机构在见票时无条件地支付确定金额给收款人或持票人的票据。

常见的支票分为现金支票和转账支票。在支票正面上方有明确标注。现金支票只能用于支取现金（限同城内）；转账支票只能用于转账（限同城内）。

支票的填写规则如下。

（1）出票日期（大写）

数字必须大写，大写数字写法为：零、壹、贰、叁、肆、伍、陆、柒、捌、玖、拾。举例："2015年8月5日"应写为"贰零壹伍年捌月零伍日"。

在填写月、日时，月为壹、贰和壹拾的，日为壹至玖和壹拾、贰拾、叁拾的，应在其前加"零"；日为拾壹至拾玖的，应在其前面加"壹"。如"2月12日"应写成"零贰月壹拾贰日"；"10月20日"应写成"零壹拾月零贰拾日"。

（2）收款人

1）现金支票的收款人可写为本单位名称，此时现金支票背面"被背书人"栏内加盖本单位的财务专用章和法人章，之后收款人可凭现金支票直接到开户银行提取现金（由于有的银行各营业点联网，所以也可到联网营业点取款，具体要依联网覆盖范围而定）。

2）现金支票收款人可写为收款人个人姓名，此时现金支票背面不盖任何章，收款人在现金支票背面填上身份证号码和发证机关名称，凭身份证和现金支票签字领款。

3）转账支票收款人应填写为对方单位名称。转账支票背面本单位不盖章。收款单位取得转账支票后，在支票背面被背书栏内加盖收款单位财务专用章和法人章，填写好银行进账单后连同该支票交给收款单位的开户银行委托银行收款。

（3）付款行名称和出票人账号

即为本单位开户银行名称及银行账号，账号小写。

（4）人民币（大写）

数字大写写法为：零、壹、贰、叁、肆、伍、陆、柒、捌、玖、拾、佰、仟、万、亿。支票填写样式和格式如下。

注意："万"字不带单人旁，角字后面可加"正"字，但不能写"零分"，比较特殊。举例如下。

1）289,546.52：贰拾捌万玖仟伍佰肆拾陆元伍角贰分。

2）7,560.31：柒仟伍佰陆拾元零叁角壹分。

此时"陆拾元零叁角壹分"中的"零"字可写也可不写。

3）532.00：伍佰叁拾贰元正。

"正"写为"整"字也可以。不能写为"零角零分"。

4）425.03：肆佰贰拾伍元零叁分。

5）325.20：叁佰贰拾伍元贰角。

（5）人民币小写

最高金额的前一位空白格用"￥"字打头，数字填写要求完整清楚。

（6）用途

1）现金支票有一定限制，一般填写"备用金""差旅费""工资"和"劳务费"等。

2）转账支票没有具体规定，可填写如"货款"、"代理费"等。

（7）盖章

支票正面盖财务专用章和法人章，缺一不可，印泥为红色，印章必须清晰，印章模糊只能将本张支票作废，需要换一张重新填写，重新盖章。反面盖章与否见"（2）收款人"。

(8) 常识

1) 支票正面不能有涂改痕迹,否则本支票作废。

2) 收票人如果发现支票填写不全,可以补记,但不能涂改。

3) 支票的有效期为 10 天,日期首尾算一天。节假日顺延。

4) 支票见票即付,不记名(如果丢了支票尤其是现金支票,可能就是票面金额数目的钱丢了,银行不承担责任。若现金支票的一般要素填写齐全,假如支票未被冒领,在开户银行挂失;转账支票假如支票要素填写齐全,在开户银行挂失,假如要素填写不齐,到票据交换中心挂失)。

5) 出票单位现金支票背面若印章盖模糊了,可把模糊印章打叉,重新再盖一次,但不能超过 3 个印章。

6) 收款单位转账支票背面若印章盖模糊了(此时票据法规定是不能以重新盖章方法来补救的),收款单位可带转账支票及银行进账单到出票单位的开户银行去办理收款手续(不用付手续费),俗称"倒打",这样就不用到出票单位重新开支票了。

7) 在支票左上角划两道斜线可以防止支票丢失后被人取现,即只能通过银行转账。

现金支票示例和转账支票示例如图 4-6 所示。

a)

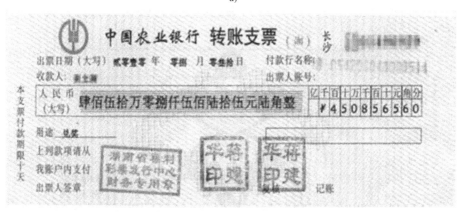

b)

图 4-6 支票示例
a) 现金支票示例 b) 转账支票示例

4.2.3 本票、汇票与支票的区别

1. 相同点

（1）具有同一性质

1）都是设权有价证券。即票据持票人凭票据上所记载的权利内容来证明其票据权利以取得财产。

2）都是格式证券。票据的格式（其形式和记载事项）都是由法律（即票据法）严格规定，不遵守格式会对票据的效力有一定的影响。

3）都是文字证券。票据权利的内容及票据有关的一切事项都以票据上记载的文字为准，不受票据上文字以外事项的影响。

4）都是可以流通转让的证券。一般债务契约的债权，如果要进行转让时，必须征得债务人的同意。而作为流通证券的票据，可以经过背书或不作背书仅交付票据的简易程序而自由转让与流通。

5）都是无因证券。即票据上权利的存在只依票据本身上的文字确定，权利人享有票据权利只以持有票据为必要，至于权利人取得票据的原因和票据权利发生的原因均可不问。这些原因存在与否，有效与否，与票据权利原则上互不影响。由于我国的票据还不是完全票据法意义上的票据，只是银行结算的方式，这种无因性不是绝对的。

（2）具有相同的票据功能

1）汇兑功能。凭借票据的这一功能，解决两地之间现金支付在空间上的障碍。

2）信用功能。票据的使用可以解决现金支付在时间上的障碍。票据本身不是商品，它是建立在信用基础上的书面支付凭证。

3）支付功能。票据的使用可以解决现金支付在手续上的麻烦。票据通过背书可作为多次转让，在市场上成为一种流通、支付工具，减少现金的使用。而且由于票据交换制度的发展，票据可以通过票据交换中心集中清算，简化结算手续，加速资金周转，提高社会资金的使用效益。

2. 不同点

1）本票是约定（约定本人付款）证券；汇票是委托（委托他人付款）证券；支票是委托支付证券，但受托人只限于银行或其他法定金融机构。

2）我国的票据在使用区域上有区别。本票只用于同城范围的商品交易和劳务供应，以及其他款项的结算；支票可用于同城或票据交换地区；汇票在同城和异地都可以使用。

3）付款期限不同。本票的付款期为1个月，逾期兑付银行不予受理。我国汇票必须承兑，因此，若承兑到期，持票人不能兑付，商业承兑汇票到期日付款人账户不足支付时，其开户银行应将商业承兑汇票退给收款人或被背书人，由其自行处理。银行承兑汇票到期日付款，但如果承兑到期日已过持票人没有要求兑付的，如何处理，《银行结算办法》没有规定，各银行都自行做了一些补充规定。如中国工商银行规定超过承兑期日1个月持票人没有要求兑付的，承兑失效。支票付款期为5天（背书转让地区的转账支票付款期为10天。从签发的次日算起，到期日按惯例遇假日顺延）。

4）汇票和支票有3个基本当事人，即出票人、付款人和收款人；而本票只有出票人（付款人和出票人为同一个人）和收款人两个基本当事人。

5）支票的出票人与付款人之间必须先有资金关系，才能签发支票；汇票的出票人与付款人之间不必先有资金关系；本票的出票人与付款人为同一个人，不存在所谓的资金关系。

6）支票和本票的主债务人是出票人，而汇票的主债务人，在承兑前是出票人，在承兑后是承兑人。

7）远期汇票需要承兑，支票一般为即期无须承兑，本票也无须承兑。

8）汇票的出票人担保承兑付款，若另有承兑人，由承兑人担保付款；支票出票人担保支票付款；本票的出票人自负付款责任。

9）支票和本票持有人只对出票人有追索权，而汇票持有人在票据的有效期内，对出票人、背书人和承兑人都有追索权。

10）汇票有复本，而本票和支票则没有。

4.3 结算方式——信用证

跨境贸易中常用的4种结算方式为：信用证（L/C）、电汇（T/T）、远期付款交单（D/P）和承兑交单（D/A）。信用证是在国际贸易中普遍运用的一种交易方式，它的风险较低，由银行来作为中介，是一种银行信用，但是交易双方向银行缴纳的费用很高，现在在交易中也出现了信用证欺诈的问题，所以使用时也应该谨慎选择。电汇在交易中较之信用证风险要高一些，但是向银行缴纳的费用要比信用证缴纳的费用低很多。远期付款交单D/P是买方必须在向卖方付款之后才能够获得提取货物的单据，这种交易方式使卖方能够及时地收到货款。承兑交单D/A是只要买方在收到付款通知时向卖方做出一定付款的承诺，就可以得到提取货物的有关单据，因此D/A存在一定的风险。

目前，信用证是国际贸易结算中广泛使用的最为重要的一种结算方式。下面主要介绍信用证。

4.3.1 信用证的当事人

信用证业务有3个基本当事人，即开证人、开证行和受益人。此外，通常还会有其他当事人，即通知行、议付行、付款行、偿付行和保兑行等。

1. 开证申请人（APPLICANT）

开证申请人又称开证人（OPENER），是指向银行申请开立信用证的人，一般为进口人，是买卖合同的买方。

2. 开证银行（ISSUEING BANK）

开证银行是指受开证申请人的申请，开立信用证的银行一般是进口地的银行，开证人与开证银行的权利和义务以开证申请书为依据，开证行承担保证付款的责任。

3. 受益人（BENEFICIARY）

受益人是信用证上所指定的有权使用该证的人，一般是出口商，即买卖合同的卖方。

4. 通知银行（ADVISING BANK）

通知银行是接受开证银行的委托，将信用证通知受益人的银行。一般为出口地的银行，是开证行的代理行。通知行负责将信用证通知受益人，以及鉴别信用证的表面真实性，并不承担其他义务。

5. 议付银行（NEGOTIATING BANK）

议付银行是指愿意买入或贴现受益人交来的跟单汇票的银行。因此，又称购票银行、贴现银行或押汇银行，一般是出口人所在地的银行。议付行可以是信用证条款中指定的银行，也可以是非指定银行，由信用证条款决定。

6. 付款银行（PAYING BANK）

付款银行是指开证行指定信用证项下付款或者充当汇票付款人的银行。它一般是开证行，有时是开证行代其付款的另一家银行。付款行通常是汇票的受票人，所以也称之为受票银行。付款人和汇票的受票人一样，一经付款，对受款人就无追索权。

7. 偿付银行（REIMBURSING BANK）

偿付银行是指受开证行的授权或指示，对有关代付行或议付行的索偿予以照付的银行。偿付行偿付时不审查单据，不负单证不符的责任，因此，偿付行的偿付不视为开证行终局的付款。

8. 保兑银行（CONFIRMING BANK）

保兑银行是指应开证行要求在信用证上加具保兑的银行。保兑行在信用证上加具保兑后，就对信用证独立承担付款责任。在实际业务中，保兑行一般由开证行请求通知行兼任，或由其他资信良好的银行充当。

9. 承兑银行（ACCEPTING BANK）

承兑银行是开证行在承兑信用证中指定的并授权承兑信用证项下汇票的银行。在远期信用证项下，承兑行可以是开证行本身，也可以是开证行指定的另外一家银行。

10. 转让银行（TRANSFERRING BANK）

转让银行是应第一受益人的要求，将可转让信用证转让给第二受益人的银行。转让行一般为信用证的通知行。

4.3.2 信用证的内容

信用证虽然是国际贸易中的一种主要支付方式，但它并无统一的格式。不过其主要内容基本上是相同的，大体包括以下几个方面。

1）对信用证自身的说明：信用证的种类、性质、编号、金额、开证日期、有效期及到期地点、当事人的名称和地址，以及使用本信用证的权利可否转让等。

2）汇票的出票人、付款人、期限及出票条款等。

3）货物的名称、品质、规格、数量、包装、运输标志和单价等。

4）对运输的要求：装运期限、装运港、目的港、运输方式、运费应否预付，以及可否分批装运和中途转运等。

5）对单据的要求：单据的种类、名称、内容和份数等。

6）特殊条款：根据进口国政治经济贸易情况的变化或每一笔具体业务的需要，可做出不同的规定。

7）开证行对受益人和汇票持有人保证付款的责任文句。

信用证示例如图4-7所示。

信用证样本

LETTER OF CREDIT

MESSAGE TEXT

:27:SEQUENCE OF TOTAL
1/1
:40A:FORM OF DOCUMENTARY CREDIT
IRREVOCABLE
:20:DOCUMENTARY CREDIT NUMBER
002/0000026
:31C:DATE OF ISSUE
110829
:40E: APPLICABLE RULES
UCP LATEST VERSION
:31D:DATE AND PLACE OF EXPIRY
20110930 CHINA
:50:APPLICANT
RISING EXPORT AND IMPORT COMPANY
P.O.BOX 1589, NAGOYA, JAPAN
:59:BENEFICIARY
AIGE IMPORT & EXPORT COMPANY
ROOM 2501, JIAFA MANSION, BEIJING WEST ROAD, SHANGHAI 200001, P.R.CHINA
:32B:CURRENCY CODE, AMOUNT
JPY 1200000,
:41D:AVAILABLE WITH BY
ANY BANK IN CHINA BY SIGHT PAYMENT
:42C:DRAFTS AT
:42A:DRAWEE
ISSUE BANK
:43P:PARTIAL SHIPMENTS
ALLOWED
:43T:TRANSHIPMENT
ALLOWED
:44E: PORT OF LOADING/AIRPORT OF DEPARTURE
SHANGHAI,CHINA
:44F: PORT OF DISCHARGE/AIRPORT OF DESTINATION
NAGOYA,JAPAN
:44C:LATEST DATE OF SHIPMENT
20110901
:45A:DESCRIPTION OF GOODS AND/OR SERVICES
01005
CANNED LITCHIS
850G/X24TINS/CTN
QUANTITY: 1000CARTONS
PRICE: JPY1200
FOB SHANGHAI,CHINA
:46A:DOCUMENTS REQUIRED
+SIGNED COMMERCIAL INVOICE IN 1 ORAGINAL(S) AND 3 COPY(COPIES) INDICATING L/C NO. AND CONTRACT NO.SELL001
+FULL SET OF CLEAN ON BOARD BILLS OF LADING MADE OUT TO ORDER AND BLANK ENDORSED, MARKED "FREIGHT TO COLLECT" NOTIFYING THE APPLICANT.
+PACKING LIST MEMO IN 1 ORAGINAL(S) AND 3 COPY(COPIES) INDICATING QUANTITY, GROSS AND WEIGHTS OF EACH PACKAGE.
+CERTIFICATE OF QUANTITY/WEIGHT IN 1 ORAGINAL(S) AND 3 COPY(COPIES)
+CERTIFICATE OF QUALITY IN 1 ORAGINAL(S) AND 3 COPY(COPIES)
+CERTIFICATE OF PHYTOSANITARY IN 1 ORAGINAL(S) AND 3 COPY(COPIES)
+HEALTH CERTIFICATE IN 1 ORAGINAL(S) AND 3 COPY(COPIES)
+CERTIFICATE OF ORIGIN FORM A IN 1 ORAGINAL(S) AND 3 COPY(COPIES)
:47A:ADDITIONAL CONDITIONS
THIRD PARTY AS SHIPPER IS NOT ACCEPTABLE, SHORT FORM/BLANK BACK B/L IS NOT ACCEPTABLE.
BOTH QUANTITY AND CREDIT AMOUNT 5% MORE OR LESS ARE ALLOWED
:71B:CHARGES
ALL BANKING CHARGES OUTSIDE THE OPENING BANK ARE FOR BENEFICIARY'S ACCOUNT.
:48:PERIOD FOR PRESENTATION
DOCUMENTS MUST BE PRESENTED WITHIN 7 DAYS AFTER DATE OF ISSUANCE OF THE TRANSPORT DOCUMENTS BUT WITHIN THE VALIDITY OF THIS CREDIT
:49:CONFIRMATION INSTRUCTIONS
WITHOUT
:57D:ADVISE THROUGH BANK
BANK OF CHINA
170 PEOPLE AVENUE, SHANGHAI, CHINA

图 4-7 信用证示例

4.3.3 信用证的收付程序

信用证方式的一般收付程序如下。

1）开证申请人根据合同填写开证申请书并交纳押金或提供其他保证，请开证行开证。

2）开证行根据申请书内容，向受益人开出信用证并寄交出口人所在地的通知行。

3）通知行核对印鉴无误后，将信用证交给受益人。

4）受益人审核信用证内容与合同规定相符后，按信用证规定装运货物、备妥单据并开出汇票，在信用证有效期内，送议付行议付。

5）议付行按信用证条款审核单据无误后，把贷款垫付给受益人。

6）议付行将汇票和货运单据寄开证行或其特定的付款行索偿。

7）开证行核对单据无误后，付款给议付行。

8）开证行通知开证人付款赎单。

4.3.4 信用证的种类

1. 以信用证项下的汇票是否附有货运单据划分

1）跟单信用证（Documentary Credit）：是凭跟单汇票或仅凭单据付款的信用证。此处的单据是指代表货物所有权的单据（如海运提单等），或证明货物已交运的单据（如铁路运单、航空运单和邮包收据）。

2）光票信用证（Clean Credit）：是凭不随附货运单据的光票（Clean Draft）付款的信用证。银行凭光票信用证付款，也可要求受益人附交一些非货运单据，如发票、垫款清单等。

在国际贸易的货款结算中，绝大部分使用跟单信用证。

2. 以开证行所负的责任为标准划分

1）不可撤销信用证（Irrevocable L/C）：是指信用证一经开出，在有效期内，未经受益人及有关当事人的同意，开证行不能片面修改和撤销，只要受益人提供的单据符合信用证规定，开证行必须履行付款义务。

2）可撤销信用证（Revocable L/C）：是指开证行不必征得受益人或有关当事人同意，有权随时撤销的信用证，应在信用证上注明"可撤销"字样。但《UCP500》规定：只要受益人依信用证条款规定已得到了议付、承兑或延期付款保证时，该信用证即不能被撤销或修改。它还规定，如信用证中未注明是否可撤销，应视为不可撤销信用证。

最新的《UCP600》规定银行不可开立可撤销信用证（注：常用的都是不可撤销信用证）。

3. 以有无另一银行加以保证兑付为依据划分

1）保兑信用证（Confirmed L/C）：是指开证行开出的信用证由另一银行保证对符合信用证条款规定的单据履行付款义务。对信用证加以保兑的银行，称为保兑行。

2）不保兑信用证（Unconfirmed L/C）：开证行开出的信用证没有经另一家银行保兑。

4. 根据付款时间划分

1）即期信用证（Sight L/C）：是指开证行或付款行收到符合信用证条款的跟单汇票或装运单据后，立即履行付款义务的信用证。

2）远期信用证（Usance L/C）：是指开证行或付款行收到信用证的单据时，在规定期限内履行付款义务的信用证。

3）假远期信用证（Usance Credit Payable at Sight）：信用证规定受益人开立远期汇票，由付款行负责贴现，并规定一切利息和费用由开证人承担。这种信用证对受益人来讲，实际上仍属即期收款，在信用证中有"假远期"（usance L/C payable at sight）条款。

5. 根据受益人对信用证的权利可否转让划分

1）可转让信用证（Transferable L/C）：是指信用证的受益人（第一受益人）可以要求

授权付款、承担延期付款责任，承兑或议付的银行（统称"转让行"），或当信用证是自由议付时，可以要求信用证中特别授权的转让银行，将信用证全部或部分转让给一个或数个受益人（第二受益人）使用的信用证。开证行在信用证中要明确注明"可转让"（transferable），且只能转让一次。

2）不可转让信用证：是指受益人不能将信用证的权利转让给他人的信用证。凡信用证中未注明"可转让"，即是不可转让信用证。

6. 红条款信用证

此种信用证可让开证行在收到单证之后，向卖家提前预付一部分款项。这种信用证常用于制造业。

7. 循环信用证（Revolving L/C）

此种信用证是指信用证被全部或部分使用后，其金额又恢复到原金额，可再次使用，直至达到规定的次数或规定的总金额为止。它通常在分批均匀交货情况下使用。在按金额循环的信用证条件下，恢复到原金额的具体做法有以下几个。

1）自动式循环。每期用完一定金额后，无须等待开证行的通知，即可自动恢复到原金额。

2）非自动循环。每期用完一定金额后，必须等待开证行通知到达，信用证才能恢复到原金额使用。

3）半自动循环。即每次用完一定金额后若干天内，开证行未提出停止循环使用的通知，自第×天起即可自动恢复至原金额。

8. 对开信用证（Reciprocal L/C）

此种信用证是指两张信用证申请人互以对方为受益人而开立的信用证。两张信用证的金额相等或大体相等，可同时互开，也可先后开立。它多用于易货贸易或来料加工和补偿贸易业务。

9. 背对背信用证（Back to Back L/C）

此种信用证又称转开信用证，是指受益人要求原证的通知行或其他银行以原证为基础，另开一张内容相似的新信用证，背对背信用证的开证行只能根据不可撤销信用证来开立。背对背信用证的开立通常是中间商转售他人货物或两国不能直接办理进出口贸易时，通过第三方以此种办法来沟通贸易。原信用证的金额（单价）应高于背对背信用证的金额（单价），背对背信用证的装运期应早于原信用证的规定。

10. 预支信用证/打包信用证（Anticipatory credit/Packing credit）

此种信用证是指开证行授权代付行（通知行）向受益人预付信用证金额的全部或一部分，由开证行保证偿还并负担利息，即开证行付款在前，受益人交单在后，与远期信用证相反。预支信用证凭出口人的光票付款，也有要求受益人附一份负责补交信用证规定单据的说明书，当货运单据交到后，付款行在付给剩余货款时，将扣除预支货款的利息。

11. 备用信用证（Standby credit）

此种信用证又称商业票据信用证（Commercial paper credit）、担保信用证，是指开证行根据开证申请人的请求对受益人开立的承诺承担某项义务的凭证。即开证行保证在开证申请人未能履行其义务时，受益人只要凭备用信用证的规定并提交开证人违约证明，即可取得开证行的偿付。它是银行信用，对受益人来说是备用于开证人违约时取得补偿的一种方式。

12. SWIFT 信用证

SWIFT 信用证是"Society for Worldwide Interbank Financial Telecommunications"（全球银

行间金融电讯协会）的简称。该组织于1973年5月在比利时成立，协会已有209个国家的9000多家银行、证券机构和企业客户参加，通过自动化国际金融电讯网办理成员银行间资金调拨，汇款结算，开立信用证，办理信用证项下的汇票业务和托收等业务。SWIFT有自动开证格式，在信用证开端标有MT700和MT701代号。SWIFT成员银行均参加国际商会，遵守SWIFT规定，使用SWIFT格式开立信用证，其信用证则受国际商会UCP600条款约束。所以通过SWIFT格式开证，实质上已相当于根据UCP600开立信用证。SWIFT格式的使用，为银行的结算提供了安全、可靠、快捷、标准化、自动化的通信业务，从而大大提高了银行的结算速度。SWIFT实行会员制，我国的大多数专业银行都是其成员。SWIFT的费用相对较低，同样多的内容，SWIFT的费用只有TELEX（电传）的18%左右，CABLE（电报）的2.5%左右。SWIFT的安全性较高，它使用的密押比电传的密押可靠性强、保密性高，且具有较高的自动化水平。SWIFT的格式具有标准化，对于SWIFT电文，SWIFT组织有着统一的要求和标准格式。

采用SWIFT信用证必须遵守SWIFT的规定，也必须使用SWIFT手册规定的代号（Tag），而且信用证必须遵循国际商会《跟单信用证统一惯例》各项条款的规定。在SWIFT信用证中可以省去开证行的承诺条款（Undertaking Clause），但不因此免除银行所应承担的义务。SWIFT信用证的特点是快速、准确、简明、可靠。

SWIFT报文（Text）由一些项目（Field）组成，每一种报文及格式（Message Type，MT）规定了由哪些项目组成，每一个项目又严格规定由多少字母、多少数字或多少字符组成。这些规定的表示方法及含义如表4-1所示。

表4-1 SWIFT报文规定表示方法

符号	含义
n	只表示数字
a	只表示字母
Q	表示数字或字母
x	表示SWIFT电讯中允许出现的任何一个字符（包括10个数字、26个字母、有关标点符号、空格键、回车键和跳行键）
*	表示行数

例如：2n表示最多填入2位数字；3a表示最多填入3个字母；4*35x表示所填入的内容最多4行，每行最多35个字符。

在一份SWIFT报文中，有些规定项目是必不可少的，称为必选项目（Mandatory Field，M）；有些规定项目可以由操作员根据业务需要确定是否选用，这些项目称为可选项目（Optional Field，O）。项目代号（Tag）由2位数字或2位数字加1个小写字母后缀组成，该小写字母后缀在某一份报文中必须由某一个规定的大写字母替换。带上不同的大写字母后缀，其含义和用法也就不一样。

（1）项目表示方式

SWIFT由项目（FIELD）组成，如59BENEFICIARY（受益人）就是一个项目，59是项目的代号，可以用两位数字表示，也可以用两位数字加上字母来表示，如51a APPLICANT（申请人）。不同的代号表示不同的含义。项目还规定了一定的格式，各种SWIFT电文都必须按照这种格式表示。

在 SWIFT 电文中，一些项目是必选项目（MANDATORY FIELD），一些项目是可选项目（OPTIONAL FIELD）。必选项目是必须要具备的，如 31D DATE AND PLACE OF EXPIRY（信用证到期日及地点）；可选项目是另外增加的项目，并不一定是每个信用证都有的，如 39B MAXIMUM CREDIT AMOUNT（信用证最高金额）。

（2）日期表示方式

SWIFT 电文的日期表示为：YYMMDD（年月日）。

例如：1999 年 6 月 15 日，表示为 990615。

2000 年 3 月 10 日，表示为 000310。

2002 年 12 月 6 日，表示为 021206。

（3）数字表示方式

在 SWIFT 电文中，数字不使用分格号，小数点用逗号","来表示。

例如：3,152,286.34 表示为 3152286,34。

4/5 表示为 0,8。

5% 表示为 5 PERCENT。

（4）货币表示方式

货币用代码表示。

目前开立 SWIFT 信用证的格式代号为 MT700 和 MT701，这两种格式的简介如表 4-2 和表 4-3 所示。

表 4-2　MT700　Issue of a Documentary Credit

M/O[①]	Tag 代号	Field Name 栏位名称	Content/Options 内容
M	27	Sequence of Total 页次[②]	1n/1n 1 个数字/1 个数字
MO	40A	Form of Documentary Credit 跟单信用证类别	24x 24 个字符
M	20	Documentary Credit Number 信用证号码	16x 16 个字符
O	23	Reference to Pre-Advice 预通知的编号	16x 16 个字符
O	31C	Date of Issue 开证日期	6n 6 个数字
M	40E	Applicable Rules 适用的规则	30x[/35x]
M	31D	Date and Place of Expiry 到期日及地点	6!n29x 6 个数字/29 个字符
O	51a	Applicant Bank 申请人的银行	A or D A 或 D
M	50	Applicant 申请人	4*35x 4 行 35 个字符
M	59	Beneficiary 受益人	[/34x]4*35x [/34 个字符] 4 行 35 个字符
M	32B	Currency Code, Amount 币别代号、金额	3a15d 3 个字母, 15 个数字

（续）

M/O[①]	Tag 代号	Field Name 栏位名称	Content/Options 内容
O	39A	Percentage Credit Amount Tolerance 信用证金额加减百分率	2n/2n 2个数字/2个数字
O	39B	Maximum Credit Amount 最高信用证金额	13x 13个字符
O	39C	Additional Amounts Covered 可附加金额	4*35x 4行×35个字符
M	41a	Available With…By… 向…银行押汇，押汇方式…	A or D A 或 D
O	42C	Drafts at… 汇票期限	3*35x 3行*35个字符
O	42a	Drawee 付款人	A or D A 或 D
O	42M	Mixed Payment Details 混合付款指示	4*35X 4行×35个字符
O	42P	Deferred Payment Details 延迟付款指示	4*35X 4行×35个字符
O	43P	Partial Shipments 分批装运	1*35X 1行×35个字符

注：① M/O 为 Mandatoryandatory 与 Optional 的缩写，前者是指必要项目，后者为任意项目。
② 页次共两个数字，前后各一。例如"1/2"，其中 2 指本证共 2 页，"1"指本页为第 1 页。

表 4-3 MT701 Issue of a Documentary Credit

M/O	Tag 代号	Field Name 栏位名称	Content/Options 内容
M	27	Sequence of Total 页次	1n/1n 1个数字/1个数字
M	20	Documentary Credit Number 信用证号码	16x 16个字符
O	45B	Description Goods and/or Services 货物及/或劳务描述	50*65x 50行×65个字
O	46B	Documents Required 应具备单据	50*65x 50行×65个字
O	47B	Additional Conditions 附加条件	50*65x 50行×65个字

以下是一份 SWIFT 信用证实例。

Issue of a Documentary Credit

BKCHCNBJA08E SESSION：000 ISN：000000

　　BANK OF CHINA LIAONING NO. 5 ZHONGSHAN SQUARE ZHONGSHAN DISTRICT DALIAN CHINA -------开证行

　　Destination Bank

KOEXKRSEXXX MESSAGE TYPE：700

　　KOREA EXCHANGE BANK SEOUL 178.2 KA，ULCHI RO，CHUNG－KO --------通知行

Type of Documentary Credit　40A

IRREVOCABLE --------信用证性质为不可撤销

Letter of Credit Number　20　LC84E0081/99 ------信用证号码，一般做单时都要求备注此号

Date of Issue　31G　990916 ------开证日期

Date and Place of Expiry　31D　991015 KOREA -------失效时间地点

Applicant Bank　51D　BANK OF CHINA LIAONING BRANCH ----开证行

Applicant　50　DALIAN WEIDA TRADING CO.，LTD. ------开证申请人

Beneficiary　59　SANGYONG CORPORATION　CPO BOX 110　SEOUL　KOREA ------受益人

Currency Code，Amount　32B　USD 1，146，725.04 -------信用证总额

Available with...by...　41D　ANY BANK BY NEGOTIATION -------呈兑方式，任何银行议付

有的信用证为 ANY BANK BY PAYMENT，这两句有区别，第一个为银行付款后无追索权，第二个则有追索权，即有权限要回已付给的钱

Drafts at　42C　45 DAYS AFTER SIGHT -------见证45天内付款

Drawee　42D　BANK OF CHINA LIAONING BRANCH -------付款行

Partial Shipments　43P　NOT ALLOWED ----分装不允许

Transhipment　43T　NOT ALLOWED ---转船不允许

Shipping on Board/Dispatch/Packing in Charge at/ from　44A RUSSIAN SEA -----起运港

Transportation to　44B DALIAN PORT，P.R. CHINA -----目的港

Latest Date of Shipment　44C　990913 --------最迟装运期

Description of Goods or Services：45A --------货物描述：FROZEN YELLOWFIN SOLE WHOLE ROUND（WITH WHITE BELLY）USD770/MT CFR DALIAN QUANTITY：200MT ALASKA PLAICE（WITH YELLOW BELLY）USD600/MT CFR DALIAN QUANTITY：300MT

Documents Required：46A ------------议付单据

1）SIGNED COMMERCIAL INVOICE IN 5 COPIES. --------------签字的商业发票5份

2）FULL SET OF CLEAN ON BOARD OCEAN BILLS OF LADING MADE OUT TO ORDER AND BLANK ENDORSED, MARKED " FREIGHT PREPAID" NOTIFYING LIAONING OCEAN FISHING CO.，LTD. TEL（86）411-3680288 --------------一整套清洁已装船提单，抬头为TO ORDER 的空白背书，且注明运费已付，通知人为 LIAONING OCEAN FISHING CO.，LTD. TEL（86）411-3680288

3）PACKING LIST/WEIGHT MEMO IN 4 COPIES INDICATING QUANTITY/GROSS AND NET WEIGHTS OF EACH PACKAGE AND PACKING CONDITIONSAS CALLED FOR BY THE L/C. -------------装箱单/重量单4份，显示每个包装产品的数量/毛净重和信用证要求的包装情况．

4）CERTIFICATE OF QUALITY IN 3 COPIES ISSUED BY PUBLIC RECOGNIZED SURVEY-

OR. -------- 由 PUBLIC RECOGNIZED SURVEYOR 签发的质量证明 3 份

5）BENEFICIARY'S CERTIFIED COPY OF FAX DISPATCHED TO THE ACCOUNTEE WITH 3 DAYS AFTER SHIPMENT ADVISING NAME OF VESSEL, DATE, QUANTITY, WEIGHT, VALUE OF SHIPMENT, L/C NUMBER AND CONTRACT NUMBER. -------- 受益人证明的传真件，在船开后 3 天内已将船名航次、日期、货物的数量、重量价值、信用证号和合同号通知付款人

6）CERTIFICATE OF ORIGIN IN 3 COPIES ISSUED BY AUTHORIZED INSTITUTION. ---------- 当局签发的原产地证明 3 份

7）CERTIFICATE OF HEALTH IN 3 COPIES ISSUED BY AUTHORIZED INSTITUTION. ---------- 当局签发的健康/检疫证明 3 份

ADDITIONAL INSTRUCTIONS：47A ----------- 附加指示

1）CHARTER PARTY B/L AND THIRD PARTY DOCUMENTS ARE ACCEPTABLE. ---------- 租船提单和第三方单据可以接受

2）SHIPMENT PRIOR TO L/C ISSUING DATE IS ACCEPTABLE. ---------- 装船期在信用证有效期内可接受

3）BOTH QUANTITY AND AMOUNT 10 PERCENT MORE OR LESS ARE ALLOWED. ---------- 允许数量和金额公差在 10% 左右

Charges 71B

ALL BANKING CHARGES OUTSIDE THE OPENNING BANK ARE FOR BENEFICIARY'S ACCOUNT.

Period for Presentation 48 开户行以外的其他银行费用由受益人承担

DOCUMENTSMUST BE PRESENTED WITHIN 15 DAYS AFTER THE DATE OF ISSUANCE OF THE TRANSPORT DOCUMENTS BUT WITHIN THE VALIDITY OF THE CREDIT. 运输单开立后（指提单之类的）的 15 日内交单，且这 15 日内需要在信用证的有效期内

Confirmation Instructions 49

WITHOUT

Instructions to the Paying/Accepting/Negotiating Bank：78

1）ALL DOCUMENTS TO BE FORWARDED IN ONE COVER, UNLESS OTHERWISE STATED ABOVE. 如无其他要求，所有单据一次性邮寄

2）DISCREPANT DOCUMENT FEE OF USD 50.00 OR EQUAL CURRENCY WILL BE DEDUCTED FROM DRAWING IF DOCUMENTS WITH DISCREPANCIES ARE ACCEPTED. 如果单据不符点可接受，则每个不符点扣除 50 美元或相等金额的其他外币

"Advising Through" Bank 57A

KOEXKRSEXXX MESSAGE TYPE：700

KOREA EXCHANGE BANK SOUTH KOREA 178.2 KA, ULCHI RO, CHUNG-KO

如对已经开出的 SWIFT 信用证进行修改，则需采用 MT707 标准格式传递信息。表 4-4 所示为 MT707 格式简介。

表 4-4 MT707 Amendment to a Documentary Credit

M/O	Tag 代号	Field Name 栏位名称	Content/Options 内容
M	20	Sender's Reference 送讯银行的编号	16x 16 个字符
M	21	Receiver's Reference 收讯银行的编号	16x 16 个字符
O	23	Issuing Bank's Reference 开证银行的编号	16x 16 个字符
O	52a	Issuing Bank 开证银行	A or D A 或 D
O	31c	Date of Issue 开证日期	6n 6 个数字
O	30	Date of Amendment 修改日期	6n 6 个数字
O	26E	Number of Amendment 修改序号	2n 2 个数字
M	59	Beneficiary (before this amendment) 受益人（修改以前的）	[/34x]4*35x [/34 个字符] 4 行 35 个字符
O	31E	New Date of Expiry 新的到期日	6n 6 个数字
O	32B	Increase of Documentary Credit Amount 信用证金额的增加	3a15d 3 个字母，15 个数字
O	33B	Decrease of Documentary Credit Amount 信用证金额的减少	3a15d 3 个字母，15 个数字
O	34B	New Documentary Credit Amount After 修改后新的信用证金额	3a15d 3 个字母，15 个数字
O	39A	Percentage Credit Amount Tolerance 信用证金额加减百分率	2n/2n 2 个数字/2 个数字
O	39B	Maximum Credit Amount 最高信用证金额	13x 13 个字符
O	39C	Additional Amount Covered 可附加金额	4*35x 4 行×35 个字符
O	44A	Loading on Board/Dispatch/Taking in Charge at /from… 由…装船/发送/接管	1*65x 1 行×65 个字
O	44B	For Transportation to… 装运至…	1*65x 1 行×65 个字
O	44C	Latest Date of Shipment 最后装船日	6n 6 个数字
O	44D	Shipment Period 装船期间	6*65x 6 行×65 个字
O	79	Narrative 叙述	35*50x 35 行×50 个字
O	72	Sender to Receiver Information 银行间备注	6*35x 6 行×35 个字

4.4 结汇和退税

所谓出口结汇,是指外汇收款人将外汇卖给银行,银行按照外币的汇率支付给等值的人民币。凡未有规定或未经核准可以保留现汇的经常项目项下的外汇收入必须办理结汇;凡未规定或核准结汇的资本项目项下的外汇收入不得办理结汇。境内机构必须对其外汇收入区分经常项目与资本项目;银行按照外汇收入的不同性质按规定分别办理结汇或入账手续。凡无法证明属于经常项目的外汇收入,均应按照资本项目外汇结汇的有关规定办理。

出口结汇的方式有3种:收妥结汇、出口押汇和定期结汇。

4.4.1 收妥结汇

收妥结汇又称"先收后付",是指议付行收到出口公司的出口单据后,经审查无误,将单据寄交国外付款行索取货款,待收到付款行将货款拨入议付行账户通知书时,即按当时外汇牌价,折成人民币拨给出口公司。目前,我国银行一般采用收妥结汇方式,尤其是对可以电报索汇的信用证业务,因为在电汇索汇时,收汇较快,一般都短于规定的押汇时间。

4.4.2 定期结汇

定期结汇是指议付行根据向国外付款行索偿所需时间,预先确定一个固定的结汇期限(7~14天不等),到期后主动将票款金额折成人民币拨交出口企业。

4.4.3 出口押汇

出口押汇也称"买单结汇"或"议付",是指议付行在审单无误的情况下,按信用证条款买入受益人(出口公司)的汇票和单据,从票面金额中扣除从议付日到估计收到票款之日的利息,将余款按议付日牌价,折成人民币拨给出口公司。议付行向受益人垫付资金,买入跟单汇票后,即成为汇票持有人,可凭票向付款行索取票款。银行同意做出口押汇,是为了对出口公司提供资金融通,有利于出口公司的资金周转。

所谓出口退税,其基本含义是指对出口货物退还其在国内生产和流通环节实际缴纳的增值税和消费税。出口货物退税制度,是一个国家税收的重要组成部分。出口退税主要是通过退还出口货物的国内已纳税款来平衡国内产品的税收负担,使本国产品以不含税成本进入国际市场,与国外产品在同等条件下进行竞争,从而增强竞争能力,扩大出口的创汇。

办理出口退税的程序如下。

1)网上申领核销单(电子口岸——出口收汇——核销单申领)。

2)领取纸质核销单(凭申领过的电子口岸IC卡及加盖单位公章的"出口企业核销单介绍信"至外汇管理局)。

3)进行纸质核销单备案(电子口岸——出口收汇——口岸备案)。

4)办理报关手续。

第一步:找货代,告诉货代本次出口的目的港、货物的重量和出船时间。货代据此联系船公司,并给出报价(报价包括:陆运费+海运费+订舱费+THC+文件费+报关费+EBS(出口东南亚)+电放费+保险(FOB形式买家出、CIF形式卖家出))。

第二步：将本次出口货物编制托书加盖公章传给货代。

第三步：与货代做好装箱及出船时间的确认。

第四步：将本次出口货物的报关资料正本（装箱单、形式发票、已备案的核销单、报关单和报关委托书）和申报要素寄给货代。

第五步：货代报关。

第六步：在预定的时间装箱，填装箱单。

第七步：正常情况下，在装箱 2～3 天后出船。

第八步：出船后 2～3 天货代传给公司船公司出据的海运提单。

第九步：报关 40 天后货代寄给公司海关报关后的报关资料（核销单、报关单三联和场运收据）。

5）填出口商品专用发票（至国税局领出口专用发票）。

6）征免税申报（在出口退税退免税申报软件上进行数据录入，打印两份。外汇局和出口单位各一份）。

7）电子口岸—出口收汇—企业交单。

8）进入出口收汇网上核销系统进行申报，并打印出出口收汇批次核销信息登记表。

9）工行出口收汇核销（收汇日期和核销金额）。

10）外汇局办核销（核销单、报关单、工行盖章的核销单、出口收汇批次核销信息登记表和电子口岸 IC 卡）。

11）进入国税系统输入报表及纳税申报表。

12）将出口货物退（免）税申报系统里的免税数据上传至国税网站。

13）出口货物退（免）税申报系统进行退税申报（申报成功后另存入 U 盘）。

14）准备出口退税纸质材料（具体见出口退税资料封底）并带 U 盘到国税局申报。

15）等国税局电话通知拿退税批复。

16）等国税局电话通知，去国税局办理退税申请手续（带退税批复、公司公章及印鉴章）。

17）一般办理过退税手续后一周内银行从国家金库里拨入账款至公司账户。

案例分析

区块链在跨境支付与结算领域的应用

跨境支付均存在手续费高、流程烦琐、结算周期长及占用资金大等缺点。区块链因其安全、透明及不可篡改的特性，金融体系间的信任模式将不再依赖中介者。在跨境支付和结算中，区块链可以摒弃中转银行的角色，实现点到点快速且低成本的跨境支付，如图 4-8 所示。

麦肯锡测算，从全球范围看，区块链在 B2B 跨境支付和结算业务中的应用可以使每笔交易成本从 26 美元下降到 15 美元。未来银行与银行之间可以不再通过第三方，而是通过区块链技术实现点对点的支付，不但省去了第三方金融机构环节，还可以实现全天候支付、实时到账、提现简便及没有隐形成本，如图 4-9 所示。

Ripple、Circle 等金融科技不断加强探索区块链技术在跨境支付中的应用。Ripple 的跨账本协议吸引了全球 17 个国家的银行加入。Circle 推出的 C2C 跨境支付平台已经在 150 多个国家开展了服务,年交易金额达 10 亿美元。该公司已经获得了纽约州和英国 FCA 颁发的电子货币许可证。

图 4-8　点到点跨境支付

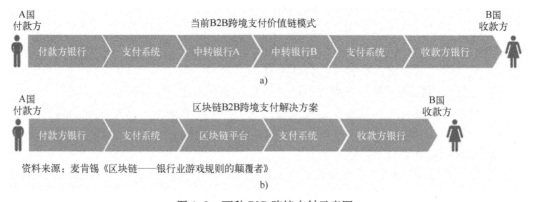

资料来源:麦肯锡《区块链——银行业游戏规则的颠覆者》

图 4-9　两种 B2B 跨境支付示意图
a)当前 B2B 跨境支付价值链模式　b)区块链 B2B 跨境支付解决方案

1. Ripple

Ripple 公司的主要业务是帮助银行使跨境支付更便捷,其核心产品是 Inter Ledger Protocol 协议。Ripple 公司开发的协议本质上是一个实时结算系统和货币兑换与汇款网络,它基于一个分布式开源互联网协议、共识总账(consensus ledger)和原生的货币 XRP(瑞波币)。Ripple 的分布式金融科技将使银行能够在不同的网络之间发送实时国际付款。

作为一个独特定位的分散式金融技术,Ripple 公司的产品在开启价值互联网的网络效应方面起到关键作用。Ripple 向跨境支付参与各方提供了一个功能更完善的跨国支付方式,这种方式可以为大型国际性银行降低运营成本,增加跨境支付市场份额;为中小型银行提供具有竞争力的流动性资金,吸引新的客户;为第三方做市商进行竞争提供流动性资金,提供具有竞争力的外汇汇率;为个人和企业提供更快、更便宜、状态可见的支付服务。

2016 年 Ripple 公司发布了一份题为"The Cost-Cutting Cast for Banks"的去中心化总账技术(DLT)调查报告,报告中清楚地提供了应用 Ripple 技术为银行带来的效益:使用 Ripple 网络及本机加密代币 XRP（瑞波币）进行跨境支付的银行与使用当今的银行相比可节约多达 42% 的费用；使用 Ripple 网络但不使用 XRP（瑞波币）在进行国际支付时则可节省 33% 的费用。流动性成本减少 65%，支付运营成本减少 48%，并且 Basel III 税务执行费用也会减少 99%；报告中 Ripple 还假设引入 XRP 做市商，降低 XRP 的波动性，在低波动状态下有望降低约 60% 的交易费用。

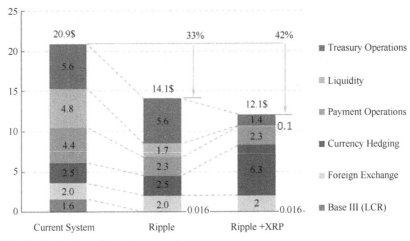

资料来源《The Cost-Cutting Cast for Banks》

2. Circle

Circle（Circle International Financial）是一家开发比特币钱包的数字货币创业公司，致力于通过比特币后台网络的区块链技术，使国家货币之间的资金转移更加简单和便宜。

Circle 公司的 APP 产品 CirclePaf 是把比特币作为一种价值的载体介质来处理的。用户很容易就能通过其实现多币种之间无障碍地互换，以比特币作为载体的 BitUSD、BitEURO 和 BitCNY 将会成为结算的有效手段。CirlePay 的特点如下：

1）跨境支付：在区块链技术支持下实现低成本兑换货币及跨国汇兑，目前支持美元、英镑和比特币的兑换。

2）社交支付：在手机 APP 中，用户可以在向好友分享图片、表情和 GIF 动图的信息中即可完成支付。

3）免费：用户可以在无手续费的情况下，实现转账和收付款。

目前，Circle 公司持有美国纽约州颁发的首张数字货币许可证（BitLicense）和英国金融市场行为监管局（FCA）颁发的电子货币许可证，对于比特币行业而言，获得首张官方许可证意味着一个重要的里程碑。有了它，Circle 公司就能让美国和英国的消费者通过比特币区块链来传输英镑或美元。

Circle 公司的 GirclePay 现在已经面向 150 个国家开放，年交易额达 10 亿美元。对于那些没有 Circle 服务的地方，客户可以先将资金转换成比特币，之后就可以再轻松地转换成当地货币。在应对比特币波动性大的问题方面，Circle 拟通过比特币和法币期货市场的对冲，实现比特币对法币的锚定。

根据资料回答以下问题。

1. 区块链技术能解决跨境支付中的什么问题？

2. Ripple、Circle等金融科技公司在加强探索区块链技术在跨境支付中的应用中做了哪些工作？

本章小结

跨境电子商务中一个非常重要的环节就是支付。伴随着海淘的兴起及跨境出口的快速增长，多样化的结算方式为人们所使用，汇票、本票和支票是常用的几种国际货款结算方式，信用证是跨境电商结算中广泛使用的最为重要的一种结算方式。结汇和退税是跨境电子商务交易中支付的最终环节。

本章习题

1. 常用的在线支付工具有哪些？各自有什么优缺点？
2. 注册国际支付宝并按照步骤截图配以说明。

第5章 跨境物流管理

物流作为连通买卖双方的桥梁，是跨境电子商务中极为重要的一环。近几年跨境电子商务的快速发展，对跨境物流提出了越来越高、越来越个性化、精细化的服务要求，而跨境物流产业的发展，也必将主要依赖于跨境电子商务业务的开展才能取得进一步的强大和完善，因此二者之间的发展是相辅相成、相互促进的。本章将介绍跨境物流管理的基本概念、跨境物流的方式，以及跨境物流管理要素等内容。

导入案例：

菜鸟跨境物流再升级，GFC仓首次服务"双11"

2016年10月20日，菜鸟网络宣布其跨境物流将正式升级，开始辅助"双11"实现"买全球卖全球"。据菜鸟方面介绍，开设在中国香港和澳大利亚的菜鸟全球订单履行中心（GFC）将首次服务于"双11"，帮助海外商家把商品卖往中国。目前，菜鸟已经搭建了一个辐射全球224个国家和地区的进出口物流网络，接入了110个跨境仓库提供服务。消费者跨境购买商品最担心两个问题，第一是不是正品，第二物流是否存在不确定性。其中，对商品真假的疑虑也来自于国际物流无法追踪，不能确定商品来源。而菜鸟GFC仓正好可以解决上述问题。

与海外集货仓不同的是，菜鸟GFC仓可以让消费者的订单直接下发到海外GFC仓库内，由GFC为商家提供备货、拣货、发货、库存管理和其他库内增值服务，保证打包能力，避免发货延迟，降低商家的发货成本和出错几率；如果商家使用GFC发货，消费者可以在物流详情中实时看到订单揽货、入库出库、干线航班和转关清关等信息。

而由于整合了消费者的交易、支付和物流信息，GFC的货品在入境清关时，也无须消费者另外提供身份信息，进一步简化了跨境购物流程。

为备战"双11"，菜鸟网络与合作伙伴们已在上海、杭州、宁波、广州、重庆和郑州等地储备了19个进口保税仓，并在9个国家和地区提供全球集货线路。

其中，在出口方面，菜鸟网络在西班牙新开了海外仓，支持卖家提前备货到马德里，并由海外仓接收消费者的交易订单完成发货，从而保障出口时效的提升；菜鸟无忧物流也在速卖通开设了专区，对专区内发往俄罗斯、法国和西班牙限定区域的订单承诺15天内送达。

——引自：亿邦动力网

5.1 跨境物流概述

跨境物流是在跨境电子商务的基础上发展起来的，并且在跨境电子商务中，物流发挥着重要的作用，是跨境电子商务发展的核心链条，其在很大程度上决定了跨境电子商务的运作效率。随着近几年跨境电子商务业务量的迅速增长，下游客户从早期的注重产品价格、品质等基本需求逐渐上升到对物流、售后等综合服务的高层次需求，而发展相对较缓的跨境物流已成为制约跨境电子商务发展的主要瓶颈，因此进行跨境物流管理，提高物流效率和服务能力，成为跨境电子商务企业提升核心竞争力的关键内容之一。

5.1.1 跨境物流的概念与特征

1. 跨境物流的概念

物流作为供应链的重要组成部分，是对商品、服务及相关信息从产地到消费地的高效、低成本流动和储存进行的规划、实施与控制的过程，目的是为了满足消费者的需求。电子商务物流又称网上物流，是利用互联网技术，尽可能地把世界范围内有物流需求的货主企业和提供物流服务的物流公司联系在一起，提供中立、诚信、自由的网上物流交易市场，促进供需双方高效达成交易，创造性地推动物流行业发展的新商业模式。而跨境物流的不同之处在于交易的主体分属于不同的海关关境，商品要跨越不同的国界才能够从生产者或供应商到达消费者。

因此，跨境物流就是为了使海关关境两侧为端点的实物和信息能够有效流动和存储，而进行的计划、实施和控制管理过程。其范围包括进出口商品的运输贸易、国际邮件的快递业务等。其实质是依照国际惯例，以国际分工协作为原则，利用国际化的物流网络、设施和技术，实现货物在国际间的流动与交换，以促进区域经济的发展和全球资源优化配置；其目标是通过最佳的方式与路径，用最低的费用，承担最小的风险，保质、保量、适时地将货物从出口国的销售方运到进口国的需求方。其核心要素包括包装、运输、仓储、装卸、通关和信息交换等，贯穿于整个国际物流活动中。

2. 跨境物流运输方式的选择

即使货物可以通过铁路和汽车运输到国外，国际运输还是会采用海运或空运的方式，而这两种方式却很少在国内运输中使用。此外，国际运输可结合多种运输方式（modes of transportation），如陆运和海运，即混合的运输方式。

跨境物流运营商必须选择合适的运输方式。决策者应考虑每种方式在以下 4 个方面的绩效：运输时间、可预测性、成本和非经济因素。

（1）运输时间

海洋运输从出发地到目的地的时间远远长于航空运输。例如，若转换成空运，45 天的海运时间可以直接减少到 12 小时。运输时间的长短对企业的整个物流运作有很大影响。快速的运输延长了产品在国外市场的销售时间，如果由于生产原因产品无法在规定时间内送达目标市场，那么为了按时交货，企业将选择空运取代一直以来的海运。

（2）可预测性

无论是海运还是空运，都会受到自然因素的影响，从而导致延误。准确地预测有助于海外分销商为顾客提供一个准确的产品到货时间。

（3）成本

在选择国际运输方式时，成本是企业需要考虑的一个重要因素。国际运输价格通常取决于运输服务的成本和货物的价值。为了降低成本，货运企业可以结成联盟，协商合作运输。同时，为了减少总成本和时间，也可以选择性地使用混合运输的方式。

（4）非经济因素

非经济因素通常也会影响运输方式的选择。政府参与在协助运输业发展的同时也对企业造成了困扰。一些物流企业或被政府收购，或依赖政府补助。因此，其他企业不得不服从政府施加的压力，即使有更好的选择也必须使用国内运输公司。在有政府货物需要运输时通常会采取这种政策，例如，在美国，无论是政府物资还是政府官员，都必须搭乘国家航空公司的航班。

3. 跨境物流的特征

（1）服务功能多样化与目标的系统化

单一物流服务功能与单一物流环节最优化已不能满足现代物流需求，因此在进行物流作业时，除了需要考虑运输、仓储等环节的协调外，还要考虑物流与供应链中的其他环节相互配合，不仅要实现单个物流环节最优化，而且追求物流活动的整体最优化，从而保证物流需求方整体经营目标的最优化。

（2）物流作业标准化与服务的个性化

一方面，标准化作业流程可以使复杂的作业变得简单化，有利于跨地区协同与沟通，也有利于操作过程监控与对操作结果的评价。另一方面，受经营产品、经营方式及自身能力的影响，物流需求方除了获得传统的物流服务外，还希望针对自身经营产品的特点与要求获得量身定制个性化服务与增值服务，比如市场调查与预测、采购及订单处理、物流咨询、物流方案的选择与规划、库存控制策略建议以及货款回收与结算等方面的服务，从而提高物流服务对决策的支持作用。

（3）以先进物流系统为基础的高效快速反应能力

根据哈佛大学教授钱德勒提出的速度经济的阐述，快速反应能力是指企业在竞争环境突变中能否迅速做出反应的能力，其重要性不亚于产品质量。当物流过程涉及的包装、装卸、运输、仓储和配送等系列环节出现不协调，就可能导致全部或部分链条运转停滞，直接影响物流效率或造成巨大的损失。伴随市场范围空间延伸与产品生命周期的缩短，企业为了达到扩大市场份额和降低成本的双重目的，不仅需要建立完善的全球产供销经营体系，还需要提高及时供应、减少库存以降低成本等方面的能力，因此物流管理也就成为企业管理的重要环节。

（4）物流技术先进化

国际物流作业的各个环节广泛应用先进的物流技术，不仅提高了每个作业环节的效率，而且确保整个经营目标的实现。比如，根据电商服务平台指令，物流供应商按照运输计划，组织提货、仓储、包装、报关、国际运输和国外配送等。在整个物流链中，参与各方有效地利用了电子数据信息交换系统（EDI），实现了信息的即时交换和资源共享，使参与各方及时了解货物的流向与下一步操作，避免了由于信息滞后而造成操作环节的延误，从而确保整个物流链的顺畅。在跨境电子商务交易中，物流公司起到了一个桥梁的作用，利用其丰富的物流管理技术和运作经验，促使交易顺利完成。

（5）物流系统信息化与服务网络全球化

一方面，由于跨境交易范围是在全球范围内，物流服务网络覆盖范围越宽广，越有利于商家根据市场变化储存、调配商品，从而更能满足商家的物流需求。另一方面，先进的物流网络不仅能够做到物流网点间物流活动的一致性和整个物流网络有最优的库存总水平及库存分布，运输与配送快速，适应经营的需求，而且可以通过物流信息系统，加强供应与销售环节在组织物流过程中的协调和配合，以及对物流过程的控制。

4. 跨境物流企业的类型

跨境电子商务的发展推动着跨境物流的发展，跨境物流企业包括以下几种。

1) 交通运输业、邮政业发展起来的跨境物流企业，如联合包裹（UPS）、联邦快递（FedEx）等。
2) 传统零售业发展起来的跨境物流企业，如美国的沃尔玛、法国的Cdiscount等。
3) 大型制造企业或零售企业组建的跨境物流企业，如海尔物流、苏宁物流等。
4) 电商企业自建物流体系，如京东物流、兰亭集势的兰亭智通等。
5) 传统快递企业发展跨境物流业务，如顺丰、申通等。
6) 新兴的跨境物流企业，如递四方、出口易等。

5.1.2 跨境物流与跨境电子商务的关系

跨境电子商务交易与跨境物流之间存在相辅相成、互相促进的互动关系，以及互为因果的反馈关系，如图5-1所示。其主要表现在："互联网＋外贸"下的国际贸易的发展决定了跨境物流生存空间和发展方向，不断对跨境物流提出新的要求，如作业质量、作业效率、安全、成本及信息等方面的要求。同时，跨境物流也左右着跨境电子商务的发展。因为在电子商务中，商品流、信息流和资金流均可借助互联网来完成，而物流是不可以的。因此，稳健的跨境物流发展能够促进国际贸易发展，而无序、效率低下的物流环境会成为国际贸易发展的瓶颈。

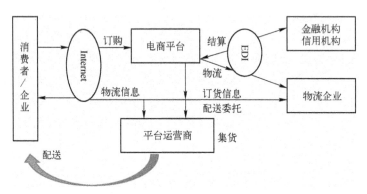

图5-1 跨境物流与跨境电子商务的关系图

5.1.3 跨境物流的现状及发展趋势

1. 跨境物流与跨境电子商务协同发展

蒂姆·欣德尔（Tim Hindle）提出，通过技能共享、有形资源共享、战略协调、垂直整合、同供应商谈判与联合力量等方式可以实现协同。跨境物流需要与跨境电子商务通过这些方式实现协同发展，借助跨境电子商务的发展推动自身成长，尤其是在网络技术、硬件资源、战略合作和供应链整合等方面。例如，移动通信技术的发展与移动网络的普及会对跨境电子商务与跨境物流都产生影响，跨境物流需要迎合跨境移动电子商务发展趋势的需求，支持与提供移动化物流服务。通过供应链整合，跨境物流与跨境电子商务可以从供应源头合作与开发，尤其在仓储、包装和运输路线优化等方面，电子商务与物流需要通力合作，通过协同发展，在推进与满足电子商务需求的同时，有利于缩短物流时间、降低物流成本、减少物流货损等，进而实现跨境物流与跨境电子商务协同发展。

2. 推动跨境物流网络协同

跨境物流的运作流程一般包括境内物流、出境清关、国际物流、目的国清关与商检、目的国物流，以及目的国配送等。若再细化，则包括接单、收货、仓储、分类、编码、理货、分拣、转运、包装、贴标和装卸等，还会涉及支付、报关、纳税、售后服务和退换货物流等。这一流程会涉及多个国家、多个物流企业，其复杂性要远超国内物流。从影响因素来看，需要强化跨境物流网络的协同。尤其是多国之间、处于物流结点的企业之间、跨境配合的多个物流企业之间，需要导入协同意识，加强沟通，通过商品的分类、包装、运输方式、运输路线与配合等多角度、多结点的联动效果，推动跨境物流网络的协同。

3. 多种物流模式共用，凸显聚合效应

跨境物流包括国内物流、国际物流与目的国物流，涉及出境海关、入境海关与商检，其物流链条更长、物流时间更久、物流距离更远、物流方式更复杂。跨境电子商务面向全球市场，交易双方涉及很多国家，各国的物流水平参差不齐、差异较大，加上交易商品种类众多，对物流的要求差异较大。与国内电子商务不同，跨境电子商务很难以单一物流模式实现跨境物流。伴随跨境电子商务的发展，多种物流模式共用的跨境物流解决方案应用面更广。多种物流模式共用，多采用以上几种物流模式中的两种或两种以上，如国际物流专线+海外仓、集货物流+保税区物流，以及国际邮政+国际快递+国际物流专线+海外仓等。针对不同国家、不同商品等，采用适合的多种物流模式配合实现跨境物流，能够有效凸显各种物流模式的聚合效应。

4. 物流外包模式升级

即便个别跨境电子商务平台如洋码头，通过自建物流体系开展跨境物流，但在一些国家还是要借助第三方物流开展物流与配送。基于跨境电子商务与跨境物流的复杂性，诸多跨境电子商务平台纷纷将跨境物流业务外包，采用第三方物流模式。尤其是伴随跨境电子商务与跨境物流的发展，这种物流外包模式逐渐升级，第四方物流逐步涌现，并呈增长态势。作为整合跨境物流供应链解决方案的第四方物流模式，在跨境物流中能够整合海内外数据和基础设施平台，不再局限于优化物流运输路线、配送和库存等单个功能的改进，而是为顾客提供差异化、集约化的跨境供应链解决方案，实现物流、商流、资金流、信息流和清关与商检的整合，提升跨境物流链条的增值。

5. 强化与本土物流公司的合作效应，实现物流本地化

在跨境物流中，需要进行物流本地化运作，加强与本土物流公司的合作。海外仓就是典型的跨境物流本地化运作模式。通过本地化及与本土物流企业的合作，既能够缩短目的国的物流与配送时间，降低物流成本，发挥本地化品牌优势，减少物流与配送过程中的沟通障碍等，还能够有效解决最后一公里配送的难题。例如，洋码头在洛杉矶和伦敦建立了海外总部，着手本地化运作，顺丰物流与荷兰邮政合作推出"欧洲小包"服务，以及法国 Cdiscount 借助巴西本土 Cnova Brasil 完善的物流配送资源合力开拓巴西市场等。

案例阅读：

"义新欧"牵手 DHL

2014年7月1日，一辆满载着浙江义乌及周边地区生产的小商品、机电产品的81018号'义新欧'铁路国际联运班列开出了义乌，运载着88个标准集装箱，以120 km/h的速度直奔新疆的阿拉山口转关，用不了多久，这些物美价廉的商品就会摆上哈萨克斯坦、乌兹别克斯坦和俄罗斯等国的货架了。

"义新欧"中欧班列是指：于2014年11月18日从中国义乌出发，经新疆阿拉山口口岸出境，途经哈萨克斯坦、俄罗斯、白俄罗斯、波兰、德国和法国，历时21天，最终抵达西班牙马德里列车线路。这条铁路线全长13000多千米，是目前所有中欧班列中最长的一条。

2014年7月1日，"义新欧"正式纳入中国铁路总公司的中欧班列的序列，目的地暂时为中亚五国，同年8、9月份将试运行到欧洲。古时候的丝绸之路，打开了中国与西方国家贸易往来的大门。义乌拥有全球最大的小商品市场，被誉为新丝绸之路的起点，有源源不断的小商品运往中亚五国。

"义新欧"纳入序列后，意味着发车时间就固定了，今后按每周一列的计划发送，同时视货量增长情况适时增加发运密度。义乌小商品在新疆的阿拉山口转关后，第一站就会到达哈萨克斯坦的阿拉木图，随后再分拨中亚其他国家和俄罗斯。由于提速至120 km/h，从义乌到达阿拉山口的运行时间将不超过5天，比以往缩短了3～4天。同时，海关也将入驻，全面实行现场施封、验放等通关服务，以提高通关效率。另外，由于走铁路，省去了以往通过浙江省宁波、上海走海运再到俄罗斯海参崴转运的环节，运输成本减少了1/3。

据义乌市委宣传部浦息：于2015年2月22日上午，从西班牙马德里发出的首趟"义新欧"中欧班列（马德里——义乌国际铁路集装箱班列），载有64个标准集装箱，在经过24天、途径7个国家的长途跋涉后，抵达义乌，将成为义乌海关羊年首批通关的进口货物。这是"义新欧"国际铁路联运大通道运行以来开行的首趟回程班列。它不仅运来了丰富的西班牙商品，更带来了来自马德里的新春贺礼和新年祝福。

据不完全统计，中国有郑欧、蓉欧、苏满欧和渝新欧等班列借陆出境，对接中国与欧洲进行贸易活动。

2014年10月9日上午在义乌市，"义新欧"的运作方义乌市天盟实业投资有限公司和德国邮政敦豪（DHL）旗下的敦豪全球货运（中国）有限公司签署了跨境战略合作备忘录，将建立长期的战略合作伙伴关系，共同推进"义新欧"中欧班列铁路物流服务。

中欧班列将实现把货物直接送到客户手上。天盟实业公司经营的"义新欧"中欧班列被称为世界最长的铁路货运线路，DHL则是面向世界的物流企业，服务网络遍及全球220多个国家和地区。此前开行的"义新欧"中欧班列多是直达车，义乌和西班牙马德里之间未设停靠点。

同年6月底，天盟实业公司曾向记者透露，要增设波兰华沙、德国柏林、德国杜伊斯堡和法国巴黎4个沿线重要城市上下货站点，下一步将对接跨境邮包，创建海外仓和分检中心，提供收货送货、运输及清关等服务，目的是为中欧贸易跨境电商服务。联手DHL后，"义新欧"中欧班列将实现把货物直接送到客户手上，加上DHL在国内和欧洲都有货源，可以缩短拼箱时间，利于班列常态化运营。

钱江晚报记者了解到，目前，DHL已经配合"义新欧"中欧班列开始运营整箱货物的运输业务，下一步将根据义乌市场货运小批量、多批次的特点，尽快推出"拼箱"业务。届时"义新欧"中欧班列到达沿线重要结点城市临时停靠站点后，DHL将进行拆箱，利用全球物流网络的优势，将货物直接送到客户货库，实现门到门服务。

"拼箱在义乌这边完成，到国外的网点拆箱，通过卡车送遍全欧洲，完成门对门的配送。"敦豪全球货运（中国）有限公司中国区首席执行官黄国哲说，根据区域的不同，铁路的运价至少会比空运便宜30%，部分沿线城市甚至便宜50%以上，运送时间和价格优势明显。而冯旭斌则认为，此次强强联合，将为"义新欧"中欧班列展开铁路国际快件服务打下坚实基础。"未来至少要每周两班，甚至两三天一班，形成规模后，成本就会降下来。"据了解，等条件成熟后，双方还将在白俄罗斯等国家设立货运分拨中心，提供第三方物流及门到门运送服务，开通以阿塞拜疆和土耳其为目的地的"新丝绸之路"南线铁路货运通道。届时义乌将成为DHL在国内设立的第4个铁路货运网点。黄国哲用"强强联合"来形容这次合作，他告诉钱江晚报记者，DHL早在2007年以前就开始布局中欧铁路联运线路，目前在国内设有3个铁路货运网点，分别位于苏州、郑州和成都。之所以将第4个网点放在义乌，是因为浙江尤其是义乌拥有全球最大的小商品市场，产业比较集中，出口、进口并举，市场份额大，前景可观。

"这是一个抢占市场的好时机。"黄国哲认为，铁运是国际物流的一种创新，比空运便宜，比海运快捷，前景可观。国内经铁路运输到欧洲的集装箱，年均增长率都在300%～400%。而"义新欧"中欧班列拥有成功的商业运营模式，已实现去程每周一次、回程每月两次的双向常态化运行，货源优势明显。

资料来源：浙江在线—钱江晚报

5.2 跨境物流的方式

跨境物流是跨境电子商务成功的关键因素。目前，国内的跨境电子商务物流一般都通过第三方物流发货，第三方物流在电商发展中发挥着举足轻重的作用。现在跨境电子商务的物流采取的几种方式包括：邮政小包、国际快递、专线物流和海外仓等方式。大的电子商务平台，一般采取专线物流或者海外建仓的方式降低物流成本。一般的中小型电商的物流，通常采用邮政小包、国际快递等方式。

5.2.1 邮政物流

邮政网络基本覆盖全球，因此，其覆盖面广的优势成为大部分中小型跨境电子商务的渠道优先选择。邮政物流的使用手续非常简便，卖家只要提供报关单、地址和挂单号，就可以完成投递，邮政公司代为完成保管、商检等手续。邮政投递是我国跨境电子商务的物流首选，据统计，邮政物流在我国跨境电子商务物流市场份额中占据70%左右，中国香港邮政和新加坡邮政也是我国跨境电子商务物流的主要合作物流。但是邮政物流也有其固有的缺点，一方面是发货慢，例如，从中国通过E邮宝发往美国的包裹，一般需要15天才可以到达；另一方面，邮政物流规定不能够寄送液体，同时物流跟踪服务也相对滞后，包裹风险比较大。另外,各国(地区)邮政系统发展很不平衡,因此很难通过国(地区)与国(地区)之间的邮政合作来降低成本。

国际小包的特点表现为两个方面:一是资费便宜,二是运送时间较长。以中国邮政小包为例,在当日中午 12 时之前交于邮局,则晚 8 点后能够在邮局网站查询到包裹的状态信息。其运输时效大概为:亚洲邻国 5～10 天;欧美主要国家 7～15 天;其他地区和国家 7～30 天。

5.2.2 商业快递

1. 国际快递模式

国际快递模式主要的特点就是这些国际快递商都有覆盖全世界的自建网络,有着强大的 IT 系统及遍及全球的本土化服务,能够给顾客带来机速的物流体验。例如,用 UPS 寄送包裹到美国,最快可在 48 小时内到达。然而,这样优质的服务往往是建立在昂贵的价格基础上的。一般来说,中国的商户只有当客户提出非常强的时效性要求时,才会选择采用国际商业快递来进行商品的派送。

国际快递最大的优势在于稳定、快捷,并且信息十分透明,消费者可以通过查询物流信息获得货物的运输线路及运输时间,而且其极少出现丢包的现象,较为稳定。时效也基本保持在 3～5 天左右,并且对于货物的重量没有多大的限制,因此也是很多跨境电子商务企业愿意选择的物流模式。但其也存在自身的劣势,主要表现在以下两个方面:第一,价格较贵。在同样的重量下,国际快递的收费标准差不多是国际小包的两倍,因此,如果客户对于所购物品不是那么急切的话,则不愿意选择国际快递模式;第二,存在偏远地区加收附加费的情况。国际快递并没有将其配送网络覆盖至全球,因此和邮政小包相比,存在着很多网点无法覆盖到的地方。于是就会存在这样的情况,客户已经支付了快递费用,可是当货物运输至客户的手中时,相关快递公司要加收 100～300 元不等的偏远地区附加费。

各快递巨头也拥有其各自的特点,特别是不同重量的快递发往各大洲的时候有着较为明显的区别,例如发往西欧国家时,TNT 的通关速度最快,而 UPS 发往美国的速度极快。另外,不同重量的物品最适合的快递也不相同。表 5-1 所示为四大国际快递巨头的比较。

表 5-1 四大国际商业快递特点比较

国际商业快递	FEDEX	UPS	DHL	TNT
总部	美国	美国	德国	荷兰
特点	整体而言价格偏贵,21 kg 以上物品发往东南亚国家速度较快,价格也有相对优势	到美国速度极快,6～21 kg 物品发往美洲和英国有价格优势	5.5 kg 以下的物品发往美洲和英国价格有优势,21 kg 以上的物品有单独大货价格	西欧国家通关的速度快,发货至欧洲一般单个工作日就能到货

国际商业快递的高服务价格往往是跨境电子商务商家选择时最踌躇的因素之一,因此,在邮寄的货物质量较小时,跨境电子商务的商家往往会将国际商业快递与依托于邮政系统的国际小包进行权衡比较,以选择最合适自己的跨境物流服务。因此,以下对国际小包与国际快递之间的价格与运输时效进行比较,如表 5-2 所示。

表 5–2 国际小包和国际快递（以 0.5 kg 货物从中国运至美国为例）

分类	国际物流方式	参考价格（元）	价格计算规则	运输时效	优劣势分析
邮政物流	EMS	85	首重 0.5 kg，续重 0.5 kg	10～20 天	优势：时效快、海关通关能力强 劣势：价格较贵
	E 邮宝/epacket（仅美国）	47	按克（g）计重，包裹限重 2 kg	7～20 天	优势：价格便宜，时效较快，海关通关能力强 劣势：只能发往美国
	中国邮政小包	53.3	按克（g）计重，包裹限重 2 kg	20～50 天	优势：价格便宜，海关通关能力强 劣势：时效慢
	中国香港邮政小包	64.5			
	新加坡邮政小包	54.5			
	瑞典邮政小包	59			
	瑞士邮政小包	60.5			
	中国邮政大包	166.5	首重 1 kg，续重 1 kg		优势：海关通关能力强，没有重量限制，适合大件 劣势：时效慢，价格贵
	中国香港邮政大包	155			
	中外运敦豪 DHL	120	首重 0.5 kg，续重 0.5 kg	3～7 天	优势：时效快 劣势：价格贵，需要计算体积重
	FEDEX IP（联邦快递优先服务）	145			
	FEDEX IE（联邦快递经济服务）	128			
	UPS 全球快捷	90			
	UPS 全球速快	108			
	TNT	280			

2. 国内快递模式

国内快递主要是指 EMS、顺丰和"四通一达"。在跨境物流方面，"四通一达"中的申通和圆通布局较早，但也是近期才发力拓展。比如美国申通在 2014 年 3 月才上线，圆通也是 2014 年 4 月才与 CJ 大韩通运合作。而中通、汇通和韵达则是刚刚开始启动跨境物流业务。

顺丰的国际化业务则相对成熟些，目前已经开通到美国、澳大利亚、韩国、日本、新加坡、马来西亚、泰国和越南等国家的快递服务，发往亚洲国家的快件一般 2～3 天可以送达。

在国内快递中，EMS 的国际化业务是最完善的。依托邮政渠道，EMS 可以直达全球 60 多个国家，费用相对四大快递巨头要低。此外，EMS 在中国境内的出关能力很强，到达亚洲国家是 2～3 天，到欧美则要 5～7 天左右。

5.2.3 专线物流

国际物流专线是针对某一特定国家或地区的跨境专线递送方式。物流起点、物流终点、运输工具、运输线路和运输时间基本固定。物流时效较国际邮政小包快，物流成本较国际快递低，且保证清关。对固定路线的跨境电子商务而言，国际物流专线是一种较好的物流解决方案。国际物流专线具有区域局限性，是其突出的弊端。国际物流专线主要包括航空专线、港口专线、铁路专线、大陆桥专线,以及固定多式联运专线。如郑欧班列、中俄专线、渝新欧专线、中欧(武汉)冠捷班列、国际传统亚欧航线,以及顺丰深圳—中国台北全货机航线等。

跨境专线物流一般是通过航空包舱方式运输到国外,再通过合作公司进行目的国的派送。专线物流的优势在于其能够集中大批量到某一特定国家或地区的货物,通过规模效应降低成本。因此,其价格一般比商业快递低。在时效上,专线物流稍慢于商业快递,但比邮政包裹快很多。

5.2.4 海外仓储集货的物流方式

1. 海外仓储集货物流

海外仓储集货是指在除了本国地区以外的其他国家建立仓库,海外仓的设置不仅能够方便海外市场的拓展,而且能够降低物流成本。拥有海外仓库,能便捷地从买家所在国本土进行发货,使得订单的周期缩短,同时用户体验得以大幅度提升,也会导致用户重复购买,这样也有利于突破销售额的瓶颈,使得跨境电子商务企业在用户心目中的地位更上一个台阶。海外仓储既可以是自建的,也可以是租赁的。简单概括来说,海外仓储是指在销售目的地为卖家提供的仓储、分拣、包装和派送的一站式服务。因此,也可以将其划分为以下3个步骤。第一步,头程运输,商家或跨境电子商务平台首先把商品运送至海外仓库;第二步,仓储管理,通过物流信息系统,对海外仓储中的货物进行远程监控,对其库存实施管理及控制;第三步,本地配送,依照订单详细信息,由海外仓储中心发出指令,依靠当地邮政或者其他快递的形式将商品配送给客户。

如今,海外仓储得以迅速发展,主要原因有以下3点:一是海外仓使得运输品类大大增加,同时降低了物流费用。根据前文可知,邮政小包在运输过程中在物品的重量、体积和价值等方面具有一定的限制,这也就导致许多大件或者贵重的物品无法采用邮政小包运输,转而使用国际快递进行运送。而此时海外仓的出现,不仅能够突破物品重量、体积和价值等方面的限制,而且其费用要低于国际快递。二是海外仓能够直接本地发货,这样将可以大大缩短货物的配送时间。由于跨境运输的路程往往较长,其货物往往无法做到实时更新其物流动态,但使用海外仓库发货,由于当地物流一般都具有十分透明的货物运输状态查询系统,也就可以实现对包裹的全程跟踪。与此同时,海外仓的头程采用的是传统的外贸物流方式,也就是可以按照正常清关流程进行进口,这也大大降低了来自于清关方面的障碍。三是海外仓可以为卖家带来更高的价值。通过对大数据进行分析,卖家能够全程控制供应链,同时降低对海外仓的使用成本,能够完成卖家对海外仓内货物的控制,并不是单纯地去等待着物流公司进行配送。

2. 海外仓储模式的优势

海外仓储模式的优势主要体现在以下几个方面。

(1)运输时效性强

海外仓储模式的仓库一般都设在需求地,也就是可以做到直接从本地发货。这样的话,能够在极大程度上减少货物配送所需的时间。同时也减少了货物在报关和清关等各方面十分烦琐的操作流程所耗费的时间,实现更快、更有效地发货,顾客的满意度会得到相应的提升。

（2）较低的物流成本

海外仓储模式从海外直接发货给客户，相当于是境内的快递，其物流费用与向海外发货相比来说要减少很多。

（3）获取海外市场

海外仓储模式能够在短时期内用最低的成本去获取海外市场，而且能够积累到更多的资源去开拓更有潜力的市场。

（4）退换货便捷

如有特殊原因导致顾客需要进行退换货服务，只需将货物直接退至海外仓储的仓库，免去了国内外转运的运输成本，节约了时间，同时有助于提升顾客满意度，提升综合竞争力。

3. 海外仓储模式的劣势

1）成本较高。

海外仓储系统，不管是选择租赁还是自建，其运维成本普遍较高。另外，也会遇到库存周转、库存消化，以及配送和售后等一系列问题。

2）存在货物滞销方面的风险。

因为海外仓储模式往往事先将货物运输至海外仓库，如果对海外需求没有做到十足的预测而把货物运往海外仓库，则很有可能出现货物滞销的情况。此时，滞销货物的运输费用和在仓库的保管费用均会给跨境电子商务企业带来很大的压力。

3）由于目前的电商市场规模正在急速扩大，海外物流仓储服务没有办法完全满足来自于卖家订单配送量方面所带来的需求。

5.2.5 其他物流方式

1. 边境仓

边境仓是指在跨境电子商务目的国的邻国边境内租赁或建设仓库，通过物流将商品预先运达仓库，通过互联网接受顾客订单后，从该仓库进行发货。根据所处地域的不同，边境仓可分为绝对边境仓和相对边境仓。绝对边境仓是指当跨境电子商务的交易双方所在国家相邻，将仓库设在卖方所在国家与买方所在国家相邻近的城市，如我国对俄罗斯的跨境电子商务交易，在哈尔滨或中俄边境的中方城市设立仓库。相对边境仓是指当跨境电子商务的交易双方不相邻，将仓库设在买方所在国家的相邻国家的边境城市，如我国对巴西的跨境电子商务交易，在与之相邻的阿根廷、巴拉圭和秘鲁等接壤国家的临近边境城市设立仓库。相对边境仓对买方所在国而言属于边境仓，对卖方所在国而言属于海外仓。海外仓的运营需要成本，商品存在积压风险，送达后的商品很难再退回国内，这些因素推动着边境仓的出现，如对俄罗斯跨境电子商务中，我国在哈尔滨设立的边境仓和临沂（中俄）云仓。一些国家的税收政策和政局不稳定、货币贬值、严重的通货膨胀等因素，也会刺激边境仓的出现，如巴西税收政策十分严格，海外仓成本很高，那么可以在其接壤国家的边境设立边境仓，利用南美自由贸易协定，推动对巴西的跨境电子商务。

2. 保税区、自贸区物流

保税区或自由贸易区（以下简称"自贸区"）物流，是指先将商品运送到保税区或自贸区仓库，通过互联网获得顾客订单后，通过保税区或自贸区仓库进行分拣、打包等，集中运输，并进行物流配送。这种方式具有集货物流和规模化物流的特点，有利于缩短物流时间和降低物流成本。如亚马逊以中国（上海）自由贸易试验区为入口，引入全球商品线，跨境电子商务企业可以先把商品放在自贸区，当顾客下单后，将商品从自贸区发出，有效缩短配送时间。通过自贸区或保税区仓储，可以有效利用自贸区与保税区的各类政策、综合优势与优惠措施，尤其退保税区和自贸区在物流、通关、商检、收付汇和退税方面的便利，简化跨境电子商务的业务操作，实现促进跨境电子商务交易的目的。

我国截止到目前，共批准设立了15个保税区，分别是上海浦东新区的外高桥保税区、天津港保税区、深圳沙头保税区、深圳福田保税区、大连保税区、广州保税区、张家港保税区、海口保税区、厦门象屿保税区、福州保税区、宁波保税区、青岛保税区、汕头保税区、深圳盐田港保税区和珠海保税区。

保税区是我国改革开放过程中出现的新生事物，是我国借鉴国际上通行自由贸易区的做法，并在结合我国国情的基础上形成的经济开放区域。在此区域内，从境外运入的货物就其关税和其他关税而言被视为境外，免于海关监管，并给予该区域特殊的关税和优惠政策。我国建设和发展保税区的根本目的就是要形成良好的投资环境，利用保税区内海关保税的独特条件发展对外经济。

3. 集货物流

集货物流是指先将商品运输到本地或当地的仓储中心，达到一定数量或形成一定规模后，通过与国际物流公司合作，再将商品运到境外买家手中，或者将各地发来的商品先进行聚集，然后再批量配送，或者为一些商品类的跨境电子商务企业建立战略联盟，成立共同的跨境物流运营中心，利用规模优势或优势互补的理念，达到降低跨境物流费用的目的。例如，米兰网在广州与成都自建了仓储中心，商品在仓储中心聚集后，通过与国际快递合作将商品发至国外买家。

5.3 跨境物流的运输方式

5.3.1 海洋运输

1. 海洋运输的特点

海洋运输（Sea Transport 或 Ocean Transport）是最常用、最普遍的一种国际货物运输方式。海洋运输的货物运输量占全部国际贸易货物运输量的比例大约在80%。海洋运输之所以被广泛应用，是因为它与其他运输方式相比，具有以下3个突出优点。

（1）运载量大

海运船舶的运载量远远超过火车、汽车和飞机等的运载量。现在，油轮的载重量已达到60万吨，散装船也达到30多万吨，有的轮船可装4000多个标准集装箱。因此，一艘万吨轮的载重量一般相当于火车250～300个车皮的载重量。

（2）运费低

由于运载量大，具有较好的规模经济效应及单位燃料消耗，因此，海运的单位商品运费就比其他运输方式低得多。海运每单位商品运输成本只相当于铁路运输的1/20左右，相当于航空运输的1/30左右。

（3）通过能力强，不受轨道和道路的限制

海洋运输可以利用四通八达的天然航道，不易受限制，它不像火车和汽车那样受轨道和道路的限制。

海洋运输虽然有上述优点，但也有不足之处。例如，海洋运输易受气候和自然条件的影响，因而航期不易准确，航行中的风险较大，如自然灾害、意外事故、海盗掠夺、军事冲突或经济制裁等。航行速度也相对较慢，运期长，如现在的远洋货轮的时速一般在 10～20 海里（18.52～37.04 km），从中国到欧美的货物运输大约需要 20～30 天时间。涉及当事人多、法律关系复杂等特点。

2. 海洋运输的方式

海洋运输按船舶经营的方式主要分为班轮运输和租船运输。

（1）班轮运输

班轮运输（Liner Transport）也称定期运输。它是指承运人接受众多托运人的托运，将属于不同托运人的多批货物装载于同一船舶，按预先规定的航期，在一定的航线上，以既定的港口顺序，经常地航行于各港口之间的运输。这种运输方式一般承运的是价值较高的成品、半成品货物，又称为杂货运输，其运量约占国际货物贸易的 20%。

班轮运输具有以下几个特点。

1）四固定，即固定的航期、固定的航线、固定的港口和固定的费率收取运费。
2）货不论多少，只要舱位可以利用，均可受载，尤其适合托运量少的货物运输。
3）船公司负责装卸作业和费用承担，不计滞期费和速遣费。
4）权利义务以提单为准，提单是托运人和承运人之间海上货物运输合同成立的证据和代表货物所有权的法律凭证。

（2）租船运输

租船运输（Charter Transport）是指出租人和承运人签订租船（舱）协议，租船人向船东租赁船舶，出租人收取租金，用于货物运输的海洋运输方式。租船运输与班轮运输的不同在于：在租船运输中，船舶航行的时间、航线、停靠的港口及运费（包括运费中是否包含装卸费）均在装运前由租船人和船东通过协商确定。租船通常适用于大宗货物的贸易和运输。租船人和船东之间的权利和义务要以双方签订的租船合同为准。

1）租船运输具有的特点。

① 租船运输是根据租船合同组织运输的，租船合同条款由船东和租方双方共同商定。
② 一般由船东与租方，通过各自或共同的租船经纪人洽谈成交租船业务。
③ 不定航线，不定船期。船东对于船舶的航线、航行时间和载货种类等按照租船人的要求来确定，提供相应的船舶，经租船人同意进行调度安排。
④ 租金率或运费率是根据租船市场行情来决定的。
⑤ 船舶营运中有关费用的支出，取决于不同的租船方式，由船东和驻租方分担，并在合同条款中标明。例如，装卸费用条款 FIO 表示租船人负责装卸费，若写明 Liner Term，则表示船东负责装卸费。
⑥ 租船运输适宜大宗货物运输。
⑦ 各种租船合同均有相应的标准合同格式。

（2）租船运输的其他形式。

租船方式主要有定期租船和定程租船两种，最近几年也发展了一些其他形式。

① 定期租船（Time Charter）。定期租船又称期租船，是指按一定期限租赁船舶的方式，

即由船东（船舶出租人）将船舶出租给租船人在规定期限内使用，在此期限内由租船人自行调度和经营管理。租期可长可短，短则数月，长则数年。

② 定程租船（Voyage Charter，Trip Charter）。定程租船又称程租船或航次租船，是指按航次租赁船舶的方式，是在租船市场上最活跃，且对运费水平波动最为敏感的一种租船方式。定程租船无固定航线、固定装卸港口和固定航行路线，而是根据租船人（货主）的需要和股东的可能，经双方协商，在程租船合同中规定。由船舶所有人负责提供一艘船舶，在指定的港口之间进行一个航次或几个航次运输指定货物的租船；船舶的营运调度由船舶所有人负责，船舶的燃料费、物料费、修理费、港口费和淡水费等营运费用也由船舶所有人负担；船舶所有人负责配备船员，负责船员的工资和伙食费。定程租船与定期租船的主要区别如表5-3所示。

③ 光船租船。又称船壳租船。这种租船不具有承揽运输性质，它只相当于一种财产租赁。光船租船是指在租期内船舶所有人仅提供一艘空船给承租人使用，而配备船员、供应给养、船舶的营运管理，以及一切固定或变动的营运费用都由承租人负担。也就是说，船舶所有人在租期内除了收取租金外，不再承担任何责任。因此，那些不愿经营船舶运输业务而又缺乏经营管理船舶经验的船舶所有人，也可将自己的船舶以光船租船的方式出租。虽然这样的出租利润不高，但船舶所有人可以取得固定的租金收入，收回投资是有保证的。

④ 光船租购。光船租购合同是光船租赁合同的一种特殊形式，是指船舶出租人向承租人提供不配备船员的船舶，在约定的期间内，由承租人占有使用仅，并在约定期间届满时将船舶所有权转移给承租人，而由承租人支付租购费的合同。光船租购实际上相当于分期付款购买船舶，船东在收到全都付款前对船舶拥有正式的所有权，租船人支付每期租金相当于分期付款，租期结束船价全部付清，船舶就属于租船人所有。

⑤ 包运租船。又称为运量合同（有的把它划在定程租船里），是指船舶所有人以一定的运力，在确定的港口之间，按事先约定的时间和航次周期，每航次以较均等的运量，完成全部货运量的租船方式。包运租船合同中不确定船舶的船名及国籍，仅规定船舶的船级、船龄和船舶的技术规范等，船舶所有人只需对照这些要求提供能够完成合同规定每航次货运量的运力即可，这对船舶所有人在调度和安排船舶方面是十分灵活、方便的。租期的长短取决于货物的总量及船舶航次周期所需的时间。

⑥ 航次期租船。航次期租船又称为日期租船，是一种以完成一个航次运输为目的，但租金按完成航次所使用的日数和约定的日租金率计算。在装货港和卸货港的条件较差，或者航线的航行条件较差，难以掌握一个航次所需时间的情况下，这种租船方式对船舶所有人来说比较有利。因为采用这种租船方式可以使船舶所有人避免难以预测的情况而使航次时间延长所造成的船期损失。

表 5-3 定程租船与定期租船的主要区别

	区　别	定　程　租　船	定　期　租　船
1	租赁方式	按航程租赁船舶	按期限租赁船舶
2	对船舶的经营管理	由船方负责	船方只负责船舶"适航"费用，不承担船舶出租期间的直接费用
3	租金	1）以货量计算 2）按航次包租总额计算	按每月每吨位若干金额计算
4	装卸期限与装卸率	船东对承担人有限制	没有限制

5.3.2 铁路运输

在国际货物运输中，铁路运输（Railway Transportation）是仅次于海洋运输的主要运输方式。海洋运输的进出口货物也大多是靠铁路运输进行货物的集中和分散的，一般都要经过铁路运输这一重要环节。铁路运输不易受气候条件的影响，运输过程中遭受风险的可能性较小，一般可以保障长年的正常运输。运量较大，成本低，速度较快。安全可靠，连续性和可达性好，与其他运输方式配合可以实现各种"门到门"的连续运输。手续简便，发货人和收货人都可以就近在始发站（装运站）和终点站办理托运和提货手续。不论经过几个国家，只需办理一次托运手续，全程使用一份统一的国际联运运单。

在货物需要经过两个或两个以上国家铁路的运输中，使用一份运输票据，发货人发货后，承运人负责货物的全程运输任务。这种运输方式称为国际铁路货物联运。利用这种运输方式，在由一国铁路向另一国铁路移交货物时，无须发货人和收货人参加。它的开办不仅免除了货物在国境站重新办理托运手续，而且通过直接过轨运输，可以减少因换装货物所需的人力、物力和时间，从而方便和加速了货物运送，减少了货损货差，降低了运输成本，为发展国际贸易创造了有利条件。

国际铁路货物联运程序大致如下。

首先，根据各进出口专业公司贸易合同，将合同副本送达外运公司，约定有关货运事宜。然后前者备货，后者准备安排具体发货事宜。接下来，铁路发送点的外运部门根据货源情况、列车情况和运输要求，填写一式六份的国际联运计划用车表，报请上级外运部门和铁路部门审批备案。最后，外运公司根据托运单（即合同副本）的内容，编制国际联运铁路运单和运单副本，并交给铁路部门，再按照计划向车站托运和装车。

按货物量的多少可分为整车和零担两种，整车是指按一张运单办理的一批需要单独车辆运送的货物；零担是指按一张运单办理的一批重量不超过 5000 kg，并且按体积不能满足单独车辆运送的货物。

按照货物运送速度的快慢，办理托运货物的类别又可分为快运和慢运两种。快运托运的货物，铁路方面优先托运、优先发车、优先装车、优先编车和挂运。快运货物的运费比慢运货物运费要多 100% 左右。如要求随旅客列车挂运的整车货物，则运费比慢运货物运费多收 100% 左右。

联运货物的运输费用包括货物运费、押运人乘车费、杂费及其他有关费用。国内铁路运输费用按我国《铁路货物运价规则》，由发货人以人民币付给发送站。过境铁路运送费用按《统一货价》规定，可由发货人向发货站支付，也可由收货人在终到站支付。到达铁路的运送费用则按到达铁路国内规章，由收货人向终到站支付。国际铁路联运货物运费的计算依据主要是《统一货价》和《铁路货物运价规则》（简称《价规》）。

发送国和到达国铁路的运费均按铁路所在国家的国内规章办理。过境国铁路的运费均按承运当日统一规定运价计算，由发货人或收货人支付。我国出口的联运货物，交货条件一般均规定在卖方车辆上交货，因此我方仅负责运至国境站一段的运送费用。进口联运货物时，则要负担过境运送费用和我国铁路段的费用。

铁路运单正本和运单副本是国际铁路联运的主要运输单据，它是参加联运的发送国铁路与发货人之间订立的运送合同。它具体规定了参加联运的各国铁路，以及收、发货人的权利和义务，对收、发货人和铁路都具有法律效力。当发货人向始发站提交全部货物，并付清应由发货人支付的一切费用，经始发站在运单正本和运单副本上盖始发站承运日期戳记，证明货物已被接受承运后，即认为运输合同已经生效。

国际铁路货物联运的运单共一式五联，除运单正本和运单副本外，尚有运行报单货物交付单和货物到达通知单运单正本随货同行，在到达站连同货物到达通知单及货物一并交给收货人，作为交接货物和结算费用的依据。运单副本交给发货人，作为向收货人证明货物已经发运并凭此结算付款的依据。货物交给收货人时，由收货人在货物交付单上签收，作为收妥货物的收据，退车站备查。运行报单则为铁路内部使用。

国际铁路货物联运的运单通常还应随附出口货物报关单、出口许可证和商品检验证书等单证。此外，根据不同出口货物的情况，有的还应随附磅码单、装箱单、检疫证书、兽医证明书及化验单等买卖合同所规定的，以及按照海关、出入境检验和检疫等法律法规所规定的单证。

5.3.3 大陆桥运输

大陆桥运输（Land Bridge Transport）是指使用横贯大陆的铁路或公路运输系统作为中间桥梁，把大陆两端的海洋运输连接起来的连贯运输方式。大陆桥运输一般都是以集装箱为媒介，采取海/陆/海的运输线路。

目前，全世界的大陆桥主要有西伯利亚大陆桥、北美大陆桥和新亚欧大陆桥等。

1）西伯利亚大陆桥的运输线路东起海参崴的纳霍特卡港，横贯欧亚大陆，至莫斯科，然后分 3 路：第一路自莫斯科至波罗的海沿岸的圣彼得堡港，转船往西欧、北欧港口；第二路从莫斯科至俄罗斯西部国境站，转欧洲其他国家铁路（公路）直运欧洲各国；第三路从莫斯科至黑海沿岸，转船往中东和地中海沿岸。

2）北美大陆桥包括美国和加拿大境内的大陆桥。其中美国境内有两条大陆桥运输线：一条是从西部太平洋口岸至东部大西洋口岸的铁路（公路）运输系统，全长约 3200 km；另一条是西部太平洋口岸至南部墨西哥湾口岸的铁路（公路）运输系统，全长 500～1000 km。

3）新亚欧大陆桥东起我国连云港，西至荷兰鹿特丹，跨亚欧两大洲，连接太平洋和大西洋，穿越中国、哈萨克和俄罗斯，经白俄罗斯、波兰、德国到荷兰，辐射 20 多个国家和地区，全长 1.08 万 km，在我国境内全长 4134 km。目前运用较多的是西伯利亚大陆桥及新亚欧大陆桥。

此外，还有一种 OCP 运输方式。美国对大陆桥运输规定有运费优惠条款，即 OCP 运输条款。OCP 即内陆转运地区（Over Land Common Point），简称"内陆地区"。美国的幅员辽阔，内陆城市众多，西岸线的航运商为了争取送往内陆城市的货物途经西岸港口转运，故制定出一个运费与直达西岸港口更为低廉的优惠费率，称为 OCP 费率。从美国的北达科他州、南达科他州、内布拉斯加州、科罗拉多州、新墨西哥州起以东地段均属 OCP 地区。

按 OCP 运输条款规定，凡是经过美国西海岸港口转往上述内陆地区的货物，如按 OCP 条款运输，运价比直达西海岸港口低 3%～5%。相反方向，凡从美国内陆地区出运经西海岸港口装船出口的货物同样可按 OCP 运输条款办理。同时，按 OCP 运输条款，尚可享受比一般正常运输低的优惠海运运费，每吨低 3%～5%。采用 OCP 条款时，必须在提单备注栏内及货物喷头上注明 OCP 字样。例如，我国出口至美国一批货物，卸货港为美国洛杉矶，最终目的地是芝加哥。洛杉矶是美国西海岸港口之一，芝加哥属于美国内陆地区城市，此笔交易就符合 OCP 规定，经双方同意，就可采用 OCP 运输条款在贸易合同和信用证内的目的港可填写"洛杉矶（内陆地区）"，即"CIF Los Angeles"。除在提单上填写目的港洛杉矶外，还必须在备注栏内注明"内陆地区芝加哥"字样，即"OCP Chicago"。注意，只有详细注明，才能享受 OCP 优惠条款。

大陆桥运输具有集装箱运输和国际多式运输的优点，并且大陆桥运输更能体现利用成熟的海、陆运输条件，形成合理的运输路线，大大缩短了营运时间，降低了营运成本。

5.3.4 航空运输

航空运输（Air Transport）是利用飞机运送进出口货物的一种现代化运输方式，它具有许多优点：运送迅速；节省包装、保险和储存费用；可以运往世界各地，而不受河海和道路制；安全准时。因此，对易腐、鲜活、季节性强、紧急需要的商品运送来说尤为适宜，被称为"桌到桌快递服务（Desk to Desk Express Service）"。

1. 航空货物运输方式

航空货物运输的方式很多，有班机、包机、集中托运和航空急件传送等。

班机运输（Airliner Transport）是指在固定的航线上定期航行的航班。这种飞机有固定的始发站、到达站和途经站。一般航空公司都使用客货混合型飞机。一些较大的航空公司也在某些航线上开辟有全货机航班运输。

包机运输（Chartered Carrier Transport）可分为整架包机和部分包机两种形式。整架包机是指航空公司按照事先约定的条件和费率，将整架飞机租给租机人，从一个或几个航空站装运货物至指定目的站的运输方式。它适合于运输大宗货物。部分包机是指由几家航空货运代理公司或发货人联合包租整架飞机，或者由包机公司把整架飞机的舱位分租给几家航空货运代理公司。部分包机适于 1 吨以上不足整机的货物运输，运费率较班机低，但运送时间较班机要长。

航空集中托运方式是指航空货运代理公司把若干批单独发运的货物组成一批向航空公司办理托运，填写一份总运单将货物发运到同一目的站，由航空货运代理公司在目的站的代理人负责收货和报关，并将货物分拨交付各收货人的一种运输方式。这种托运方式可争取较低的运价，在航空运输中使用较为普遍。

航空急件传送（Air Express Service）是目前国际航空运输中最快捷的运输方式。它不同于航空货运和航空邮寄，而是有一个专门经营此项业务的机构与航空公司密切合作，设专人以最快的速度在货主、机场和收件人之间传送急件，特别适用于急需的传送，被称为"桌到桌快递服务（Desk to Desk Express Service）"。

2. 航空运输的承运人

（1）航空运输公司

航空运输公司是航空货物运输业务中的实际承运人，负责办理从启运机场至到达机场的运输，并对全程运输负责。

（2）航空货运代理公司

航空货运代理公司可以是货主的代理，负责办理航空货物运输的订舱，在始发机场和到达机场的交、接货与进出口报关等事宜，也可以是航空公司的代理，办理接货并以航空承运人的身份签发航空运单，对运输全程负责，亦可两者兼而合之。

3. 航空运单

航空运单（Air Waybill）是航空运输货物的主要单据，它是航空承运人与托运人之间缔结运输合同的书面凭证，也是承运人或其代理人签发的接收货物的收据，但它不是物权凭证。货物到达目的地后，收货人凭承运人的到货通知提取货物。

航空运单依签发人的不同可分为主运单（Master Air Waybill）和分运单（House Air Waybill）。前者是由航空公司签发的，后者是由航空货运代理公司签发的，两者的内容基本相同，法律效力也无不同。

4. 航空运价

航空运价是承运人为货物航空运输所收取的报酬。它只是货物从始发机场至到达机场的运价，不包括提货、报关和仓储等其他费用。航空运价仅适用于单一方向。航空运价一般是按货物的实际重量（千克）和体积重量（以 6000 cm^3 或 336 in^3 体积折合 1 kg），以两者之中的较高者为准。针对航空运输货物的不同性质与种类，航空公司规定有特种货物运价货物的等级运价、一般货物运价和集装设备运价等不同的计收方法。

5.4 跨境物流运输单据

运输单据（Shipping Document）是承运人签发的，证明承运人已经收到货物或货物已装船或发运的书面凭证，它是确定有关当事人责任、义务和权利的重要依据，也是交接货物、结汇、索赔和理赔的依据。

不同的运输方式，运输单据的名称、性质等也各有差异。运输单据有海运提单、海运单、航空运单、邮政包裹单、联运单据及铁路联运运单等。

5.4.1 海运提单

海运提单（Ocean Bill of Lading，B/L）简称提单，是船长、船公司或其代理人签发的用以证明海上货物运输合同成立，货物已有承运人接管或装船，并用以保证在目的港将货物交给指定的收货人的单证。

1. 提单的性质和作用

海运提单是承运人或其代理人签发给托运人的货物收据，证实已按提单记载的事项收到货物。承运人应凭提单所列内容向收货人交货。

海运提单是代表货物所有权的凭证。提单是提取货物的凭证，能起到代替货物本身的作用。因此，提单可以用来向银行议付货款和向承运人提取货物，也可用来抵押或转让。

海运提单是承运人和托运人双方同意的运输契约的证明。运输契约是在装货前商定的，而海运提单是在装货后才签发的。因此，提单本身并不是运输契约，而只是运输契约的证明。当提单在托运人手中时，它是承运人已按提单记载事项收到货物的初步证据；当提单在收货人手中时，它是承运人接管货物的终局证据。

2. 海运提单的格式和内容

提单的格式无统一规定，各家船公司自行设计本公司的提单，但提单的主要栏目和基本内容是相同的。海运提单的内容很广泛，包括正面的记载和背面的条款。一般来说，提单正面的记录可概括为船名、船籍、装运港、目的港、托运人及收货人名称、被通知人名称及地址、货物名称、包装、标志、件数、重量或体积等；运费金额的大小，并注明运费是预付还是货到目的地后支付等事项；印刷体的契约文字，作为收到货物的凭证。同时，注明提单签发地点、签发提单正本的份数和签发日期等内容。提单背面一般是印就的运输条款，作为承运人和托运人、承运人与收货人之间，以及提单持有人之间的权利和义务的主要依据。图 5-2 所示为海运提单范本。

(1) Shipper					
(2) Consignee					
(3) Notify Party			COSCO B/L No. (4) 中国远洋运输公司 CHINA OCEAN SHIPPING COMPANY Cable:　　　　Telex: COSCO BEIJING　22264CPCPK CN 　　GUANGZHOU　44080COSCA CN 　　SHANGHAI　33057COSCO CN		
(5) Pre Carriage by	(6) Port of Receipt				
(7) Ocean Vessel	(8) Port of Loading				
(9) Port of Discharge	(10) Place Delivery				
(11)Container No.	(12) Seal No. Marks & Nos.	(13) No. of containers Or Pkgs.	(14) Kind of Packages;Description of Goods	(15) Gross Weight	(16) Measurement
(17) TOTAL NUMBER OF CONTAINERS OF PACKAGES(IN WORDS)					
(18) Freight & charges	(19) Revenue Tons	(20) Rate	(21) Per	(22) Prepaid	(23) Collect
(24) Ex.Rate	(25) prepaid at	(27) payable at		(29) Place and date of Issue	
	(26) Total Prepaid	(28) No.of Original B(s)/L		Signed for the Carrier	
LADEN ON BOARD THE VESSEL (30) Date: (COSCO STANDARD FORM 07) BY: COSCO SHANGHAI SHIPPING CO.,LTD. ××× (31) ENDORSEMENT:				COSCO　SHANGHAI　SHIPPING CO.,LTD. ××× (32) COPIES	

图 5-2　海运提单的范本

113

3. 海运提单的种类

海运提单可从不同角度进行分类。以下是常用的几种分类。

1）按货物是否已装船划分，分为已装船提单（On Board B/L）和备运（待运）提单（Received-for Shipment B/L）两种。

已装船提单是指承运人已将货物装上指定轮船后所签发的提单。已装船提单必须以文字表明货物已装上或已装上某船只，提单签发日期即为装船日期。

备运（待运）提单是指承运人已收到托运货物等待装运期间所签发的提单。在签发备运提单情况下，发货人可在货物装船后凭以调换已装船提单；也可经承运人或其代理人在备运提单上批注货物已装上某具名船舶及装船日期，并签署后使之成为已装船提单。

按照国际贸易惯例，除非另有约定，卖方有义务向买方提交已装船提单。

2）按提单有无不良批注，分为清洁提单（Clean B/L）和不清洁提单（Foul B/L）两种。清洁提单是指货物在装船时"表面状况良好"，承运人在提单上未加任何有关货物受损或包装不良等批注的提单。不清洁提单是指承运人在提单上对货物表面状况或包装加有不良或存在缺陷等批注的提单。按照国际贸易惯例，除非另有约定，卖方有义务提交清洁提单。清洁提单也是提单转让时必须具备的基本条件之一。

3）根据提单是否可以流通转让，可分为"记名提单""不记名提单"和"指示提单"3种。

① 记名提单（Straight B/L）是指提单上的收货人（Consignee）栏内填写特定的收货人名称。这种提单只能由该特定收货人提货，因此记名提单不能流通转让。

② 不记名提单（Open B/L）是指提单上的收货人栏不指明收货人，只注明提单持有人（Bear）字样，这种提单转账背书转让，流通性强，风险大，实际业务中很少使用。

③ 指示提单（Order B/L）是指提单上的收货人栏内仅填写"凭指示（To order）"或"凭某某人指示（To the Order of）"字样，这种提单经背书后可转让给他人提货。目前，在实际业务中，使用最多的是"凭指示"并经空白背书的提单，习惯上称为"空白抬头、空白背书"提单。

"背书"（Endorsement）分为"空白背书"和"记名背书"两种。"空白背书"是指转让人只需在被转让单据的背面签字盖章以后就可以转让该份单据的背书；而"记名背书"则是指转让人不但需要在被转让单据的背面签字盖章，还要同时写上被转让人的名称以后才能转让的背书方式。"空白抬头，空白背书"（Make Out/Order and in Bank Endorsement）就是指"提单的善意持有人在指示提单上作空白背书"的行为。

4）根据运输方式，可分为"直达提单""转船提单"和"联运提单"3种。

① 直达提单（Direct B/L）是指轮船从装运港装货后，中途不经过换船而直接驶往目的港卸货所签发的提单。

② 转船提单（Transshipment B/L）是指轮船从装运港装货后，不直接驶往目的港，需要在中途港换装另外船舶运往目的港所签发的提单。

③ 联运提单（Through B/L）是指必须经两种或两种以上的运输方式联运的货物，由第一程海运承运人所签发的，包括全程运输并能在目的港或目的地凭此提货的提单。

转船提单和联运提单虽然都是包括全程运输的提单，但这两种提单的签发人一般都在提单中规定，只对他负责运输的一段航程内发生的货损承担责任。至于货物在中途转换运输工具和进行交接，由第一程海运承运人或其代理人（一般即提单签发人）负责向下一程承运人办理。

5）根据船舶营运方式的不同，可分为"班轮提单"和"租船提单"两种。

班轮提单（Liner B/L）是指由班轮公司承运货物后签发给托运人的提单。租船提单（Charter Party B/L）是指承运人根据租船合同签发的提单。提单上通常注有"一切条件、条款和免责事项按照某某租船合同"字样。这种提单受租船合同条款的约束，银行或买方接受这种提单时，往往要求卖方提供租船合同副本。

6）根据提单内容的繁简，可分为全式提单和略式提单两种。

全式提单（Long Form B/L）又称"繁式提单"，是指不仅具有提单正面内容，而且在提单背面列有承运人和托运人权利和义务详细条款的提单。略式提单（Short Form B/L）又称"简式提单"，是指提单背面无条款，而只列出提单正面必须记载事项的提单。这种提单一般都印有"本提单货物的收受、保管、运输和运费等事项均按本公司全式提单上的条款办理"字样。

7）根据提单使用效力，可分为"正本提单"和"副本提单"两种。

正本提单（Original B/L）是指提单上由承运人、船长或其代理人签名盖章并注明签发日期的提单。这种提单在法律上是有效的单据。正本提单上必须标明"正本（Original）"字样。正本提单一般签发一式两份或三份（个别也有只签发一份的），凭其中的任何一份提货后，其余的即作废。为防止他人冒领货物，买方与银行通常要求卖方提供船公司签发的全部正本提单，即所谓的"全套"提单。

副本提单（Copy B/L）是指提单上没有承运人、船长或其代理人签字盖章，而仅供参考之用的提单。副本提单一般都标明"副本（Copy）"或"不可转让（Non‑Negotiable）"字样，副本提单不得标有"正本"字样。

5.4.2 海运单和电子提单

1. 海运单

海运单又称海上运货单（Sea Waybill, Ocean Waybill, WB），是证明海上货物运输合同和货物已由承运人接管或装船，以及承运人保证将货物交给指定的收货人的一种不可流通转让的单证，因此又称为"不可转让海运单（Non‑Negotiable Sea Waybill）"。图5-3所示为DHL全球国际快递服务海运单样本。

与提单相比，它不具备物权凭证的作用。收货人不凭海运单提货，承运人也不凭海运单，而是凭海运单载明的收货人的提货或收货凭条交付货物，只要该凭条能证明其为运单上指明的收货人即可。

2. 电子提单

电子提单（Electronic B/L）是指通过电子传送的海上货物运输合同的数据，随着EDI技术的广泛运用及法律支持，电子提单按密码进行流转，以数据信号代替模拟信号传输，能够有效地防止航运单证欺诈。图5-4所示为提单流转示意图。

5.4.3 铁路运输单据

铁路运单（Railway B/L）是铁路承运人收到货物后所签发的铁路运输单据，是收、发货人与铁路部门之间的运输契约。国际铁路联运使用"国际货协铁路运单"，国内铁路运输使用"承运货物收据"（对中国的港澳地区出口使用）。

EXPRESS WORLDWIDE XML PI v4.5	**WPX**
From:	Origin: **PEK**

BEIJING 101113
China, People's Republic

To:

UDA 6330254
Japan

JP-KIX-OSH

C | | Day Time

Ref: | Piece Weight: **8.00 Kg** | Piece:
| Date: 2015-07-17 | **1/2**

Content:

WAYBILL 34 8312 5402

(2L) JP6330254+48000001

(J)JD01 4600 0020 6949 4365

图 5-3　DHL 全球国际快递服务海运单范本

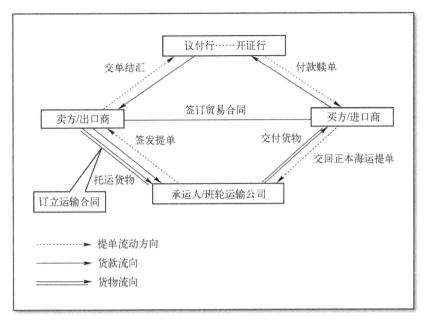

图 5-4 提单流转示意图

1. 国际货协铁路运单

国际货协铁路运单是根据《国际铁路货物运输公约》(Convention Concerning International Carriage of Goods by Rail，CIM) 来进行国际铁路货物联运所使用的运单，它是铁路与货主间缔结的运输契约的证明，而不是物权凭证。与海运提单不同的是，该运单正本从始发站随同货物附送至终点站并交给收货人，它是铁路承运货物出具的凭证，也是铁路同货主交接货物、核收运杂费用，以及处理索赔与理赔的依据，另外，它还是卖方凭以向银行结算货款的主要证件之一。

2. 承运货物收据

承运货物收据（Cargo Receipt）是中国港澳联运中使用的一种结汇单据。由于国内铁路运单不能作为对外结汇的凭证，故使用承运货物收据这种特定性质和格式的单据。该收据起到了类似海运提单或国际联运运单副本的作用，代表货物所有权；同时又是中国港澳商人的提货证明，也是货、运双方的运输契约和承运人的货物收据。

5.4.4 航空运输单据

航空运单（Air Waybill）是承运人和托运人之间签订的运输契约，也是承运人或其代运人签发的货运单据。它是货物收据，但不具有物权凭证的作用，只可凭此向银行办理结汇。收货人不能以航空运单提货，而是凭航空公司的提货通知单在目的地机场或仓库提取货物，因此也不能通过背书转让。图 5-5 所示为航空运单范本示意图。

5.4.5 邮包收据

邮包收据（Parcel Post Receipt）是邮包运输的主要单据，它既是邮局收到寄件人的邮包后所签发的凭证，也是收件人凭以提取邮件的凭证。当邮包发生损坏或灭失时，它还可以作

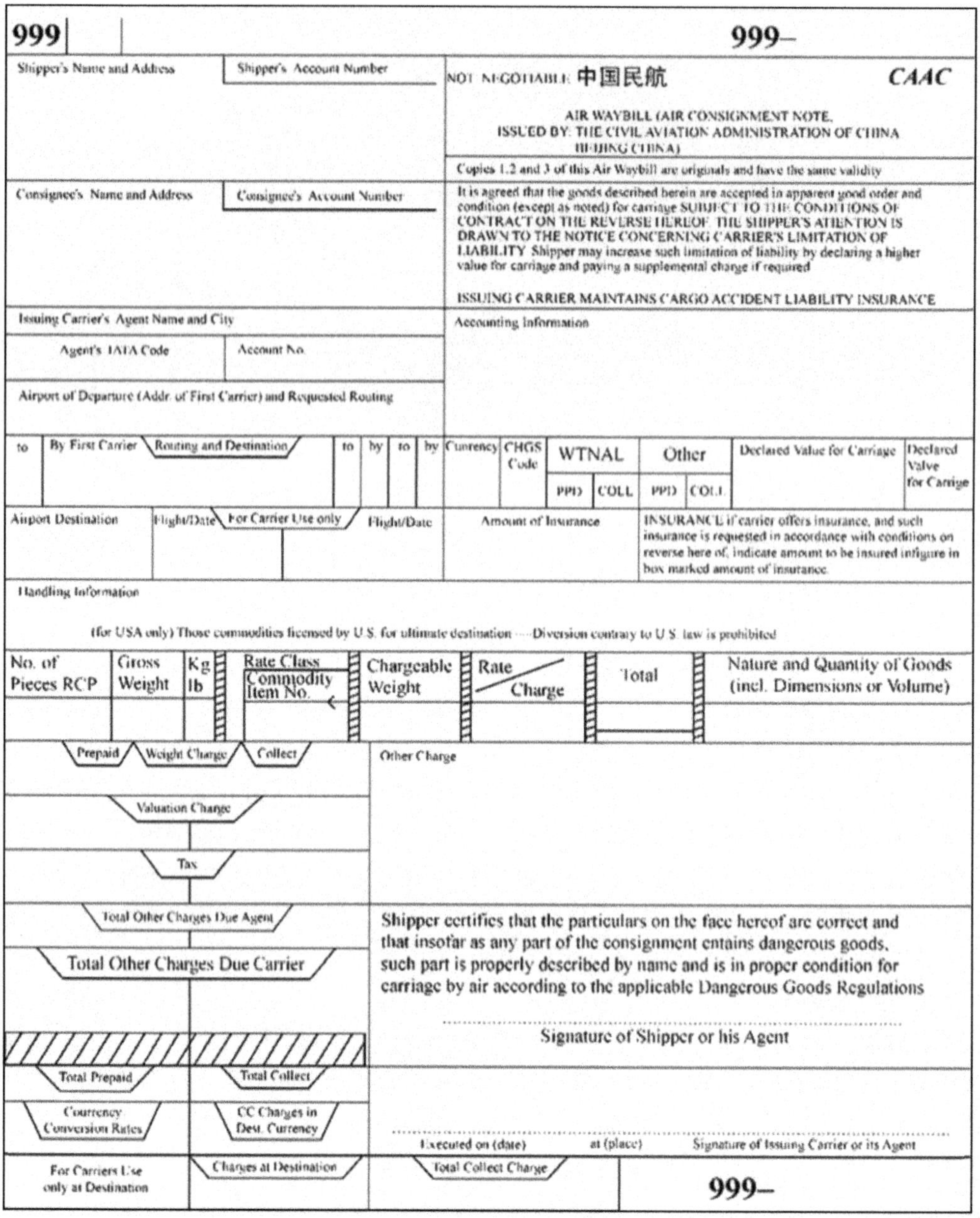

999 | 999–

Shipper's Name and Address | Shipper's Account Number

NOT NEGOTIABLE 中国民航 CAAC

AIR WAYBILL (AIR CONSIGNMENT NOTE.
ISSUED BY: THE CIVIL AVIATION ADMINISTRATION OF CHINA
BEIJING CHINA)

Copies 1,2 and 3 of this Air Waybill are originals and have the same validity

Consignee's Name and Address | Consignee's Account Number

It is agreed that the goods described herein are accepted in apparent good order and condition (except as noted) for carriage SUBJECT TO THE CONDITIONS OF CONTRACT ON THE REVERSE HEREOF. THE SHIPPER'S ATTENTION IS DRAWN TO THE NOTICE CONCERNING CARRIER'S LIMITATION OF LIABILITY. Shipper may increase such limitation of liability by declaring a higher value for carriage and paying a supplemental charge if required

ISSUING CARRIER MAINTAINS CARGO ACCIDENT LIABILITY INSURANCE

Issuing Carrier's Agent Name and City | Accounting Information

Agent's IATA Code | Account No.

Airport of Departure (Addr. of First Carrier) and Requested Routing

to | By First Carrier | Routing and Destination | to | by | to | by | Currency | CHGS Code | WTNAL PPD COLL | Other PPD COLL | Declared Value for Carriage | Declared Valve for Carrige

Airport Destination | Flight/Date | For Carrier Use only | Flight/Date | Amount of Insurance | INSURANCE if carrier offers insurance, and such insurance is requested in accordance with conditions on reverse here of, indicate amount to be insured infigure in box marked amount of insurance.

Handling Information

(for USA only) Those commodities licensed by U.S. for ultimate destination ---Diversion contrary to U.S. law is prohibited

No. of Pieces RCP | Gross Weight | Kg lb | Rate Class Commodity Item No. | Chargeable Weight | Rate Charge | Total | Nature and Quantity of Goods (incl. Dimensions or Volume)

Prepaid | Weight Charge | Collect | Other Charge

Valuation Charge

Tax

Total Other Charges Due Agent

Total Other Charges Due Carrier

Shipper certifies that the particulars on the face hereof are correct and that insofar as any part of the consignment entains dangerous goods, such part is properly described by name and is in proper condition for carriage by air according to the applicable Dangerous Goods Regulations

Signature of Shipper or his Agent

Total Prepaid | Total Collect

Currency Conversion Rates | CC Charges in Dest. Currency

Executed on (date) | at (place) | Signature of Issuing Carrier or its Agent

For Carriers Use only at Destination | Charges at Destination | Total Collect Charge | 999–

图 5-5　航空运单范本示意图

为索赔和理赔的依据。但邮包收据不是物权凭证。图 5-6 所示为中国邮政国际包裹收据示意图。

5.4.6　多式联运单据

多式联运单据（Combined Transport Documents，CTD）是在使用多种运输方式运送货物的情况下所使用的一种运输单据。这种单据虽与海运中的联运提单有相似之处，但其性质却与联运提单有所区别，其流转程序如图 5-7 所示。

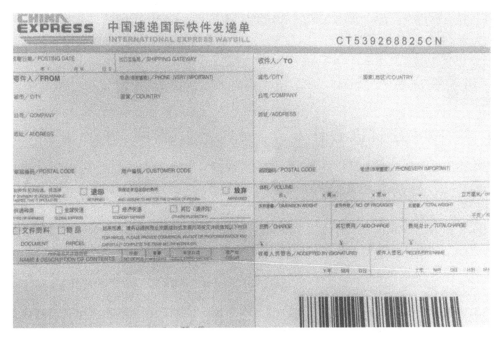

图 5-6　中国邮政国际包裹收据示意图

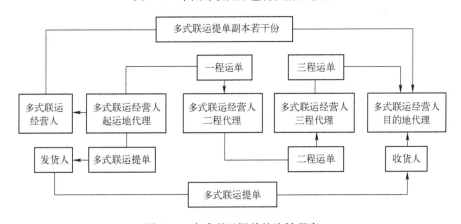

图 5-7　多式联运提单的流转程序

1. 联运提单与多式联运单据的使用范围

联运提单限于由海运与其他运输方式所组成的联合运输时使用。多式联运单据的使用范围比联运提单广，它既可用于海运与其他运输方式的联运，也可用于不包括海运的其他运输方式的联运，但必须是至少两种不同运输方式的联运。

2. 联运提单与多式联运单据的签发人

联运提单由承运人、船长或承运人的代理人签发。多式联运单据则由多式联运经营人或经他授权的人签发。它可以做成可转让的，也可做成不可转让的。多式联运经营人也可以是完全不掌握运输工具的，如无船承运人，全程运输均安排各分承运人负担。

3. 联运提单签发人与多式联运单据签发人的责任不同

联运提单的签发人仅对第一程运输负责，而多式联运单据的签发人（多式联运经营人）

则要对全程运输负责。无论货物在任何地方发生属于承运人责任范围的灭失和损害，都要对托运人负责。

5.5 跨境物流管理要素

5.5.1 跨境物流运输保险管理

跨境物流运输保险是通过订立保险合同来实现的，保险单是保险合同存在的证明。保险合同一经订立，订约双方均应按照合同条件，亦即保险单中各项保险条款的规定来履行义务，享受权利。

国际货物的运输方式一般有海运、陆运、空运，以及通过邮政送递等多种途径，而根据跨境物流的主要方式，其涉及最多的则是国际货物运输中的邮政和包裹的运输方式。因此，这里主要介绍邮包保险的管理准则。

1. 保险分类

邮包运输保险是指承保邮包通过海、陆、空3种运输工具在运输途中由于自然灾害、意外事故或外来原因所造成的包裹内物件的损失。

邮包运输保险承保通过邮政局邮包寄递的货物在邮递过程中发生保险事故所致的损失。以邮包方式将货物发送到目的地可能通过海运，也可能通过陆上或航空运输，或者经过两种或两种以上的运输工具运送。不论通过何种运送工具，凡是以邮包方式将贸易货物运达目的地的保险均属邮包保险。

邮包保险按其保险责任分为邮包险和邮包一切险两种。邮包险与海洋运输货物保险水渍险的责任相似，邮包一切险与海洋运输货物保险一切险的责任基本相同。

1）邮包险：负责赔偿被保险邮包在运输途中由于恶劣气候、雷电、海啸、地震或洪水等自然灾害，或由于运输工具遭受搁浅、触礁、沉没、碰撞、倾覆、出轨、坠落或失踪等，或由于失火、爆炸等意外事故所造成的全部或部分损失。此外，该保险还负责被保险人对遭受承保责任范围内危险的货物采用抢救、防止或减少损失的措施而支付的合理费用，但以不超过获救货物的保险金额为限。

2）邮包一切险：包括除邮包险的责任外，还负责被保险邮包在运输途中由于外来原因所致的全部或部分损失。

2. 责任范围

1）被保险邮包在运输途中由于恶劣气候、雷电、海啸或洪水等自然灾害，或由于运输工具遭受搁浅、触礁、沉没、碰撞、倾覆、出轨、坠落或失踪等，或由于失火、爆炸等意外事故所造成的全部或部分损失。

2）被保险人对遭受承保责任内危险的货物采取抢救，防止或减少货损的措施而支付的合理费用，但以不超过该批被救货物的保险金额为限。邮包一切险的责任除上述邮包险的各项责任外，还负责被保险邮包在运输途中由于外来原因所致的全部或部分损失。邮包运输货物保险的除外责任和被保险人的义务与海洋运输货物保险相比较，其实质是一致的。其责任起讫为自被保险邮包离开保险单所载起运地点寄件人的处所运往邮局时开始生效，直至该项邮包运达本保险单所载目的地邮局，自邮局签发到货通知书当日起算满15天终止。但是在此期限内邮包一经交至收件人的处所时,保险责任即行终止。

3. 邮包保险合同的内容

邮包保险合同的内容主要包括下列几项:保险人名称;被保险人名称;保险标的;保险价值;保险金额;保险责任和除外责任;保险期间;保险费。

1)邮包保险合同的当事人。邮包保险合同的当事人为保险人和被保险人。保险人是指在保险合同中收取保险费,并在合同约定的保险事故发生时,对被保险人因此而遭受的约定范围内的损失进行补偿的一方当事人。被保险人是指在保险范围内的保险事故发生时受到损失的一方当事人。邮包保险合同中的投保人一般也是被保险人。

2)邮包保险合同的保险标的。邮包保险合同的保险标的主要是货物,包括贸易货物和非贸易货物。

3)保险价值。保险价值是被保险人投保的财产的实际价值。投保人在投保时需说明所要投保的标的的价值,而准确地确定标的的实际价值是很困难的,因此,保险价值通常是由被保险人与保险人协商确定的。这个价值是估算形成的,因此它可以是标的的实际价值,也可能与实际价值有一定的距离。

4)保险金额。保险金额是指保险合同约定的保险人的最高赔偿数额。当保险金额等于保险价值时为足额保险;当保险金额小于保险价值时为不足额保险;当保险金额大于保险价值时为超额保险。财产保险中的保险金额通常以投保财产可能遭遇损失的金额为限,即不允许超额保险,因为保险是以损失补偿为原则的,如果允许超额保险就等于被保险人可以通过保险赚钱。正因如此,法律规定保险金额不得超过保险价值,超过保险价值的,超过部分无效。

5)保险责任。保险责任是保险人对约定的危险事故造成的损失所承担的赔偿责任。"约定的危险事故"就是保险人承保的风险。保险人承保的风险可以分为保险单上所列举的风险和附加条款加保的风险两大类,前者为主要险别承保的风险,后者为附加险别承保的风险。

6)除外责任。除外责任就是保险人不承保的风险。保险所承保的是一种风险。所谓风险,就是可能发生,也可能不发生。如果该风险必然发生则保险人是不承保的,因此,自然损耗这种必然发生的风险保险人通常会约定不予承保。市价跌落引起的损失属于间接损失,保险人也往往将其列入除外责任的范围。此外,被保险人的故意行为或过失造成的损失,属于发货人责任引起的损失,而不是由于自然灾害、意外事故或约定的人为风险引起的损失,保险人也不予承保。

7)保险期间。保险期间也就是保险责任的期间。保险责任的期间有3种确定方法:①以时间来确定,例如规定保险期间为1年,自某年、某月、某日起至某年、某月、某日止。②以空间的方法来确定,例如,规定保险责任自货物离开起运地仓库起至抵达目的地仓库止。③以空间和时间两方面来对保险期间进行限定的方法,例如,规定自货物离开起运地仓库起至货物抵达目的地仓库止,但如在全部货物卸离海轮后60日内未抵达上述地点,则以60日期满为止。

8)保险费和保险费率。保险费率是计算保险费的百分率。保险费率有逐个计算法和同类计算法之分。船舶保险的保险费率通常采用逐个计算法来确定,每条船舶的保险费率由保险公司依该船舶的危险性大小、损失率高低及经营费用的多少来确定。同类计算法是指对于某类标的，保险人均采用统一的保险费率的方法。保险费是投保人向保险人支付的费用。保险费等于保险金额乘以保险费率。

5.5.2 跨境物流仓储管理

涉及跨境物流仓储管理的事项主要集中在设立或使用边境仓、保税区、自贸区或者海外仓的物流模式中。对于使用第三方物流形式的跨境电子商务的商户而言，其仅需考虑的是物流方式与物流成本的平衡；而对于自建物流的跨境电子商务的商户而言，则不得不考虑跨境物流的仓储管理问题。

1. 规范仓储空间

对仓储空间的规范，即对货架位信息的规范。货架位信息是指对库存商品存放场所按照位置进行排列，要求对商品进行统一的号码标识，并做出明显标志。科学合理的货架位信息有利于对库存商品进行科学的养护保管。在商品的出入库过程中，根据货架位信息可以快速、准确、便捷地完成操作，提高效率，减少误差。

货架位信息的编写，应确保一个仓库的货架位采用同一种方式规则进行编号，以便于查找处理。目前，几种常用的货架位编号方法如下。

（1）区段式编号

区段式编号即把仓库区分成几个区段，再对每个区段编号。这种方式是以区段为单位，每个号码代表一个存储区域，例如，可以将存储区域划分为 A1、A2、A3⋯若干个区段。区段式编号主要适用于仓库库位简单、没有货架的情况。

（2）品项群式编号

品项群式编号是指把一些相关性比较强的商品经过集合后，分成几个品项群，再对每个品项群进行编号。这种方式适用于容易按商品群保管和所售商品差异大的跨境电子商务商户，如多品类经营的商户。

（3）地址式编号

地址式编号是指将仓库、区段、排、行、层和格等进行逐一编码。可采用 4 组数字来表示商品库存所在的位置，4 组数字分别代表仓库的编号、货架的编号、货架层数的编号和每一层中每格的编号。对于如 1-12-1-5 的编号，可以知道编号的含义是：1 号库房，第 12 个货架，第 1 层中的第 5 格，根据货架位信息就可以迅速确定某种商品具体存放的位置。

以上是 3 种常用的仓库货架位编号形式，但各种形式之间并不是相互独立的，商户可以根据自己的实际情况相互结合使用。

2. 商品信息规范

商品信息的规范主要是指商品的 SKU 信息、商品规格尺寸，以及中英文报关信息的条理化、明晰化。商品信息的规范有利于进行库存商品的科学管理，合理的 SKU 编码有利于实现精细化的库存管理，同时也有利于及时、准确地拣货，提高效率，避免拣货失误。

商品信息的几项内容中，商品规格尺寸和中英文报关信息作为既有数据，稍作整理即可完善。商品 SKU 作为商品的最小库存单位，是商品管理中最为重要、最为基础的数据，但由于不是既有的信息，现实经营中，跨境电子商务的商户没有 SKU 或 SKU 不完善的情况较为普遍。在跨境电子商务的实际管理过程中，SKU 不仅仅是作为最小库存单位，同时也需要通过 SKU 来识别商品信息，因此商品 SKU 完美体现商品信息就显得十分必要。

3. 流程设计

这里的流程不是指 4S，也不是 5S，而是指商家在上述两点规范的情况下，订单、进销存管理过程中每个结点工作的顺次衔接。简单而言，跨境电子商务卖家日常的后端管理大致可分为获取订单、订单分配、打单配货和库存维护。

1）订单获取。通过 eBay、Amazon、速卖通和 Wish 平台的官方 API 接口自动将平台订单导入管理系统。

2）订单分配。接入市面上主流的国际物流渠道，通过用户自定义的分配规则，所有订单自动根据规则分配给相应的仓库配货和相应的物流，获取面单和跟踪号。

3）打单配货。订单根据规则自动获取物流信息并生成面单、跟踪号，拣货信息也与面单同步打印；对于简单包裹（一个订单仅包含一件商品的包裹）可以扫货出面单。

4）库存维护。系统自动根据订单发货情况维护库存，并根据库存存量及临近日期的日均销量结合采购周期自动生成采购建议。采购回来就可以支撑不断产生的订单，在流程上形成一个闭合的循环。

5.5.3 跨境物流系统

依托于跨境电商存在的跨境物流系统，遵循一般系统模式的原理，同时又因为跨境电商的特点，而构成了自己独特的物流系统模式。跨境物流系统通过其所联系的各子系统发挥各自的功能。跨境物流系统的一般运作模式包括：系统的输入部分、系统的输出部分，以及系统输入输出的转换部分。

系统是两个及以上的要素有机地、有序地、分层次地结合在一起的要素集合体。按照系统论的原理，跨境物流活动本身也是一个系统。与国内物流和国际物流一样，跨境物流系统也由一般要素、功能要素、支撑要素和物质基础要素组成，只是各要素的内容与组成有所不同罢了。

1. 跨境物流系统的一般要素

跨境物流系统的一般要素主要由劳动者、资金和物 3 方面构成。

（1）劳动者要素。它是现代物流系统包括跨境物流系统的核心要素和第一要素。提高劳动者的素质，是建立一个合理化的跨境物流系统并使它有效运转的根本。

（2）资金要素。商品交换是以货币为媒介的。实现商品交换的跨境物流过程，实际上也是资金的运动过程。同时，跨境物流服务本身也需要以货币为媒介。跨境物流系统建设是资本投入的一大领域，离开资金这一要素，跨境物流就不可能实现。

（3）物的要素。物的要素首先包括跨境物流系统的劳动对象，即各种实物，缺此，跨境物流系统便成了无本之木。此外，跨境物流的物的要素还包括劳动工具和劳动手段，如各种物流设施、工具和各种消耗材料（燃料、保护材料）等。

2. 跨境物流系统的功能要素

跨境物流系统的功能要素是指跨境物流系统所具有的基本能力。这些基本能力有效地组合、联结在一起，形成了跨境物流系统的总功能，由此，便能合理、有效地实现跨境物流系统的总目的，实现其自身的时间和空间效益，满足跨境电子商务相关业务的要求。

跨境物流系统的功能要素一般认为有采购、包装、储存保管（仓储）、流通加工、出入境检验检疫和通关、装卸搬运，以及运输和物流信息处理。如果从跨境物流活动的实际工作环节来考察，跨境物流也主要由上述8项具体工作构成。换句话说，跨境物流能实现以上8项功能。这8项功能要素也相应地形成各自的一个子系统。

1）跨境物流采购子系统。随着跨境物流管理内涵的日益拓宽，采购功能在企业中变得越来越重要。要真正做到低成本、高效率地为企业跨境物流服务，采购就需要涉及企业的各个部门。采购的功能是选择企业各部门所需要的适当物料，从适当的来源（包括全球采购），以适当的价格、适当的送货方式（包括时间和地点）获取适当数量的原材料。

2）跨境物流包装子系统。杜邦定律（美国杜邦化学公司提出）认为63%的消费者是根据商品的包装装潢进行购买的。国际市场和消费者是通过商品来认识企业的，而商品的商标和包装就是企业的面孔，它反映了一个国家的综合科技文化水平。

在考虑出口商品包装设计和具体作业过程时，应把包装、储存、搬运和运输有机联系起来，统筹考虑，全面规划，实现现代物流系统所要求的"包、储、运一体化"，即从开始包装商品时就考虑存储的方便、运输的快速，以加速物流，减少物流费用，符合现代物流系统设计的各种要求。

3）跨境物流储存保管子系统。商品储存和保管是商品在其流通过程中处于一种或长或短的相对停滞状态，这种停滞是完全必要的。因为，商品流通是一个由分散到集中，再由集中到分散的源源不断的流通过程。国际贸易和跨国经营中的商品从生产厂家或供应部门被集中运送到装运港口，有时需要临时存放一段时间，再装运出口，这是一个集和散的过程。它主要是在各国的保税区和保税仓库进行的，主要涉及各国保税制度和保税仓库建设等方面。

从物流角度看，应尽量减少储存时间和储存数量，加速货物和资金的周转，实现国际物流的高效率运转。

4）跨境物流流通加工子系统。流通加工是为了促进销售、提高物流效率和物资利用率，以及为维护产品的质量而采取的能使物资或商品发生一定的物理和化学及形状变化的加工过程，它可以确保进出口商品的质量达到要求。出口商品加工的重要作用是使商品更好地满足消费者的需要，不断地扩大出口。同时，它也是充分利用本国劳动力和部分加工能力，扩大就业机会的重要途径。

进出口商品流通加工的具体内容包括：其一是指装袋、贴标签、配装、挑选、混装和刷标记等出口贸易商品服务；另一种则是生产性外延加工，如剪断、平整、套裁、打孔、折弯和烫熨等。其中，后一种出口加工或流通加工不仅能最大限度地满足消费者的多元化需求，同时还可以实现货物的增值。

5）跨境物流商品检验检疫、通关子系统。通过商品检验，可确定交货品质、数量和包装条件是否符合合同规定，若发现问题，也可分清责任，向有关方面索赔。在买卖合同中，一般都订有商品检验条款，其主要内容有检验时间与地点、检验机构与检验证明、检验标准与检验方法等。

另外，商品的出入境还必须申请通关。报关手续通常包括申报、查验、征税和放行4个基本环节。对于进口货物来说，当货物运抵进口国港口、车站或机场时，进口商或其代理人应向海关提交有关单证和填报由海关发出的表格。一般来说，除提交进口报关单、提单、商业发票或海关发票外，往往还要根据海关的特殊规定，提交原产地证明书、进口许可证或进口配额证明、品质证书和卫生检验证书等。当报关人员填写和提交有关单证后，海关按照海关法令与规定，查审核对有关单证，并查验货物、计算进口税额、结清进口税款、办完通关手续，准予货物结关放行。

6）跨境物流装卸搬运子系统。装卸搬运子系统主要包括对跨境物流货物的运输、保管、包装和流通加工等物流活动进行衔接活动，以及在保管等活动中为进行检验、维护和保养所进行的装卸活动。伴随装卸活动的小搬运，一般也包括在这一活动中。在国际物流活动中，装卸活动是频繁发生的，因而是产品损坏的重要原因。对装卸活动的管理，主要是确定最恰当的装卸方式，力求减少装卸次数，合理配置及使用装卸机具，以做到节能、省力、减少损失、加快速度，最终获得较好的经济效果。

7）跨境物流运输子系统。运输的作用是将商品的使用价值进行空间移动，物流系统依靠运输作业克服商品生产地和需要地的空间距离阻隔，创造了商品的空间效益。

跨境货物运输是跨境物流系统的核心。通过跨境物流运输作业使商品在交易前提下，由卖方转移给买方。一般跨境物流的运输包括国内运输段和国际运输段两部分。其中，跨境电商的售卖方货物出口的国内运输是指将商品由供货地运送至出运港（站、机场）的国内运输，是跨境物流中不可缺少的重要环节。国内运输实现了出口货源从供货地集运到港口、车站或机场，使跨境物流业务得以正常开展。国内运输阶段应注重商品包装、加工、短途集运、国外到证、船期（航班）安排和铁路运输配车等各个环节的情况，力求搞好车、船、货、港的有机衔接，确保出口商品的运输任务的顺利完成，减少因物流不畅而导致跨境电商业务开展不顺的现象。而国际运输除了包括运输方式的选择、运输单据的处理外，还包括投保等相关问题。

8）跨境物流信息子系统。信息子系统的主要功能是采集、处理及传递跨境物流和商流的信息情报。没有功能完善的信息系统，跨境电商将寸步难行。跨境物流信息主要包括进出口单证的作业过程、支付方式信息、客户资料信息、市场行情信息和供求信息等。

跨境物流信息系统的特点是信息量大、交换频繁；传递量大、时间性强；环节多、点多、线长，所以要建立技术先进的跨境物流信息系统。跨境电商中EDI的发展是一个重要趋势。我国应该在跨境物流中加强推广EDI的应用，建设跨境电商的信息高速公路。

应将上述各主要系统有机地联系起来，统筹考虑，全面规划。其中，运输及储存保管分别解决了供给者与需要者之间场所和时间的分离，分别是跨境物流创造"空间效用"及"时间效用"的主要功能要素，因而在跨境物流系统中，这两个要素处于主要功能要素的地位。跨境物流主要通过商品的储存保管和国际运输实现其自身的时空效应，满足跨境电商的基本需要。

3. 跨境物流系统的支撑要素

跨境物流系统的运行需要许多支撑手段，尤其是处于复杂的社会经济系统中，要确定跨境物流系统（国际物流系统）的地位，要协调与其他系统的关系，这些要素就更加必不可少。它们主要包括以下几个。

1）体制、制度。物流系统的体制、制度决定了物流系统的结构、组织、领导和管理的方式。国家对其控制、指挥和管理的方式，是跨境物流系统的重要保障。当前，许多国家运用减免税赋的方式鼓励民间资本投资物流中心等基础设施的建设，创造开放透明的运输市场环境，放松管制，促进市场竞争等，这些措施都促进了国际物流和跨境物流的发展。

2）法律、规章。跨境物流系统的运行不可避免地涉及企业或个人的权益问题,法律、规章一方面限制和规范物流系统的活动,使之与更大的系统相协调,另一方面则是给予保障。合同的执行、权益的划分、责任的确定和单证的国际流转都要靠法律、规章来维系。各个国家和国际组织的有关贸易、跨境电商相关交易、物流方面的安排、法规、公约、协定和协议等也是国际物流系统正常运行的保障。

3）行政、命令。跨境物流系统和一般系统的不同之处在于,跨境物流系统关系到国家的经济、政治及文化追求,所以,行政、命令等手段也常常是跨境物流系统正常运转的重要支持要素。

4）标准化系统。它是保证跨境物流各环节协调运行、保证跨境物流系统与其他系统在技术上实现联结的重要支撑条件。

5）国际信用手段。它为跨境物流活动的支付与结算提供信用保障。

案例分析

敏思达跨境物流系统功能分析

深圳市敏思达技术有限公司成立于 1996 年,是我国最早成立的双软认证物流软件企业,服务物流行业 20 年,在广州、上海、杭州等地开设有分公司,客户遍布全球多个国家和地区。敏思达稳抓物流产业趋势和发展契机,帮助大型物流企业进行模式创新,根据物流产业的需求,不断推出新的产品和增值服务,屡屡获得业界的认可和奖赏。公司经过多年的发展与探索,形成以 E3 快递管理系统、T3 运输管理系统、D3 配送管理系统、C3 综合货代管理系统、W3 仓储管理系统为主的产品架构体系。公司拥有 100 多家大型网络客户,累计安装网点超过 18 万个,平台稳健支撑 10,000,000 票的日业务量需求,数据流量高达每日 2 亿条记录(摘抄自敏思达技术有限公司官网)。

敏思达在为顾客构建跨境物流系统时,遵循的总体思路为:遵循物流需求全覆盖的基本原则,面向进、出口两个方向和 B2B、B2C、C2B 等不同类型的跨境电子商务,构建以基础设施和物流企业为基本要素,以国内、口岸和对外为基本环节的跨境物流生态系统。

敏思达公司认为,跨境物流的服务会不断延伸,要保持发展的持续性,关键是把最基础、最核心的运营服务管理好。公司认为跨境物流的核心功能主要有四点:灵活的结算体系、全方位的互联互通、核心的基础服务、多元化的客服体系。

敏思达公司所设计的跨境物流系统中的报价体系可以实现针对不同对象、机构差别报价,可以根据跨境贸易方式的不同,选择不同的计费类型、计费模式、计费规则等;其费用结算主体管理可实现如图 5-8 所示的操作。从图中也可看出跨境物流系统有着灵活的支付渠道,如:支付宝、财务通、PayPal、移动支付,除此之外还有虚拟银行、优惠券、返利、预付款等支付形式。

敏思达的跨境物流系统的全方位的互联互通是通过 EDI 平台来实现的,在其 EDI 平台上,可以服务多方跨境物流的参与方,具体的服务对象如图 5-9 所示。通过 EDI 平台可以支持与电商平台的订单信息交互、支持与企业三方系统数据对接、支持与海关、商检系统对接、支持与企业财务管理及 OA 系统对接。

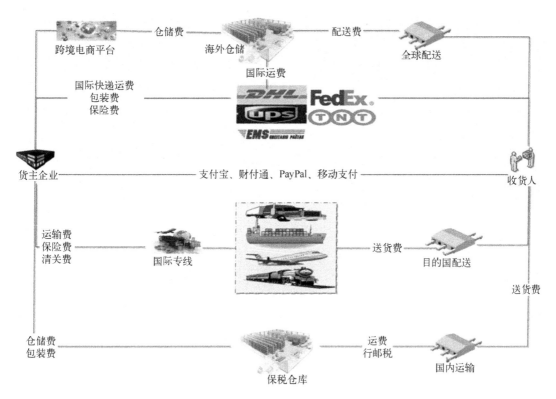

图 5-8　敏思达公司的费用结算主体管理机制

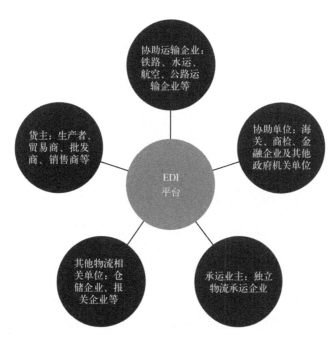

图 5-9　敏思达公司跨境物流系统的 EDI 平台服务对象

敏思达跨境物流信息系统的功能可实现订单管理、仓储管理、运输管理、财务管理、报关清关、状态与路由信息管理、增值服务管理以及客户关系管理等 8 大管理职能，依托于这些管理职能，敏思达的跨境物流信息系统进行基础服务时主要思路包括：（1）重点结点产生的信息进行及时有效地记录、处理、更新、维护，确保信息安全，便于信息查询、追溯；（2）提高综合管理水平，推进先进管理思想、管理模式、管理流程的引入和应用；（3）实用为主，将基础业务流程再造和管理模式的设计作为首要任务；（4）贵在应用，建立健全管理制度，促进全员认同并自觉执行，使信息化管理在运营中有效发挥作用。其跨境物流基础运营框架如图5-10所示。

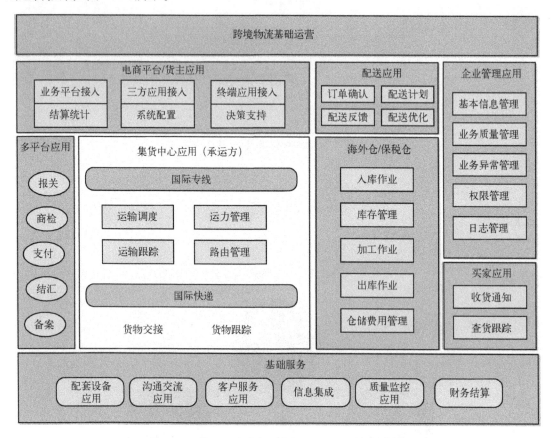

图5-10 敏思达跨境物流信息系统的基础运营框架

敏思达的跨境物流信息系统同时还具备较为完备的客服体系，其客服功能可基本实现跨境支付、商品推荐、包裹拆合、索赔理赔、问题件管理、购物指导、费用说明、返利管理、渠道推广等多元化服务，前期客服与后期客服按业务需求分工管理，处理过程信息化要求高，因其跨境物流客服体系涉及整体流通路径、即时监控输送过程、事后反馈分析等。在环环相扣的跨境物流过程中，客服体系涉及的场景和路径会指导操作程序，极大地减少了失误和误差，使得每个环节之间的停顿时间大幅度降低，同时，敏思达提出跨境物流客服体系必须具有更加良好的信息处理和传输机制才能快速、准确地获取销售反馈信息和配送货物跟踪信息，从而大大提高物流企业的服务水平，提高电子商务的效率，赢得客户信赖，并不断降低成本。

敏思达通过不断完善其跨境物流信息系统的总体架构（如图5-11所示），以期将该跨境电商物流平台建设成为一个所有交易方都可以参与互动的信息交互管理平台，同时实现不同模式物流服务的基础上,让各服务模块可以无缝整合,以核心业务和管理目标为主线,扩充其他功能模块,让整个系统更全面。

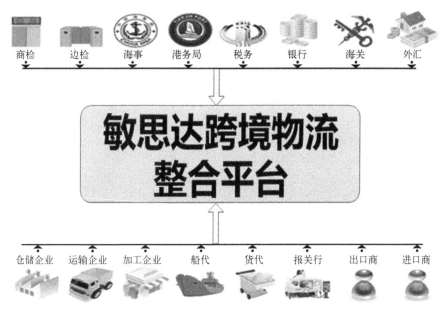

图 5-11 敏思达跨境物流整合平台

结合该案例,请思考以下问题:

1. 如果你是一个开展跨境电商业务企业的业务人员,你想从上海发一件商品到美国加州,通过敏思达的跨境物流平台,你都能获得哪些服务?

2. 你认为敏思达跨境物流信息系统还有哪些可以改进升级的地方?

本章小结

本章主要介绍了跨境物流管理的三方面内容,即跨境物流的基本内涵、跨境物流的方式选择及其相关单据以及跨境物流的管理要素。目前主要的跨境物流方式主要有邮政物流、商业快递、专线物流、海外仓储集货、边境仓等主要的物流方式,因跨境交通的工具不同又可以分为海洋、铁路、大陆桥、航空等多种运输方式。运营跨境电商的商家针对自身产品与客户需求综合考虑运费、时间、安全等因素来选择不同的物流方式与运输工具,并填写相应的运输单据。由于跨境物流复杂的作业特点,其运作需要多方面的协调与配合,因此进行跨境物流的管理,一是要注重对运输过程中安全与意外事件的处理,二要注重对仓储环节的管理以及物流系统的统筹协调,尤其是跨境贸易过程中物流系统的搭建与使用,对跨境物流的效率与准确率有着至关重要的作用。

本章习题

1. 什么是跨境物流?它与传统物流相比有哪些区别和联系?

2. 跨境物流的特征有哪些?
3. 你了解的跨境物流的模式有哪些?它们有何区别?跨境电子商务在进行日常业务时该如何选择?
4. 什么是海外仓储集货的跨境物流?它有哪些优势和劣势?
5. 什么是邮包保险?在签订跨境运输保险合同时应该注意哪些内容?
6. 跨境物流仓储管理的步骤有哪些?
7. 跨境物流系统都包含哪些子系统,它们分别承担什么职能,又是如何系统性作业的?

第6章 跨境网络营销

随着越来越多的企业开展跨境电子商务业务，国际市场竞争日益加剧，要想在竞争中占得一席之地，跨境网络营销的重要性不言而喻。很多从事跨境业务的企业为了抓住发展机遇，都将网络营销当成一种重要的运营手段，通过网络营销对品牌进行宣传，增加品牌认可度，建立起自己的用户群体，从而获得利润。一般来说，从事跨境电子商务的企业一般要从跨境平台内推广和平台外推广两方面着手。本章将介绍跨境电子商务商铺推广、跨境电子商务营销推广等内容。

导入案例：

2015年万圣节期间，百度先声夺人，在北美市场创造出不俗战绩，凭借"万圣节魔图变脸秀"活动被Twitter评为全球经典营销案例，并成为获得该荣誉的首批中国品牌。百度此次在万圣节推出的"魔图变脸秀"活动主要针对北美年轻群体在Facebook和Twitter进行推广，鼓励社交平台用户使用魔图进行自拍，并通过万圣节专属表情功能实现魔幻变脸，将自己的样子变成了妖怪脸、外星脸、动物脸和僵尸脸等搞怪模样。在活动推广中，百度采用了目前北美最流行的营销利器——Cinemagraph（动态照片）制作视觉广告，通过精准的线上投放技术到达潜在用户群体，引导用户自发传播照片并下载魔图产品。富有创意的营销工具加上贴合社交属性的文案内容，"魔图变脸秀"一经推出就受到了北美年轻群体的追捧。活动上线仅14天就实现了累计触达用户700万，近6万人参与活动并主动下载的骄人成绩。目前百度魔图在全球用户突破2亿，覆盖超过200个国家和地区。曾被Google Play推荐为最佳应用程序。作为韩国TOP 5照片美化类APP及全球最受欢迎的前100免费应用程序，在全球特别是韩国、北美及东南亚均享有一定知名度。这次万圣节营销不仅进一步提升了魔图在北美市场的知名度，更拓宽了其在欧美市场发展的大门。如果说"魔图变脸秀"充满了搞怪、趣味与喜悦，那么万圣节期间的另一个活动"低电惊悚"带给人的感受则更加复杂。

在万圣节期间，百度国际化为其另一款明星产品DU Battery Saver举行了的"LowBattHorrors"（低电惊悚）SNS营销活动。该活动在Facebook和Twitter上鼓励用户分享手机低电或电量耗尽时的故事与心情。这些故事或惊悚、或搞笑、或感人，有些近乎灵异色彩，有些充满遗憾。"我和朋友约好了会面时间，但手机没电后迷路了，在寻找过程中发生了新的偶遇！""我的狗狗要去世了，我和它视频，但可惜手机电量耗尽关机了，我没有一直陪伴着它告别。"以用户原创内容为种子，"低电惊悚"活动在社交平台上迅速传播。上线仅一周，在Facebook、Twitter和Instagram上就有超过4万多人参与了"低电惊悚"分享，收集到近万份用户原创故事内容。

在近几年海外营销的过程中，百度国际化一直追求紧扣目标市场用户的审美脉搏，用接地气的方式与海外用户进行品牌沟通，在全球社交平台上完成了从中国品牌向国际品牌的转变。以"低电惊悚"活动为例，在没有使用任何广告推广费用的情况下，百度Twitter官方账号在一周内增加粉丝数3万。在Facebook上的相关活动帖子的平均用户互动率更是高达9%，要知道一般的品牌post的用户互动率大概只在2%~3%之间。除了在自由品牌社交平台上互动外，百度还首次与知名大号Android Authority合作，开创了跨社交平台的联合推广活动，有近2万人主动下载百度系省电产品DU Battery Saver。通过这些活动，不难发现百度在国际化的过程中总是紧跟全球移动发展潮流，围绕海外手机用户需求不断更新与改善相应的营销及品牌沟通方式。此次百度在万圣节斩获如此高的人气，不仅是产品和创意的胜利，更是意味着中国互联网企业已经进入到了主动贴近海外用户的习惯和痛点的高阶领域。

——《百度国际化万圣节营销被Twitter评为全球经典案例》

6.1 跨境电子商务平台推广——以速卖通为例

当前跨境电子商务平台众多，每个平台的推广方式既有共同点，同时也存在差异化，但作为企业来讲，平台内的推广主要目的是快速提升流量，提高曝光度。本章仅以速卖通为例，介绍平台推广方法。图6-1所示为速卖通的网站首页。

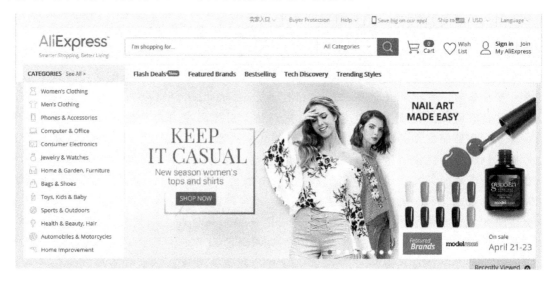

图6-1 速卖通网站首页

6.1.1 全球速卖通平台的运营过程

本节内容将通过流程的梳理来介绍速卖通平台的运营过程。

1. 速卖通平台卖家注册

目前，速卖通平台对卖家入驻要求较高，首先，必须是企业身份，不允许个人（包括个体工商户）卖家入驻，现在新卖家入驻必须要有企业身份，申请类目准入也要有企业身份的账号；其次，从2016年4月份起，分行业逐渐对卖家售卖的商品有品牌资质要求。卖家还要准备好注册全球速卖通所需的材料、一个国际通用邮箱及企业相关资料等。卖家注册的具体操作环节如下。

第一步,要了解入驻须知和招商政策。打开 www.aliexpress.com 网站,将鼠标移到"卖家入口",在下拉菜单中选择"入驻须知"命令(如图 6-2 所示),了解最新的招商政策,比如关于卖家的经营、收费、经营过程考核和年费结算等(如图 6-3 所示);了解速卖通类目招商及运营考核标准等。对于特殊资质的类目需要提供相关材料及证明等,特殊类目,如手机整机、真人发、平板、笔记本、电子烟、储存卡、U 盘、婚纱礼服、运动鞋、骑行和 LED 灯等。以婚纱礼服为例,需要有公司有效营业执照副本并加盖公司公章、法定代表人身份证扫描件、公司授权书,以及账号实名认证人身份证扫描件。

图 6-2 全球速卖通卖家首页

图 6-3 速卖通招商政策与规则页面

第二步,开始注册卖家账号。打开 www.aliexpress.com 网站,将鼠标移到"卖家入口",在下拉菜单中选择"卖家频道"命令。或者直接打开 seller.aliexpress.com 网站,单击"立即入驻"按钮(如图 6-4 所示),进行注册。要经过设置用户名(输入电子邮箱并验证)、填写账号信息和注册成功 3 个具体操作程序才能完成。

图6-4 全球速卖通入驻页面

第三步,等待速卖通审核。速卖通会在15日内给出审核结果,在此期间可以通过"卖家后台———账户及认证———类目招商准入"查看申请进度。

第四步,在线与速卖通平台电商签署服务协议。在完成签约后,企业应缴纳技术服务年费,发布商品,开始网上经营。

2. 跨境物流认知与相关费用的核算

在运营速卖通之前,卖家要了解各种跨境物流的种类及其基本特点,如邮政小包、邮政大包、国际商业快递、中国邮政速递跨境电商专线物流(e邮宝、e特快、e包裹、e速宝、中邮海外仓和中邮海外购)、速卖通平台线上发货的专线物流(AliExpress无忧物流、燕文航空专线、中俄航空和中外运-西邮标准小包等)和海外仓等。计算本公司的典型产品在上述物流方式下的物流成本费用,做一个应用计划,并在卖家后台设置物流运费模板。

速卖通平台对卖家产品采用的物流方式有不同的规定,如果收货国家是美国,成交金额≥5美元的订单,允许使用标准类物流服务中的"e邮宝""AliExpress无忧物流-标准"及快速类物流服务;除美国以外的其他国家,只允许使用标准类、快速类物流服务及线上经济类物流服务;同时卖家发货所用的物流方式必须是买家所选择的物流方式,未经买家同意,不得无故更改物流方式。

关于速卖通平台运费模板设置的操作,一般新手运费模板的设置,在进入卖家后台后,选择"产品管理"类目下的"运费模板"选项(如图6-5所示),单击"新增运费模板"按钮,即后台显示的"Shipping Cost Template for New Sellers",再单击模板名称即可,以后可看到"运费组合"和"运达时间组合"(如图6-6所示),可以根据本公司及产品情况进行设置。对于大部分卖家而言,新手模板并不能解决所有问题,这种情况下就需要进行运费模板的自定义设置,有两种方式:一是直接单击"新增运费模板"按钮,二是单击"编辑新手运费模板"按钮。需要注意的是,卖家可以对本平台相似产品的物流设置进行调研,再结合企业自身产品的实际情况进行自定义运费的设置,但一定不要盲目模仿。因为不同的时期情况会有所变化,运费模板也要根据不同情况做相应的调整。

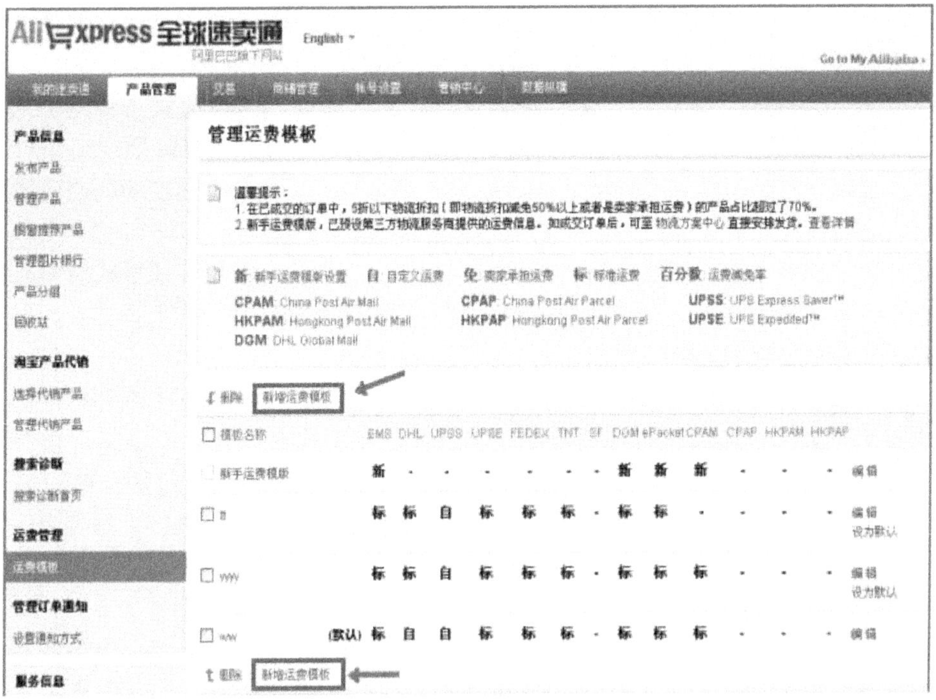

图6-5 全球速卖通运费模板设置页面

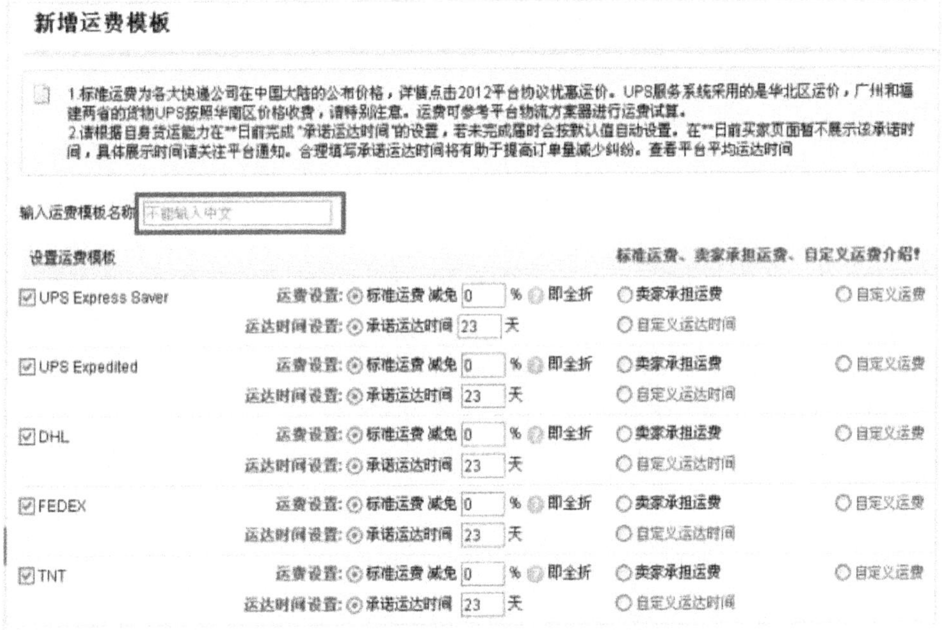

图6-6 全球速卖通新增运费模板页面

3. 开展跨境电商市场调研,确定拟售的主推类型产品

市场调研是开始营销活动的前提和基础。尤其是对拟售目标市场的国家地区一定要进行市场调研,包括市场环境、发展趋势和购买者的消费习惯等因素。如果对于目标市场产品消费习惯进行调研，可以从主要节假日、个性特点风俗习惯、网站消费习惯、支付方式和购买心理等几个角度着手。在这个过程中，可以使用类似 Google Trends 工具（地址：http://www.google.com/trends），查询条件为：关键词、国家、时间。假设搜索关键词泳装 Swimwear，选择国家为美国，搜索结果显示美国 5 月至 7 月为泳装搜索的高峰期，因而对于美国市场的产品开发，在 3 月至 4 月就要完成。如果不知道目标市场品类热度的周期规律，则必会错过市场高峰。

当然，也可以利用速卖通卖家后台数据对拟售产品进行行业分析。如进入后台，打开数据纵横——行业情报页面，可以从行业概括和蓝海行业两个维度分析；选择二级类目和时间后，可以得到行业访客数占比、浏览量占比、支付金额占比、支付订单数占比和供需指数的数据，再进行数据分析；还可以进一步查看行业销售趋势图、趋势数据明细和行业国家分布等，可以参看"蓝海行业"进行多角度比较与选择。需要注意的是，产品调研和市场动向要随时关注，不同时期情况不同，新的商机要注意捕捉，及时抓住。比如，里约奥运会期间，为防止蚊虫叮咬，蚊帐热销；还有菲利普斯身上的拔罐印清晰可见，火罐等中医疗法可能更受认可，进而带动相关中医器械的销售。

4. 选品确定后进行后期处理

跨境产品可能是企业自有产品，也可能是从国内电商平台或工厂选品。涉及的操作主要有：产品拍摄、处理产品图片、发布产品和开通店铺等。产品拍摄业务中涉及准备拍摄器材、取景、布光和构图等操作；处理产品图片业务中会涉及抠图、修图等 Photoshop 的基本操作；发布产品业务涉及登录卖家店铺管理页面，对产品分类属性、产品标题描述、关联产品、运输、付款、客户评价反馈和售后服务信息等进行设置，并完成发布产品。发布产品数达到要求后可以开通商铺，并对店铺进行装修，力争形成自身的特点和风格。

需要注意的是，产品发布时，要注意避免品牌侵权，可以查阅有关品牌列表参考；产品发布不成功时，如果产品有相关授权许可证明，可将证明扫描文件发送邮件至 sellerproducts@aliexpress.com，并注明公司名称和 Member ID，待证明文件被速卖通验证后，此类信息方可正常发布；如无许可证明，请勿再次发布相关信息，以免被处罚。若产品图片处理不当，可能被界定为假货，如产品品牌或 Logo 与知名品牌高度类似或接近、图片中有名人出镜、出现知名品牌包装袋、Logo 被模糊修图或刻意遮挡等。

5. 精益求精，注重细节，增强品牌竞争效应

外贸企业要从细节入手，认真经营产品，创建与培育自主品牌，才能使网上商品形成品牌效应。跨境品牌的建立需要一系列综合的运营体系来操作维护，选择速卖通平台的同时，也可以选择行业或地区的跨境电商平台或建立官方网站、注册商品、制作包装，以及利用关键字搜索的方式进行推广等。需要仔细研究产品属性，提升质量与传承特色，在包装、产品说明书及网站产品细节图上继续努力，力争精益求精，用细节打动买家。

把产品的推广销售、品牌的建设培育与客户维护推广、售后服务相结合，直接与海外卖家对接，快速建立线上品牌，缩短品牌塑造的时间损耗，在与国外同类产品竞销比较中，让互联网上的消费者有良好的口碑并广泛传播。同时根据客户需求不断进行产品的开发设计或调整创新。如果企业有足够的利润空间，可以先做品牌溢价，再逐步提升优化产品性能质量、客户体验和售后服务等软实力，注意提升用户体验与售后保障服务，力争塑造出受海外买家认可的企业品牌。

6. 根据产品流量表现不断对店铺进行优化及营销推广

优化可以从产品标题、详细信息、产品价格和店铺等方面入手。产品标题优化可以从关键词的筛选确定、展示的位置和使用促销词等方面进行；优化详情页要注意图片上不要出现中文、不过分修图使图片失真、多方位呈现商品，以及认真设置参数包装等；产品价格优化时要精准核算产品价格构成，使用成本定价和竞争定价等方法；店铺优化可以在不同的活动背景下设置店铺风格特点，契合平台活动的氛围，开展限时限量折扣、店铺优惠券及满立减等自主营销活动，抓住跨境平台热卖的时机，提高商品的流量和转化率。

需要注意的是，优秀的标题应避免的情况：一是搜索作弊，标题中出现含有与实际销售产品不相符的关键词，如人造钻石，标题中出现"Diamond"字眼，与实物不符，会误导买家，应该换成"Rhinestone"；二是出现知识产权侵权；三是出现"Free Shipping"滥用等。

7. 处理订单、打包发货及出境报检报关操作

对于客户的询盘或订单要及时处理，对订单确定优先级，如等待买家付款的订单留言为一级，等待发货的订单留言为二级，等待买家收货的订单留言为三级，纠纷订单留言为四级。处理渠道除了卖家后台之外，还有邮箱、旺旺留言处理及卖家端 APP 使用等。

对于不同的产品订单，在不同时期，卖家要考虑跨境运费、安全程度、送达效率，以及买家的实际需要等诸多因素，选择确定适合的跨境物流。先计算跨境运费，综合估量后确定最终物流方式，在卖家后台填发货通知，给客户发站内信告知已发货；为产品选择合适的包装并打包，使用坚固的箱子，用缓冲材料进行合理封装，之后贴物流面单。

根据最新的跨境商品出口报检报关政策要求，进行出境报检报关操作，可以自己来做，也可以委托专业的货代公司来做，如填写报关凭证及商业发票、将报关签条发送给客户，以及对于特殊商品的报检要求的处理等。

8. 跨境支付与客户服务维护操作

速卖通跨境支付的主要业务有平台货款催款、收款，以及对未放款订单申请放款等。客户虽然下单却未支付的可能原因有：客户付款前犹豫、选货时遇到一些问题或客户觉得价格偏高等，针对不同的可能性要写出相应的函电，让客户认识到支付的紧迫性或感受到良好的服务或得知优惠折扣等，引导客户完成支付。速卖通常见的支付方式有信用卡（主流方式）、借记卡、T/T 电汇、Moneybookers（欧洲主流支付）、Boleto（巴西主流支付）、Qiwi Wallet（俄罗斯主流支付方式）和 WebMoney 等。对未放款订单申请放款的处理一般要求查询订单物流情况并下载物流凭证，申请放款，同时写清说明并上传物流凭证，等待放款。同时，卖家要灵活处理，恰当安排，尽可能使客户满意，让交易顺利实现履约。

要熟悉速卖通最新的纠纷处理方案和评价规则，包括纠纷类型、处理方法、信用评价及卖家分项评分等。处理好售后评价、售后服务、退换货及争议相关事项，同时要注意维护原有老的优质客户，并积极开发新客户。

6.1.2 速卖通直通车的应用

1. 什么是速卖通直通车

所谓速卖通直通车，是阿里巴巴全球速卖通平台会员通过自主设置多维度关键词，免费展示产品信息，通过大量曝光产品来吸引潜在买家，并按照点击付费的全新网络推广方式。

简单来说，速卖通直通车就是一种快速提升店铺流量的工具。

2. 直通车的特色优势

1）按点击付费：根据海外买家点击和查看后的结果，产生推广费用。

2）灵活可控：有效控制每日推广预算，淡旺季推广方案灵活可控。

3）海量选词：关键词海量选择，多维度曝光产品，全面覆盖潜在买家。

3. 速卖通直通车的使用

（1）前期准备——做好宝贝描述

做直通车的目的，是为店铺带来潜在购买者，是有意向但不能保证一定会成交的购买者。在这个过程中，店铺内部准备就显得尤为重要。不管在直通车上花费多少，如果店铺内部准备不够，就很难有成交。店铺内部准备有很多方面，这里只针对直通车推广，解释推广商品应该具备的条件。

在促使买家下单时，针对产品需要解决以下问题：商品描述能否把买家关心的问题一一解决；是否有销量和好评；评价中是否会体现买家可能关心的问题；商品是否让买家觉得超值；能否让买家快速做出购买决定。而要解决这些问题，首先要做好商品描述页面，即向别人说明商品的价值，把每一个卖点放大到一个面，让人有购买的冲动。

顾客完成购买决策的前提是信任。要想让顾客信任自己的商品，一是完善的商品详情页；二是完美的客服。因此一方面需要把顾客担心的问题用更专业的方式描述出来，把复杂留给自己，把简单留给顾客。顾客只需要决定买还是不买，买一件还是买几件。当卖家比顾客更加专业时，信任就慢慢建立起来了；另一方面客服在自己店铺的领域必须专业，对自己的商品或者同行的商品或品牌都要非常了解，从而给出专业的建议和意见。

在此基础上，如果做好了商品描述页并拥有专业的客服，店铺的点击量、成交率和转化率的提高就指日可待了。

（2）直通车的操作

直通车的操作分为3个阶段。

1）推广探索期：产品分类尝试。如果店铺主营商品种类多样，前期应该把产品进行分类。比如，经营服装的店铺可以把商品分为男装、童装、女装和鞋帽等。这样分类推广之后，后期管理和营销都可以更加细致化。

2）推广初期：撒网推广。在新建推广时，会使用系统推荐的所有关键词，然后应用数据纵横工具找到对应行业的最近热搜词进行投放，这样可能产生几万个关键词，可以全部投放进去。经过一段时间，一般是一个星期，来看哪个地方的关键词曝光量提高了，哪些关键词后期证明没用，哪些数据会带来流量。全球速卖通推广页面如图6-7所示。

3）推广中期：个性化推广。在前期推广分类做好的基础上，就要对每个分类的产品做细分。比如，对某一类产品再细分为爆款、新品、普通商品和沉睡品（即上架了但没销量的产品、季节性产品或者容易断货的产品等）。通过之前大批量的覆盖，可以能够知道哪些地方哪些关键词有数据，而这些有数据的词正是自己所需要的。在推广管理里有7天曝光量、点击量和花费等数据按钮，如果店铺推广费用有限，可以直接对"7日花费"进行排序，观察哪个推广计划花钱最多，再去看哪个产品花钱比较多，点击曝光比较多，包括一些数据比较少的商品，后期再去做细致的分析和分类。全球速卖通选择商品页面如图6-8所示。

在直通车关键词的使用上，可以先把它们分为两类。第一类是高曝光、高点击的关键

图 6-7　全球速卖通推广页面

词。这说明顾客对产品描述和价格比较满意。针对这类产品，要先追踪其订单产生情况，将订单分为两种，一是速卖通自然曝光产生的订单，二是直通车点击产生的订单。在此基础上分析这个产品近期在没有直通车的情况下产生的订单数，再根据最近自然增长趋势预估一个订单数，用最后产生的订单数减去预估自然订单数，就能大概估算出直通车带来的订单增长数。全球速卖通选择关键词的页面如图 6-9 所示

图 6-8　全球速卖通选择商品页面

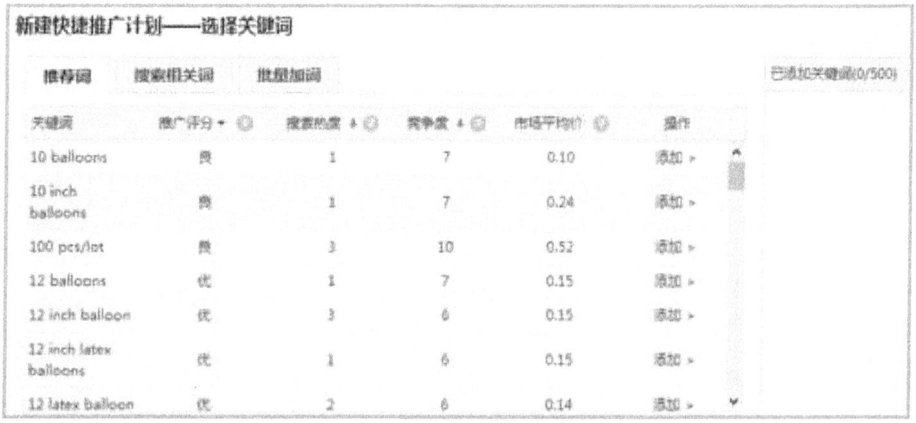

图 6-9　全球速卖通选择关键词页面

最后结果会出现有些产品订单量大幅增长,有些产品订单变化不大。对于订单量增长不大的产品,应去观察其描述是否完整和美观等细节问题。改进这些细节问题之后,可以尝试将这个产品再投放一个星期,看看效果是否会有所提升,如果提升了那么最好,如果还没起色的话,那么就要用别的产品来替代它。第二类是高曝光、低点击的关键词。高曝光说明该关键词选择正确,低点击说明产品描述或价格存在问题,所以首先要对图片和价格做调整,而后观察调整效果。高曝光、低点击还有一种情况是,在用这个关键词搜索所有产品时,要推广的产品就在第一屏,而且又正好在直通车右边很靠前的位置。这样一来就会产生冲突,可能买家会点击自然曝光下的产品,而自动忽视右侧直通车的产品。针对这个问题,就需要用别的商品替换该产品。

6.1.3 跨境电子商务店内推广——速卖通营销工具与活动

目前,速卖通店内营销工具有数据纵横和产品互链,营销活动有限时限量折扣、全店铺满立减、店铺优惠券、全店铺打折等四种。

1. 速卖通营销工具

(1)数据纵横

数据纵横为卖家提供商铺分析功能(交易、热门商品分析)、选品专家及行业情报等多维度数据,帮助卖家更好地经营和管理店铺。

1)商铺分析。"商铺分析"是一项针对卖家的商铺流量、商品及访客进行分析的工具,主要提供以下功能:商铺流量概况、热门商品、访客地域分析。流量概况展现了卖家商铺的流量数据和询盘数据,卖家能够了解商铺的整体流量以及买家流失情况。数据指标包括曝光量(商品信息在速卖通网站被买家看到的次数)、浏览量(商品或商铺首页被买家点击浏览的次数)、访客数(访问过商品或商铺的买家人数)、老访客数(指到访过 AliExpress 的买家)、询盘人数(联系过您或有联系意向的买家数)。热门商品(如图 6-10 所示)展示的是卖家商铺内浏览量最高的商品,卖家可以根据数据调整商铺内的产品线,制定关联营销策略,即可以找到流量大转化率弱的商品进行信息优化和打折促销,提升转化率。热门商品的

图 6-10 热门商品

相关数据指标包括以下 4 方面：商品信息（商品的标题，主图及行业，点击可进入该商品的管理页面进行预览、编辑）、浏览量（该商品被买家浏览的次数总和）、浏览人数（浏览该商品的买家数）和 TOP3 访客地区（该商品的访客来源占比最大的 3 个国家）。访客地域分布中可以查看排名前 10 的访客国家，卖家可以根据访客地域制定差异化的产品线及营销策略。访客地域分布的相关数据指标包括以下 3 方面：排名前 10 的访客国家（卖家商铺的流量来源中，访客占比最大的 10 个国家）、国家访客人数（来自该国家的访客人数）、国家访客浏览量（来自该国家访客的总浏览量）。

2）行业情报。行业情报基于速卖通平台的交易数据，提供 TOP 行业排行榜，行业趋势，TOP 店铺排行榜和买家地域分布四类主要内容。卖家可以根据行业情报提供的分析，迅速了解行业现状，判断经营方向。可以进入"我的速卖通"，单击"数据纵横"选项卡，在左侧导航单击"行业情报"选项查看行业情报内容（如图 6-11 所示）。

图 6-11 打开行业情报页面

3）选品专家。选品专家以行业为维度，提供行业当下热卖商品和热门搜索关键词的数据，让卖家能够查看海量丰富的热卖商品资讯并多角度分析买家搜索关键词。卖家可以根据选品专家提供的内容调整产品，优化关键词设置。可以进入"我的速卖通"，单击"数据纵横"选项卡，在左侧导航点击"选品专家"选项打开选品专家页面（如图 6-12 所示）。在

图 6-12 打开选品专家页面

该模块，可以查看行业热卖产品和热门关键词。在行业热卖产品中，可以根据行业类目和时间范围选择需要查看的行业。选择行业后，可以查看 30 条该行业热卖的产品及产品图片、标题、关键字、价格、在线状态。如果产品在该时间已经下架，那么产品的基础信息仍然显示，但是产品链接不可点击。热门关键词功能可以提供给卖家所选行业下 TOP100 的关键词，及对应搜索量、行业匹配度和产品热度，卖家还可以根据这些指标对关键词进行排序。选品专家页面如图 6-13 所示。

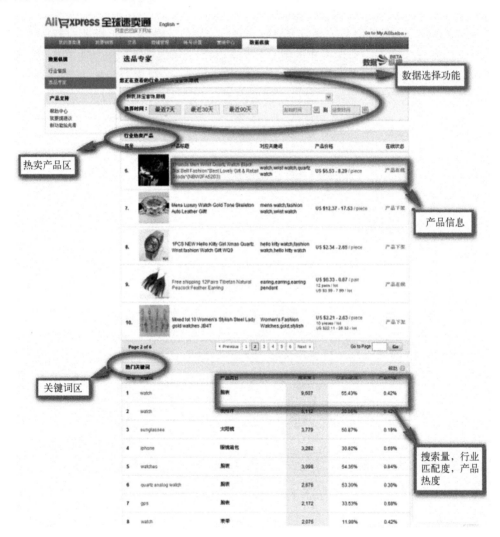

图 6-13　选品专家页面结构

假定在搜索词对话框内进行类目选择"钟表，珠宝首饰，眼镜"，查看最近 7 天、30 天和 90 天的热搜词，也可以自定义时间段。搜索结果可以看到行业热卖产品和热门关键词。在行业热卖产品中，可以显示热卖产品的产品信息，包括图片、产品标题、关键词、价格和状态。热门关键词区从搜索量、行业匹配度和行业热度对关键词进行综合排序。显示排在前面的搜索词，其"搜索人气"和"搜索指数"都相对较高，说明这些搜索词是买家热搜的。卖家可以直接引用此信息，将排在前面的热搜词作为关键词设置的参考。

(2) 产品互链

产品互链工具是可以在一个产品详情页中插入店铺内其他商品信息的工具，能给买家提供更多商品选择，促进买家更多消费，减少买家流失。关联商品可选择主推店铺内转化率高的商品，也可推荐类似商品及新品。如图 6-14 所示，为设置产品互链的"插入关联产品"按钮，如图 6-15 所示卖家可以在所有商品下选择关联商品。

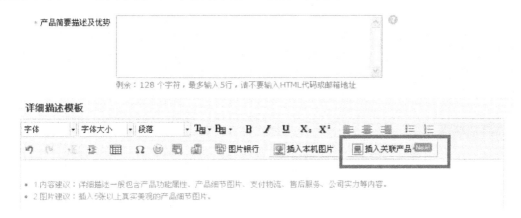

图 6-14 产品互链设置—插入关联产品按钮

图 6-15 产品互链设置——插入关联产品

2. 速卖通营销活动

(1) 限时限量折扣

限时限量折扣是由卖家自主选择活动商品和活动时间，设置促销折扣及库存量的店铺营销工具如图 6-16 所示，为限时限量折扣活动页面所处位置。限时限量折扣利用不同的折扣力度推新品、造爆品、清库存，是卖家最爱的一款工具。利用"数据纵横"的"热门商品"选择活动商品，提前优化好商品信息后再创建活动。创建限时限量折扣活动的页面如

图6-17 所示。此工具的优势表现在商品主图有明显折扣标识；买家搜索页面时，商品额外曝光；买家购物车 & 收藏夹折扣提醒。

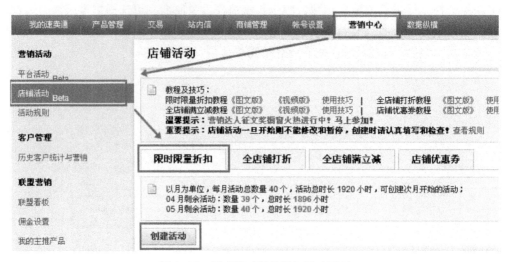

图6-16 创建限时限量折扣活动页面

图6-17 限时限量折扣活动设置页面

（2）全店铺满立减

全店铺满立减是一款新的店铺自主营销工具，只要你开通速卖通店铺，即可免费使用。全店铺满立减是卖家根据自身经营状况，对店铺设置"满 X 元减 Y 元"的促销规则，买家的订单总金额（商品加运费）超过了设置的 X 元，在买家付款时，系统自动减掉 Y 元，转账卖家修改价格。目的是刺激买家消费，提升客单价（客单价是一定时间内，每一个顾客平均购买商品的金额）。搭配"产品互链工具"推荐关联商品可大幅提升满立减效果。其优势表现在搜索页面满立减标志额外曝光；店铺首页明显标识吸引买家关注；商品详情页标识进一步刺激买家下单。

在应用满立减工具时，需要注意以下两点：一是满立减是针对全店铺所有商品的，对于已经参加折扣活动的商品，买家购买时以折扣后的价格计入满立减规则中。所以，同时使用打折工具和满立减工具时，一定要计算好利润；二是如果买家购买多个商品，必须使用购物车合并下单，才能享受优惠。满立减的规则是按照订单来实现的，虽然满立减会在卖家店铺、详细描述中有明显的提醒，但是如果遇到买家咨询，应主动引导买家使用购物车下单。

（3）店铺优惠券

店铺优惠券是由卖家自主设置优惠金额和使用条件，买家领取后在有效期内使用且只能在该店铺使用的优惠券。该工具的目的是刺激新买家下单和老买家回头购买，提升购买率及客单价。同一时间段可设置多个店铺优惠券活动，满足不同购买力买家的需求，从而获得更多订单。其优势表现为：在买家页面 AllCoupons 专区有推广；商品详情页头部有明显标志；平台邮件直接推荐给买家。

店铺优惠券分为两种：一种是买家无使用条件限制的优惠券，即只要订单金额大于优惠券面值，买家就可以使用该优惠券（如图 6-18 所示）。这种优惠券使用门槛低，能够提高用户黏性和回头率。买家领券后使用率较高，特别对新买家吸引力更大，从而订单转化率可以明显提高。第二种是买家订单金额达到一定要求才可使用的优惠券（如图 6-19 所示）。这种优惠券一方面可以避免低价商品让利过多，另一方面还可刺激买家消费。

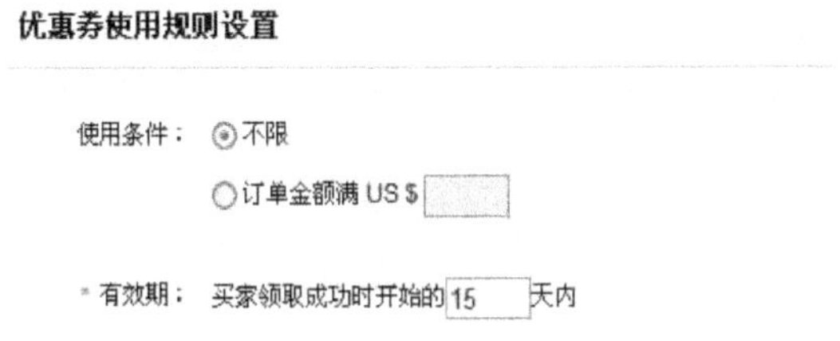

图 6-18 设置无条件使用限制的优惠券 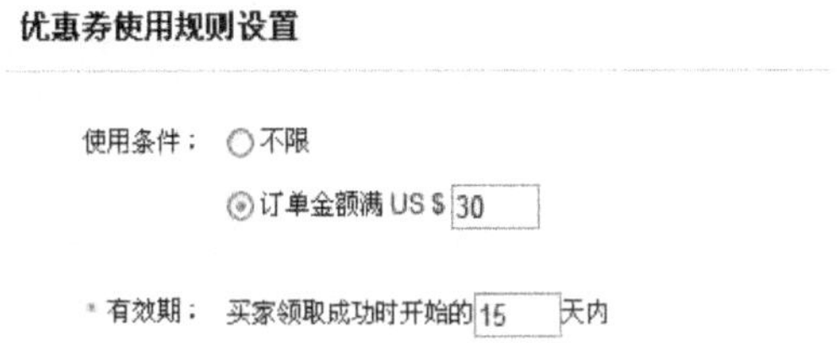　　图 6-19 设置有条件使用限制的优惠券

（4）全店铺打折

全店铺打折是一款可根据商品分组对全店商品批量设置不同折扣的打折工具，可帮助卖家短时间内快速提升流量和销量。如图 6-20 所示，为全店铺打折活动所处位置。根据不同分组的利润率设置不同的折扣力度，10% 折扣以上的商品更易出单。需要注意的是，活动设置中开始时间和结束时间必须在同一个月内，但是可以提前创设下个月的活动。在时间设置中需要注意，活动应至少提前 48 小时创建；活动开始前 24 小时内不能修改活动信息；活动时间为美国太平洋时间。

全店铺打折其优势表现在：全店铺商品主图批量折扣标识；买家搜索页面 Saleitems 额外曝光；买家购物车和收藏夹折扣提醒。

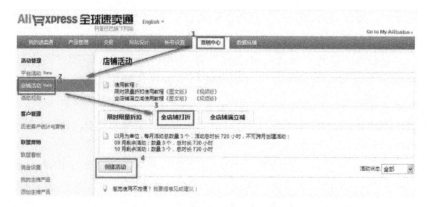

图 6-20　全店铺打折活动页面

6.1.4　速卖通营销技巧

速卖通卖家要在平台发布一款产品，需要填写标题、关键词、属性、计量单位和销售方式等信息，其中产品标题、关键词、属性及产品上传数量直接影响产品的曝光率，而产品在平台的曝光率又直接影响网络销售业绩。所以优质的标题、精准的关键词、合理的属性设置及大量的产品发布有助于提高产品曝光率，进而增加订单成交率的上升。

1. 撰写标题的技巧

产品标题是吸引买家进入产品详情页的重要因素，但不是任何一个产品标题都能让产品从搜索页面上万的优质产品中脱颖而出。产品标题的字数不宜过多，因此产品标题应尽量准确、完整、简洁，优质的产品标题应该包含买家最关注的产品属性，能够突出产品的卖点，一般由品牌+产品材质/特点+产品名称+物流运费+服务+销售方式构成。例如在速卖通平台热销的一条 H&Q 品牌连衣裙的标题："H&Q Autumn Winter Women New Fashion Velvet Sleeveless Deep V Neck Sheath Dress Ladies Charming Asymmetry Party Dress NXH2669"（H&Q 秋冬女士新款时尚天鹅绒无袖 V 领、紧身、女士迷人、不对称、聚会裙子，产品编号 NXH2669）。这个标题包含了产品的品牌、领型、轮廓外形、裙长及适合穿着场合等多项信息，并用 dress（连衣裙）来作为核心词，因体现了买家可能搜索到的关键信息，有利于产品曝光，是一个优质标题范例，如图 6-21 所示。

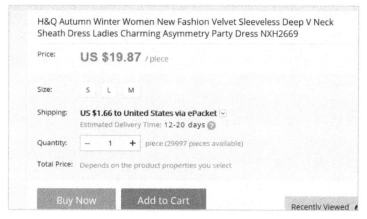

图 6-21　产品信息标题范例 1

又如一款销量排名靠前的骆驼牌凉鞋的标题描述："New 2016 mens sandals Genuine leather cowhide sandals outdoor casual men summer leather shoes for men"（2016新款男鞋凉鞋真皮牛皮凉鞋户外休闲男子夏季皮鞋男士）。这个标题包含了鞋子的品牌、材质、风格及适合人群，全面体现了买家搜索时可能关注的信息，如图6-22所示。其中men sandals（男士凉鞋）、genuine leather（真皮）和summer leather shoes（夏款皮鞋）为买家搜索的高频词，这3个核心词汇的使用，增强了标题与买家搜索的相关性，有利于提高产品的排名和曝光率。再来看速卖通平台上一块销量不佳的手表的标题："Free shipping Watch for men"（男士手表，免运费），该标题除了运输免费、产品名称及适用人群外，缺少品牌、型号、颜色和功能特征等产品详细信息，产品信息量过少，不利于产品的排名和曝光。通过对产品特征综合分析和业务判断，可以改写为更专业的表达方式：2015 AESOP 3 colors Stainless Steel Strap Analog Date 30m Waterproof Men's Quartz Watch Business Watch Men Wristwatch free shipping。这样表述的优点有：①2015字段明确表述出此款产品为2015年新品；②AESOP表述了这款手表的品牌；③colors字段表述了这款手表有3种颜色；④Stainless Steel Strap字段表述了这款手表表带材质为不锈钢；⑤Analog Date字段表述了这款手表可显示日历；⑥30 m Waterproof字段表述了这款手表具有30米防水功能；⑦Men字段表述了这款手表的适用人群；⑧Quartz字段表述了这款手表为石英机芯，还有免运费等。显然，精炼而细微的标题描述可以详细体现出产品特性，更能贴近买家的搜索需求，故应避免过于简式的标题设置。

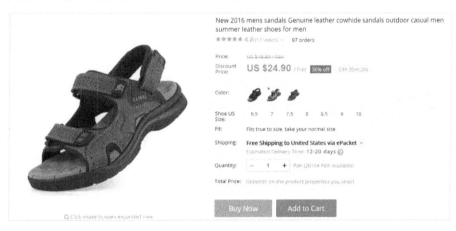

图6-22 产品信息标题范例2

2. 精选热销关键词

速卖通产品发布时，系统设定可以填写3个关键词，一个必填，两个选填，建议卖家填写完整，以充分增加产品的曝光率。关键词直接影响买家的搜索结果，贴近买家搜索需求的关键词能帮助提升产品的排名和曝光量。作为卖家可以通过"数据纵横"来搜索受买家青睐的热销词。

数据纵横是速卖通基于平台海量数据打造的便于卖家优化产品信息的数据分析工具。卖家进入数据纵横里的"搜索词分析"模块，可以选定行业类目和时间范围来查看某种产品对应的买家热门搜索词，根据搜索结果去优化关键词设置。除了列有每一个热搜关键词的"浏览占比"和"订单占比"外，还可看出其对应的"竞争力"，如图6-23所示。若是新手卖家，建议选用竞争指数相对小一点的搜索词来作为关键词，因为该数值越大，同行竞争就越激烈；反之，则越小。竞争指数数值比较大，说明平台上有较多的卖家选择了这个词来作为关键词，如果新手卖家也选用了这个词，则会因为不敌那些拥有知名名牌、好评率高和销量大等综合实力强的大卖家而导致排名靠后，使得产品最终无法被买家搜索到。

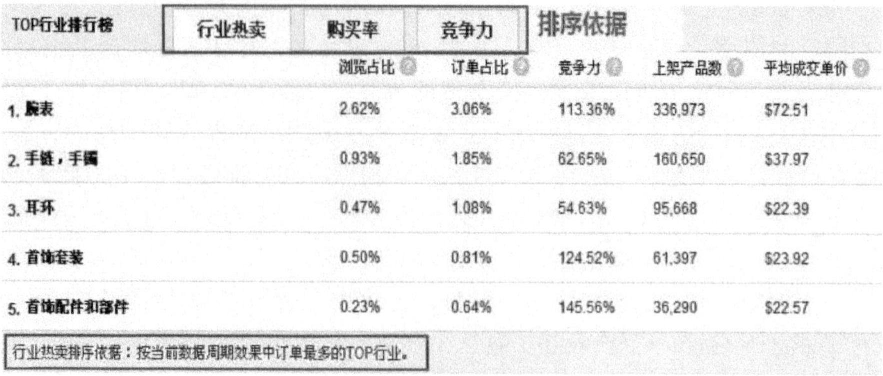

TOP行业排行榜	行业热卖	购买率	竞争力	排序依据	
	浏览占比	订单占比	竞争力	上架产品数	平均成交单价
1. 腕表	2.62%	3.06%	113.36%	336,973	$72.51
2. 手链, 手镯	0.93%	1.85%	62.65%	160,650	$37.97
3. 耳环	0.47%	1.08%	54.63%	95,668	$22.39
4. 首饰套装	0.50%	0.81%	124.52%	61,397	$23.92
5. 首饰配件和部件	0.23%	0.64%	145.56%	36,290	$22.57

行业热卖排序依据：按当前数据周期效果中订单最多的TOP行业。

图 6-23　搜索关键词

举例说明，有一家主营厨房用具的全球速卖通名为"Abby store"（艾比小店）的店铺，销量最高的产品是一款沥水架。店铺运营之初，由于缺乏经验，店主对关键词的理解就是单个词，且应该是搜索指数、搜索人气和竞争指数高的词，由此选择"Rack"（支架）"Holder"（支撑物）和"Shelf"（架子）这些业内所称的"大词"作为产品关键词。但产品发布之后，曝光量、浏览量和访客数始终很低，几乎没有订单。卖家经过多方咨询与学习，逐渐认识到这些"大词"范围广，竞争性强，不利于新手卖家的产品曝光。弄清楚缘由后，店主利用平台上"数据纵横"里的信息，选取"搜索指数"和"搜索人气"相对较高，"竞争指数"相对较低的词汇，再融入产品的用途、适用范围等信息，将关键词设置为"Kitchen Sink Drain Rack"（厨房水槽沥水支架）、" Bowls Storage Holder"（碗栏支架）和" Cutlery Shelf Fruit Vegetable Dish Rack Set"（刀具、水果、蔬菜、餐盘摆放支架），这样一来，将关键词范围细化，相应地就缩小了同一关键词下共同竞争的店铺数量，同时更为贴近买家的搜索需求，产品的曝光率随之提高，订单量也逐步增加。

除了从卖家后台通过"数据纵横"搜索热销关键词外，在速卖通首页搜索也可以捕捉到优秀的关键词。例如，在全球速卖通首页产品搜索框中输入"鼠标"的英文"mouse"（如图6-24所示），在搜索下拉列表框中出现了很多与该产品相关联的词，如"wireless mouse（无线鼠标）、gaming mouse（游戏鼠标）和bluetooth mouse（蓝牙鼠标）这些词也是买家热搜词，卖家可以根据自身产品的特点进行选择，作为关键词设置的参考。

3. 合理定义产品属性

完整且正确的产品属性设置有助于提高产品曝光率。详细准确地填写产品属性，可以方便买家更精准地搜索到卖家发布的产品，提高产品的曝光机会，更重要的是让买家清晰地了解产品的属性特征，减少买家的顾虑和沟通的成本，提升交易成功的概率。速卖通产品发布页面的产品属性栏目分为系统推荐属性和自定义属性两部分。通过数据分析发现，大部分成交量大的卖家其系统推荐属性填写率达85%以上，有的甚至为100%。有些新手卖家对系统推荐属性的填写不以为然，认为只要能发布成功，少填几项也没有关系，但事实上某些属性

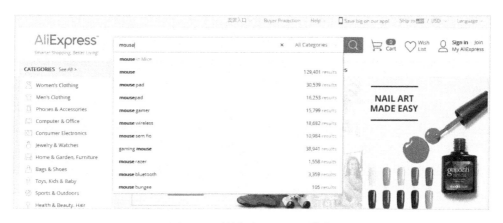

图 6-24 关键词 "mouse" 搜索

的缺失会严重影响产品的曝光。比如，发布一个手提包，系统推荐属性需要选择手提包类型，可选的选项有 Shoulder Bags（肩包）、Totes（手提袋）、Wristlets（手环袋）、Day Clutches（手拿包）及 Evening Bags（晚宴包），如果所售产品为手提袋，最好选中"Totes（手提袋）"，如果没有做出选择，这个商品就不会被"Totes（手提袋）"类目所收录，当买家搜索"Totes（手提袋）"这个类目时，就无法看到卖家上传的这个产品，这会大大削弱产品的曝光率。

在系统推荐属性的填写上颇有难度的是"品牌"这一栏目。速卖通平台有严格的知识产权保护规则，如果卖家未获得某品牌授权，却在产品描述中出现了与该品牌有关的字眼，将被判定为侵权，会受到平台的违规处罚，故应避免填写未经授权的品牌。另外，国内许多速卖通卖家所售产品没有英文品牌，如果将"品牌"一栏留空则会降低属性填写率，这种情况下建议填写产品的相关关键词，比如发布蕾丝连衣裙，在没有英文品牌的情况下，可在品牌栏中填写"Lace Dress"（蕾丝连衣裙），这样既可以提高属性填写率，又可以增加产品详情页关键词密度，提高产品信息描述质量。产品的属性描述越详细，产品曝光率越高。除了尽可能地将系统推荐的属性填写完整外，有经验的卖家还会主动添加了一些自定义属性，而且只有填写了对应属性的产品，才会在买家点击筛选条件后被搜索出来，才会有效地提高产品的曝光率。例如，发布一个鼠标，除了将系统推荐的属性栏目，如品牌、型号、类型和接口类型等填写完整，可再添加 color（颜色）、size（尺寸）和 Cable length（线缆长度）等可能被买家搜索的属性，当买家键入的关键词与自定义的产品属性相符时，系统就会将产品显示出来，有利于提高产品的曝光率。

4. 有效增加产品发布量

除了在标题、关键词和产品属性的编辑上下工夫外，在平台对卖家发布数量的限额规定内尽可能多地上传产品（目前速卖通平台对"淘代销"卖家按等级不同设有不同的数量权限标准），客观上也能起到提高产品曝光率的作用。平台数据统计显示，产品达到 200 个的卖家获得曝光的机会，是产品在 200 个以下卖家的 1～3 倍，当卖家产品数量达到 150 个时，出单比率将提升至 50%，这说明店铺产品数量越多，成交的概率也就越大。目前速卖通平台卖家的平均产品数已经超过 500 个，随着淘宝卖家的大量涌入，产品数量还将持续增长。在卖家都广泛注重大量铺货的情况下，尽可能多地发布产品是为产品赢取曝光率的有效

149

途径，同时也是趋势。大量上传产品但不能重复，如果上传的产品被平台判定为重复铺货，则会受到排名降权的处罚。速卖通平台规定以下两种情况将被视作重复铺货：①商品主图完全相同，且标题、属性雷同，视为重复信息；②商品主图不同（比如，主图为同件商品不同角度拍摄的图片），但标题、属性和价格高度雷同，视为重复信息，也就是说，发布产品过程中切勿将同一产品发布多次。对于不同的产品，在发布时不能直接引用已有产品的主图或者直接复制已有产品的标题和属性等关键信息，必须在产品的标题、属性、详细描述和图片等各方面体现产品的不同，否则将被判定为重复铺货。

不同的产品，除了在主图上体现差异外，需要同时在标题和属性两方面填写产品的不同关键信息，以区分于其他产品。具体来说，如销售 Tie（领带），对于材质、规格、图案不同的情况下，可在产品属性的图案类型下选择不同的图案类型以示区分，根据图案不同可选择 Dot（圆点）、Floral（花朵）、Geometric（几何）、Plaid（格子）、Print（印花）、Solid（纯色）和 Striped（条纹），并分别在产品标题里体现，如以下 3 个标题：Formal Business Wedding Fashion Necktie Polyester Handmade Dot Men's Tie TP1（适用于正式、商务、婚宴场合穿戴的手工制作涤纶面料圆点图案男士领带，产品编号为 TP1）；Formal Business Wedding Fashion Necktie Polyester Handmade Floral Men's Tie TP2（适用于正式、商务、婚宴场合穿戴的手工制作花朵图案涤纶面料男士领带，产品编号为 TP2）；Formal Business wedding Fashion Necktie Polyester Handmade Geometric Men's Tie TP3（适用于正式、商务、婚宴场合穿戴的手工制作几何图案涤纶面料男士领带，产品编号为 TP3），以此类推，改变标题中领带的图案类型，并在末尾加上不同的编号以示区别。

总之，随着国际市场环境及平台规则的不断变化，速卖通卖家需要不断探索、不断实践、不断总结，才能找到更多有效提高产品曝光率的方法，进而增加订单成交量、提高网络营销效率。

6.2　跨境电子商务营销推广

企业的跨境网络营销活动，不仅要基于平台和店铺进行，而且想要得到更多的销售机会，平台外的推广也是不可或缺的。跨境网络营销推广方式很多，如社交媒体营销、搜索引擎营销和电子邮件营销等，其中最重要的也是目前应用最广泛的是社交媒体营销和搜索引擎营销。

6.2.1　SNS 营销

传统营销以销售为导向，即将产品/服务信息传播给潜在的消费者；现代营销以关系为导向，强调与消费者的互动。通过电视、广播和报纸等媒体广告，企业无法与消费者互动；通过搜索引擎营销和邮件营销，企业同样无法与消费者互动。当然，企业可以组织一些线下推广活动，实现面对面的互动。然而，这种线下营销不仅费用高，而且辐射面窄。现在，随着 Facebook、Twitter 等社交网络的繁荣发展，企业开始进入互动式的关系导向型营销时代。SNS（Social Network Site）即"社交网站"或"社交网络"，社交媒体又被称为社会化媒体，是指容许人们自主编写、自由共享、互相评论及沟通的网站或者技术，是人们用来分享彼此之间的观点、思想、经验及见解的工具和平台，目前主要包含微博、微信、博客、论坛和播客等。社交媒体已经在互联网时代的土壤上迸发出蓬勃发展的力量和令人眼花缭乱的能量，它传输的信息已经成为人们浏览互联网时所关注的一个重要内容，不仅使一个又一个热门新鲜的话题被制造出来，在人们的社交生活中被争相讨论，更是吸引住了传统媒体的踊跃跟进。社交媒体是人们发现、阅读和分享新闻、信息及内容方法的变化，是社会学、传播学和技术发展的集成。

"不管是对某个公司或者整个国家来说，小瞧这场社交媒体革命将带来的影响，或者是低估这种科技破旧立新的力量，都将是艰巨的且危险的。"鲁珀特·默多克说。社交媒体的广泛使用，不仅改变了网络媒体的发展和品牌的网络营销，而且对社交网络的用户和消费者也产生了极其重要的影响。

SNS 营销是指利用这些社交网络建立产品和品牌的群组、举行活动、利用 SNS 分享的特点进行病毒营销之类的营销活动。近几年兴起的口碑营销、病毒营销等概念几乎都以社交媒体为阵地进行营销。现在所讲的社交媒体营销工具主要包括论坛、微博、博客、微信、SNS 社区、图片和视频分享等。

在网络营销的背景下，这些网站的主要内容发布者是用户而不是网站的雇主。品牌或企业希望可以利用社交媒体营销的优势，使其目标客户和推崇者能够在社交媒体的平台上自主地对该品牌或企业进行推销介绍。社交媒体营销强调相互合作，对每一个参与到社交媒体营销过程中的成员，不管是企业还是用户自己，都需要在获取信息的同时共享信息，从而实现共赢。

1. 社交网站的特点

（1）资源丰富

无论是综合的 SNS 还是垂直的 SNS，都没有特定的用户群体，其中的人员分布很广泛，来自全国各地、各行各业。所以，这就给 SNS 以无限的资源，由广大用户在使用中慢慢地帮助 SNS 积累了资源。其实用户就是资源。

（2）用户依赖性高

由于 SNS 积累了较多的资源，所以，SNS 用户可以更容易地在网站上找到自己想要的，比如，有些人希望找老乡、找些自己喜欢的东西等。通过其他用户提供的资源可以解决这个问题。又如，在 SNS 认识了一些志同道合的人，所以每天都想上去交流一番，逐渐形成了一定的用户群体，并有较高的用户黏度。

（3）互动性极强

SNS 虽然不是即时通信工具，但是它的即时通信效果也是很好的。还有可以写一些消息发给好友，这是极其方便的工具。在 SNS 网站上，人们可以就自己喜欢的、当下热点的话题进行讨论。可以发起一些投票，发出一些问题，调动所有人的智慧。

2. SNS 的特点

（1）立体化

企业能够通过先进的多媒体技术及方法，通过文字、图片或者视频等不同的表现形式对产品进行介绍，从而能够使潜在消费者更加形象、直接地接受企业传播的信息，同时也能充分发挥营销人员的主观能动性。

（2）交互式

用户可以对企业发布的产品信息即时进行沟通，并做出反馈，这样不仅可以强有力地增强与企业的互动性，加强用户与企业之间的黏性，还能帮助企业培养自己的忠实客户群体。

（3）拟人化

社交媒体上的推广往往是理性的、一对一的，并且是由用户主导的、非强迫性的、循序渐进式的营销方式，它的推广成本十分低廉，促销手段也极其人性化，免受销售人员强势推销的干扰，而且通过交互式的交流，可以与用户建立良好的长期合作关系。

（4）成长性

社交媒体使用人群的数量快速成长并遍布全球，使用者多半年轻化，属于中产阶级，教育水平较高，这部分群体的购买力极强，而且具有很大的市场影响力，因此极具市场开发潜力。

（5）整合性

企业可以利用社交媒体这个交互式的平台，将不同种类的营销活动进行统一的规划后，再进行协调实施，以一致的传播内容向消费者传达活动的目的，防止不同形式的传播渠道产生不一致的消极影响。

（6）超前性

社交媒体是一个功能十分强大的营销平台工具，它可以同时兼具产品渠道、促销手段、顾客互动、服务，以及市场信息分析等多种功能。它所拥有的一对多的营销优势，恰好和定制营销与直复式营销的未来趋势相吻合。

3. SNS 营销的优势

首先，SNS 营销可以满足企业不同的营销策略。作为一个不断创新和发展的营销模式，越来越多的企业尝试着在 SNS 上施展拳脚，无论是开展各种各样的线上活动、产品植入，还是市场调研、病毒营销等，所有这些都可以在这里实现。因为 SNS 最大的特点就是可以充分展示人与人之间的互动，而这恰恰是一切营销的基础所在。

其次，SNS 营销可以有效降低企业的营销成本。SNS 社交网络的"多对多"信息传递模式具有更强的互动性，受到更多人的关注。随着网民网络行为的日益成熟，用户更乐意主动获取和分享信息，社区用户显示出高度的参与性、分享性与互动性，SNS 社交网络营销传播的主要媒介是用户，主要方式是"众口相传"，因此与传统广告形式相比，没有大量的广告投入，相反因为用户的参与性、分享性与互动性的特点，很容易加深对一个品牌和产品的认知，容易形成深刻的印象，从媒体价值来分析形成好的传播效果。

再次，可以实现目标用户的精准营销。SNS 社交网络中的用户通常都是认识的朋友，用户注册的数据相对来说都是较真实的，企业在开展网络营销时可以很容易对目标受众按照地域、收入状况等进行用户筛选，来选择哪些是自己的用户，从而有针对性地与这些用户进行宣传和互动。如果企业营销的经费不多，但又希望能够获得一个比较好的效果，此时可以只针对部分区域开展营销，从而实现目标用户的精准营销。

最后，SNS 营销是真正符合网络用户需求的营销方式。SNS 社交网络营销模式的迅速发展恰恰是符合了网络用户的真实需求、参与、分享和互动，它代表了网络用户的特点，也是符合网络营销发展的新趋势，没有任何一个媒体能够把人与人之间的关系拉得如此紧密。无论是朋友的一篇日记、推荐的一个视频、参与的一个活动，还是朋友新结识的朋友，都会让人们在第一时间及时了解和关注身边朋友们的动态，并与他们分享感受。只有符合网络用户需求的营销模式才能在网络营销中帮助企业发挥更大的作用。

4. SNS 对企业的价值

SNS 营销不仅能够帮助企业提升品牌的美誉度，提高发布内容的关注度，优化企业搜索引擎的排名，对提升网站流量方面有显著效果，而且在商机的出现产生、内部沟通的不断完善及在线销售的促进等方面也具有一定的效果，社交媒体营销对企业的价值表现在以下几个方面。

（1）树立品牌形象，提升知名度

企业在发布信息之后，一部分用户可能会积极主动地评价和转发公司发布的信息，在企业对有关的问题进行详细的解释说明后，如果用户能够得到满意的答复，他们就会向更多的人传播企业的信息，从而进一步提升企业的知名度，形成了口碑效应，树立了企业的品牌，彰显了企业的核心竞争力。

（2）公司的信息发布平台，有效的信息传递方式

一般的社交媒体都拥有庞大的用户基础，企业能够在社交媒体上发布相关的产品信息，如果产品信息被具有大批粉丝的用户进行评论和转发，这样经过一传十、十传百，口口相传出去，信息就可能会被大量的潜在用户发掘。"社交媒体营销可以自动地将用户的品牌参与行动转变为自媒体上的新鲜事，产生公司产品信息被多次传播的广泛效果，而在企业除去自己的付费媒体之外，这些经过多次传播所产生的曝光量、点击量、行动量和粉丝量，都组成了免费的媒体部分。如果企业品牌愿意留存这些粉丝，沉淀这些深层次的曝光量和点击量，进而创立品牌的公共主页，那么有关品牌的形象也就自然形成了。"人人网全国营销总监这样认为。

（3）增加企业的曝光度，提升网站的流量

在社交媒体上，企业可以在发布相关产品或公司信息时，附带添加相关的链接，用不同的方式吸引用户的注意力，引发用户在他们自己的博客、微博、微信和论坛上讨论企业的网站。虽然这些链接都是用户自己自发性地做上去的，但肯定会带来一些高权重的外部信息的链接，这将在很大程度上提升企业网站在搜索引擎中的排名地位，因为众多的高质量外部信息链接所带来的网站流量势必会是巨大的。

（4）可以作为公司的迅速客服通道

对社交媒体用户进行实时跟踪的公司，能够快速了解到用户对公司的产品或服务产生的质疑或询问信息，并经过相应的社交媒体工具，比如通过微博或邮件进行及时回复，这样不仅可以迅速帮助用户解决实际问题，避免产生由于用户不满意而大范围、大规模地在互联网上广泛散布企业的负面信息的现象，能够更为有效地提升客户的满意度。

（5）促进销售

许多高质量的外部信息链接所带来的网站流量必然将会是十分庞大的，伴随着互联网网站点击率的提升，对企业产品和服务信息感兴趣的人也就自然增多了，潜在购买客户的数量也就增多了。同时，客户转化率也会得到相应的提高，销售业绩自然就会慢慢提升上去。

5. 跨境电子商务社交媒体选择

传统营销是销售导向的，即"将产品/服务信息传播给潜在的消费者"；现代营销是关系导向的，强调的是"与消费者的互动"。通过电视、广播和报纸等媒体广告，人们无法与消费者互动；通过搜索引擎营销和邮件营销，人们同样无法与消费者互动。或许，企业可以组织一些线下推广活动，实现面对面的互动。然而，这种线下营销不仅费用高，而且辐射面

窄。现在，随着 Facebook、Twitter 等社交网络的繁荣发展，企业开始踏入互动式的关系导向型营销时代。适合跨境电子商务营销社交媒体主要有以下几种。

(1) Facebook

Facebook 是当今全球最大的社交网络服务网站，其首页如图 6-25 所示。2015 年 8 月 24 日，Facebook 单日使用人数首次突破 10 亿，32 国青少年网络行为数据显示，Facebook 是最受欢迎的社交平台。此外，大约有 3000 万家企业在使用 Facebook，其中有 150 万家企业在 Facebook 上发布付费广告。当前，跨境 B2C 中的典型企业如兰亭集势、DX 等都开通了 Facebook 官方专页，Facebook 海外营销受到了越来越多跨境电子商务从业者的关注。当然，在面对俄罗斯市场时，应该选择 VK 而不是 Facebook。在俄罗斯乃至东欧，VK 是人们首选的社交网站。

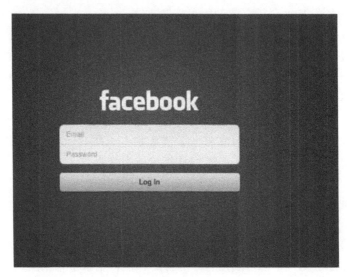

图 6-25 Facebook 首页

(2) Twitter

Twitter 是一家美国社交网络及微博客服务的网站，其首页如图 6-26 所示。Twitter 拥有超过 5 亿的注册用户，是全球互联网上访问量最大的 10 个网站之一，是微博客的典型应用。它可以让用户更新不超过 140 个字符的消息，这些消息也被称为"推文（Tweet）"，但却不妨碍各大企业利用 Twitter 进行产品促销和品牌营销。例如，从 2008 年开始，Dell 通过 Twitter 进行打折活动，获得巨大销量，同时也与顾客形成良性互动；再如，著名垂直电商 Zappos 创始人谢家华通过其 Twitter 的个人账号与粉丝互动，维护了 Zappos 良好的品牌形象。以上这两个案例其实都适用于跨境电子商务的海外营销。此外，跨境电子商务从业者们还可以利用 Twitter 上的名人进行产品推广，比如第一时间评论名人发布的"推文"，让千千万万名人的粉丝慢慢熟知自己，并最终成为自己的粉丝。

(3) Tumblr

Tumblr 是全球最大的轻博客网站，其首页如图 6-27 所示。Tumblr 含有 2 亿多篇博文。轻博客是一种介于传统博客和微博之间的媒体形态。与 Twitter 等微博相比，Tumblr 更注重内容的表达；与博客相比，Tumblr 更注重社交。因此，在 Tumblr 上进行品牌营销，要特别

图 6-26 Twitter 首页

注意"内容的表达"。比如,给自己的品牌讲一个故事,比直接在博文中介绍公司及产品效果要好很多。有吸引力的博文内容,很快就能通过 Tumblr 的社交属性传播开来,从而达到营销的目的。跨境电子商务网站拥有众多的产品,如果能从这么多的产品里面提炼出一些品牌故事,或许就能够达到产品品牌化的效果。

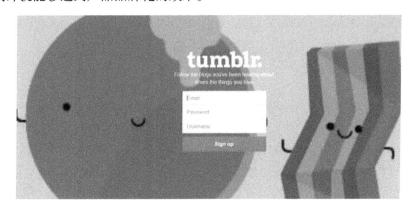

图 6-27 Tumblr 首页

(4) YouTube

YouTube 是全球最大的视频网站,每天都有成千上万的视频被用户上传、浏览和分享。相对于其他社交网站,YouTube 的视频更容易带来"病毒"式的推广效果。比如,鸟叔凭借《江南 Style》在 YouTube 上的视频分享,短时间内就得到全世界的关注。因此,YouTube 也是跨境电子商务中不可或缺的营销平台。开通一个 YouTube 频道,上传一些幽默视频吸引粉丝,通过一些有创意的视频进行产品广告的植入,或者找一些意见领袖来评论产品宣传片,都是非常不错的引流方式。

(5) Vine

Vine 是 Twitter 旗下的一款短视频分享应用,其首页如图 6-28 所示。Vine 在推出后不到 8 个月的时间,注册用户就超过了 4000 万。用户可以通过它来发布长达 6 s 的短视频,并可添加一点文字说明,然后上传到网络进行分享。社交媒体平台 8th Bridge 调查了 800 家电子商务零售商,其中 38% 的商家会利用 Vine 短视频进行市场拓展。对于跨境电子商务,显然也应该抓住这样一个免费平台,即可以通过 Vine 进行 360° 全视角展示产品,或利用缩时拍摄展示同一类别的多款产品,也可以利用 Vine 来发布一些有用信息并借此传播品牌。例如,卖领带的商家可以发布一个打领带教学视频，同时在视频中植入品牌。类似的应用还有 MixBit，由 YouTube 创始人郝利和陈士骏创办，视频长度为 16 s；此外，Facebook 旗下的 Instagram 也开发了短视频功能，时长 15 s。

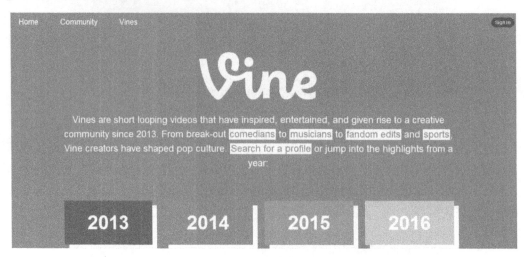

图 6-28　Vine 首页

（6）Pinterest

Pinterest 是全球最大的图片分享网站，其网站拥有超过 300 亿张图片。图片非常适合跨境电子商务网站的营销，因为电商很多时候就是依靠精美的产品图片来吸引消费者的。卖家可以在 Pinterest 上建立自己的品牌主页，上传自家产品图片，并与他人互动分享。2014 年 9 月，Pinterest 推出了广告业务。品牌广告主可以利用图片的方式，推广相关产品和服务，用户可以直接单击该图片进行购买。Pinterest 通过收集用户个人信息，建立偏好数据库，以帮助广告主进行精准营销。因此，除了建立品牌主页外，跨境电子商务网站还可以购买 Pinterest 的广告进行营销推广。与 Pinterest 类似的网站还有 Snapchat、Instagram 及 Flickr 等。

（7）其他

社交媒体营销的范围很广，除了以上渠道外，还有论坛营销、博客营销和问答社区营销等。这 3 类社区尤其适合有一定专业门槛的产品，如电子类、开源硬件等。如主打 3C 电子产品电商平台的 DX，起家时依靠的正是其创始人高超的论坛营销能力。此外，如果目标人群是毕业生或职场人士，全球最大的商务社交网站 LinkedIn 将是一个不错的选择，其首页如图 6-29 所示；Google+ 作为全球第二大社交网站，将社交和搜索紧密结合，也越来越受到营销者的青睐。

6. Facebook 平台营销技巧

Facebook 是欧洲网络零售商非常喜欢的社交媒体。然而，英国网络零售商却在 Twitter 上更加活跃，德国和西班牙等国家相较英国对 Twitter 更为推崇，有一半网络零售依靠社交媒体。电子和时尚业内的网络零售商最喜欢使用 Facebook、Twitter 和 Google+，汽车行业最常用的是 Facebook。这些网络零售商使用社交媒体的目的各不相同。有的是用来发布产品信息、折扣信息或者一些小贴士，而 B2B 供应商则给自己的分销商提供产品供应信息。德国

图 6-29　LinkedIn 首页

比价搜索引擎公司 Idealo 发布的研究的显示，Facebook 是迄今为止最受欢迎的社交网络。因此，这里选取 Facebook 平台介绍其店铺推广技巧。

（1）使用 Facebook 做店铺推广前需要掌握的知识

隶属于中国香港金佰利有限公司旗下的 Huggies 系列产品通过 Facebook 首次展开的社交媒体大型推广活动，短短两星期内吸引了 10 万粉丝，引起强烈的市场反应，创造了奇迹。这是很多营销方式不可能实现的效果。如今，通过 Facebook 等社交媒体进行企业推广营销的浪潮早已风生水起。企业通过 Facebook 推广产品与服务，与消费者进行互动，就连政府机构也无法忽视这个巨大的"国度"。

有人曾经这样描述社交网络："这是最好的时代，也是最坏的时代。好处在于，如果你想成为主角，社交网络能够帮助你迅速成为焦点。坏处在于，所有人都像孤单的游鱼，瞬间就被淹没在信息的海洋中。"这句话很好地阐述了在社交网络平台做推广的好处和弊端。推广的内容有创意、有看点，则可借助社交网络信息的低成本扩散，迅速让你成为焦点，提高曝光率。但如果推广做得平淡无奇，缺乏互动和沟通，那么就会被社交网络里的海量信息瞬间淹没，丝毫不被别人注意。那么，对于想通过 Facebook 等社交网络做推广的企业而言，究竟该如何操作才能在社交网络中既能成为焦点，又可使"生命之树常青"呢？

如果企业或个人外贸店铺想要通过 Facebook 进行相关推广工作，那么，前期工作定要考虑周全并做好充分准备。首先，营销者要考虑所经营的产品是否适合在这个平台进行推广，对不合适的产品，必然伴随着推广效果的不理想。其次，考察调研 Facebook 用户群与所经营产品的目标群的特征是否相吻合。最后，就是对维护这个平台是否有充足的人力、物力和财力，只有营销者本身具备这些实力，才会更有利于达到预期的推广效果。

企业要做的第二项准备工作就是对自己不断地产生质疑，同时进行自我解答。在准备进行 Facebook 推广前，首先考虑公司即使短期内看不到任何回报，是否有做 Facebook 推广的长期打算，做社交网络推广最重要的就是不能急于求成、急功近利。不能因在前一两个月没有给公司带来询盘或订单，就立刻放弃或减少投入。此外，公司是否有懂得 Facebook 推广的专职人员，且这位人员需要具备了解目标市场和目标客户的能力、跟粉丝互动的能力，以及掌握 Facebook 广告投放的技巧等。同时，营销者要不断思考想借助 Facebook 这个平台达到的目标是什么，以免在投入了大量人力、物力后，却把握不准目标和方向，造成资源的浪费。

无论是细致缜密的思考，还是自问自答式找问题的方式，都是出自管理者本身。若想成功做好 Facebook 推广，企业还应具备一定的外在条件。如正常登录及运营 Facebook 账号的硬件条件。软件方面，即内容和人才。做 Facebook 推广，内容很关键，吸引粉丝的前提是有高质量的内容，以及运营 Facebook 的人才。这些人必须具备创作高质量的内容、与粉丝互动，以及能够清晰明了地将公司的定位、产品和服务等内容有效地传达给潜在客户的能力。

（2）Facebook 推广操作运营

当所有的准备工作就绪后，即可开始 Facebook 的运营。

1）创建企业页面。

创建一个页面是开展 Facebook 营销的第一步，也是至关重要的一步。Facebook 一向以良好的用户交互设计著称，无须特别的技术背景，在 Facebook 上创建一个属于公司的页面是一件非常容易的事情。但如果想使自己的页面足以吸引客户，扩大自己公司的影响力，并想借助 Facebook 平台开展商业活动，就并非易事了。

首先，Facebook 的页面分为 Local Business or Place（当地企业或地方）、Company, Organization or Institution（公司，组织或机构），以及 Brand or Product（品牌或产品）几大类（如图 6-30 所示），企业一般都会选择 Brand or Product，即产品或服务。

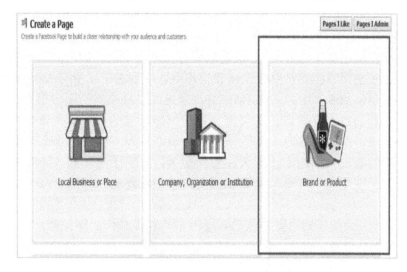

图 6-30　创建 Facebook 页面

选好页面后，就需起一个可以体现公司特点、能够吸引人的名字了，可以用公司的名字、品牌的名字或者产品的名字等为名称（如图 6-31 所示），但需要注意的是，所起的名字需要与页面内容相符。如果希望增大用户在搜索栏搜到公司页面的可能性，建议最好根据产品名字来取页面的名字，就和做 SEO 的选取关键词一样。

其次，关于专业信息的填写，根据产品信息将其填写完整即可。这些信息必须包括告知用户公司或品牌的基本描述信息、官方网站、联系方式及创建信息等。

再次，就是需要做些如欢迎页面、Poll 投票或 FBML 静态页面等应用程序的加载。在公司有条件的情况下，也可根据自己的需求做些更适合自己的插件来使用。

最后，当企业页面准备就绪后，就可通过 Facebook 官方网站的插件将其添加到网站上（如图 6-32 所示）。

图 6-31　设置名称　　　　　　　图 6-32　将页面添加至网站

2）吸引粉丝并与粉丝互动。

Facebook 提供了 3 个工具，可以帮助企业专页能够吸引更多粉丝，也可以让自己的品牌与消费者连接得更紧密。

① Facebook 的任务控制中心：Facebook 的任务控制中心，所有品牌相关的 Facebook 行销活动都会连到这里。尤其在加了动态时报（Timeline）后，不仅可以放置更具代表性的封面照片，也可把重要内容置顶。同时，后台的分析数字会让大家更及时地知道哪些内容比较受粉丝喜爱。

② 广告 Sponsored Stories：如果企业想吸引更多的粉丝加入，可选择将一则专页上的内容设定成广告，并决定这则广告的目标族群是谁，例如只显示给还不是粉丝的人。广告的内容除了是自己原本设定的内容以外，还会将朋友与该粉丝专页的互动也显示出来，这种类型的广告可以帮用户触及粉丝数 3～5 倍的会员，即让品牌与人的距离更加拉近。

③ 外挂（Social Plug-in）：这个较适用于网站上已有固定流量的品牌，比如，在购物网站上可以看到哪个朋友也喜爱某件商品，或是哪些朋友已经加入粉丝专页。

另外，能引起粉丝互动的内容格式以影片为首，其次是照片，最后是纯文字形式，周末或放假时更新的专页信息会比平时更容易被人看到。

6.2.2　搜索引擎营销

搜索引擎目前仍然是最主要的网站推广手段之一，尤其是基于自然搜索结果的搜索引擎推广，到目前为止仍然是免费的，因此受到众多中小网站的重视，搜索引擎营销方法也成为网络营销方法体系的主要组成部分。在跨境网络营销活动中，搜索引擎营销能帮助跨境企业实现网站推广、产品促销、网络品牌推广和网上市场调研等目标。

1. 概念

搜索引擎营销（Search Engine Marketing）简称为"SEM"，就是根据用户使用搜索引擎的方式，利用用户检索信息的机会，尽可能地将营销信息传递给目标用户。简单来说，搜索引擎营销就是基于搜索引擎平台的网络营销，利用人们对搜索引擎的依赖和使用习惯，在人们检索信息时将信息传递给目标用户。搜索引擎营销的基本思想是让用户发现信息，并通过点击进入网站或网页，进一步了解所需要的信息。企业通过搜索引擎付费推广，让用户主动找到企业，并点击企业的广告，最终和企业产生联系或下单。

搜索引擎营销的基本思想是让用户发现信息，并通过（搜索引擎）搜索点击进入网站/网页，进一步了解他所需要的信息。在介绍搜索引擎策略时，一般认为，搜索引擎优化设计的主要目标有两个层次：被搜索引擎收录、在搜索结果中排名靠前。简单来说，SEM所做的就是以最小的投入在搜索引擎中获得最大的访问量并产生商业价值。多数网络营销人员和专业服务商对搜索引擎的目标设定也基本处于这个水平。但从实际情况来看，仅仅做到被搜索引擎收录并且在搜索结果中排名靠前还很不够，因为取得这样的效果实际上并不一定能增加用户的点击率，更不能保证将访问者转化为顾客或者潜在顾客，因此只能说是搜索引擎营销策略中两个最基本的目标。

2. 搜索引擎营销的特点

（1）搜索引擎推广方法与企业网站密不可分

一般来说，搜索引擎推广作为网站推广的常用方法，在没有建立网站的情况下很少被采用（有时也可以用来推广网上商店、企业黄页等），搜索引擎营销需要以企业网站为基础，企业网站设计的专业性对网络营销的效果又产生直接影响。

（2）搜索引擎传递的信息只发挥向导作用

搜索引擎检索出来的是网页信息的索引，一般只是某个网站/网页的简要介绍，或者搜索引擎自动抓取的部分内容，而不是网页的全部内容，因此这些搜索结果只能发挥一个"引子"的作用，如何尽可能好地将有吸引力的索引内容展现给用户，是否能吸引用户根据这些简单的信息进入相应的网页继续获取信息，以及该网站/网页是否可以为用户提供其所期望的信息，这些就是搜索引擎营销所需研究的主要内容。

（3）搜索引擎营销是用户主导的网络营销方式

没有哪个企业或网站可以强迫或诱导用户的信息检索行为，使用什么搜索引擎、通过搜索引擎检索什么信息完全由用户自己决定，在搜索结果中点击哪些网页也取决于用户的判断。因此，搜索引擎营销是由用户所主导的，最大限度地减少了营销活动对用户的滋扰，最符合网络营销的基本思想。

（4）搜索引擎营销可以实现较高程度的定位

网络营销的主要特点之一就是可以对用户行为进行准确分析并实现高程度定位，搜索引擎营销在用户定位方面具有更好的功能，尤其是在搜索结果页面的关键词广告，完全可以实现与用户检索所使用的关键词高度相关，从而提高营销信息被关注的程度，最终达到增强网络营销效果的目的。

（5）搜索引擎营销的效果表现为网站访问量的增加而不是直接销售

了解这个特点很重要，因为搜索引擎营销的使命就是获得访问量，因此作为网站推广的主要手段，至于访问量是否可以最终转化为收益，不是搜索引擎营销可以决定的。这说明，提高网站的访问量是网络营销的主要内容，但不是全部内容。

（6）搜索引擎营销需要适应网络服务环境的发展变化

搜索引擎营销是搜索引擎服务在网络营销中的具体应用，因此在应用方式上依赖于搜索引擎的工作原理、提供的服务模式等，当搜索引擎检索方式和服务模式发生变化时，搜索引擎营销方法也应随之变化。因此，搜索引擎营销方法具有一定的阶段性，与网络营销服务环境的协调是搜索引擎营销的基本要求。

3. 搜索引擎营销过程

（1）搜索引擎平台的选择

目前全球搜索引擎网站数量众多，但是占据全球搜索引擎市场份额最大的是 Google，因此开展跨境营销通常首选 Google（如图 6-33 所示）。但是也有例外，如俄罗斯人搜索首选的是 Yandex（如图 6-34 所示），而韩国则是 NAVER（如图 6-35 所示）。总之，做 SEM 推广时一定要挑选当地主流的搜索引擎。

图 6-33　Google 首页

图 6-34　Yandex 首页

（2）搜索引擎营销方法

1）搜索引擎优化（Search Engine Optimization）。其英文缩写为 SEO，是指通过站内优化（网站结构调整、网站内容建设和网站代码优化等）及站外优化（网站站外推广、网站品牌建设等），使网站满足搜索引擎收录排名需求，在搜索引擎中提高关键词排名，从而吸

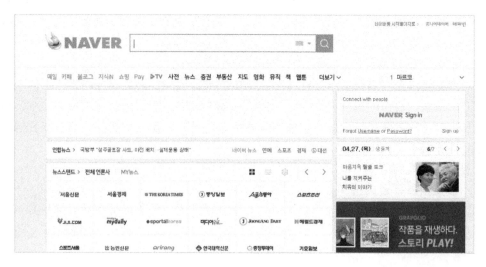

图 6-35 NAVER 首页

引精准用户进入网站,获得免费流量,产生直接销售或品牌推广。以谷歌优化为例,谷歌(Google)优化是针对 Google 搜索引擎进行的"搜索结果优化",是指根据 Google 搜索引擎的网站排名规则进行网站的规划和网页的设计,以确保网站从内容、结构和链接等尽量符合 Google 排名规律,能在 Google 搜索结果中获得较好的排位,让更多的潜在客户能够很快地找到,从而求得网络营销效果的最大化。Google 优化的主要工作是通过了解 Google 如何抓取互联网页面、如何进行索引,以及如何确定其对某一特定关键词的搜索结果排名等技术,来对网页进行相关的优化,使其提高 Google 排名,从而提高网站访问量,最终提升网站的销售能力或宣传能力的技术。优化内容包括内部优化、外部优化和链接优化 3 方面。内部优化主要是 meta(标签)优化、内部链接的优化和网站内容更新。外部优化主要是保持外部链接多样性、更新和增加外部链接、友情链接互换。链接优化包括网站结构优化、搜索引擎抓取网页的方式、链接结构优化和关键词优化。

2)竞价排名。这是一种按效果付费的网络推广方式。只需用少量的投入就可以给企业带来大量潜在客户,有效提升企业销售额和品牌知名度。竞价排名按照给企业带来的潜在客户访问数量计费,企业可以灵活控制网络推广投入,获得最大回报。竞价排名的基本特点是按点击付费,推广信息出现在搜索结果中(一般是靠前的位置),如果没有被用户点击,则不收取推广费。在搜索引擎营销中,竞价排名的特点和主要作用如下:①按效果付费,费用相对较低;②出现在搜索结果页面,与用户检索内容高度相关,增加了推广的定位程度;③竞价结果出现在搜索结果靠前的位置,容易引起用户的关注和点击,因而效果比较显著;④搜索引擎自然搜索结果排名的推广效果是有限的,尤其对于自然排名效果不好的网站,采用竞价排名可以很好地弥补这种劣势;⑤企业可以自己控制点击价格和推广费用;⑥企业可以对用户点击情况进行统计分析。

3)广告联盟。通常是指网络广告联盟。网络广告联盟又称联盟营销,是指集合中小网络媒体资源组成联盟,通过联盟平台帮助广告主实现广告投放,并进行广告投放数据监测统计,广告主则按照网络广告的实际效果向联盟会员支付广告费用的网络广告组织投放形式。广告联盟分为两种,一类是靠中小会员站来发布广告的,如 Google 联盟、百度联盟(如图 6-36 所示）等，他们自己本身没有广告发布网站，靠的就是庞大的中小站长的网站来展示广告并且消耗点击量，广告联盟挣取佣金；另一类是大型门户站的广告联盟，如新浪竞价，他们的广告发布都是在新浪网站上进行发布的，广告联盟下面没有中小网站。以 Google 为例，Google 联盟隶属于 Google 公司，是连接网站主和广告主之间的桥梁。广告主可以通过 Google 联盟投放自己的广告，网站主可以通过投放 Google 联盟承接的广告获得收益。Google 联盟是一项免费的广告计划，通过它，在线发布商可以利用种类繁多的在线内容来展示具有相关性的广告并获得收益。Google 联盟通过网民的历史搜索判定网民感兴趣的内容，从而提升广告投放的准确性。这是搜索引擎组建广告联盟的优势之一。Google 联盟按点击计费，单纯展示没有收费。

图 6-36　百度联盟首页

4. 搜索引擎工作原理

在互联网时代，对用户来说，搜索引擎是人们经常接触到的。国内最有名的是百度，国外最有名的是 Google。搜索引擎根据一定算法运用特定的计算机程序从互联网上搜集信息，对信息进行加工处理后，将用户检索的信息呈现给用户的信息检索系统。

在研究企业如何进行 SEO 之前，应该先了解搜索引擎工作的过程。

（1）搜索引擎的工作过程

搜索引擎包括很多种类，如全文索引、目录索引、元搜索引擎和垂直搜索引擎和集合式搜索引擎等。Google 是典型全文索引搜索引擎，也是目前广泛应用的主流搜索引擎，它是从互联网抓取各个网站信息，建立数据库，并能检索与用户查询条件相匹配的记录，按一定顺序返回结果。在研究搜索引擎的工作过程时，也可以明白为什么进行 SEO 时要特别重视某些因素的优化，其实这都是根据搜索引擎工作原理而提出来的。搜索引擎的工作过程一般可以分为 4 步。

1）爬行：搜索引擎派出"蜘蛛"在互联网上跟踪网页链接。所谓"蜘蛛"，或被称为机器人（bot），是搜索引擎用来抓取网页的一种程序，因为这些程序像蜘蛛一样在网络间爬来爬去，反复不知疲倦，因此形象地称为"蜘蛛"。搜索引擎派出"蜘蛛"从一个链接跟踪另一个链接，以极快的速度不间断地爬行，当然"蜘蛛"的爬行也是遵循一定规则的，一般有深度优先和广度优先两种规则。不管哪种规则，"蜘蛛"都是跟踪已有的数据库的网页中的链接，以发现更多的网页，因此跟踪的链接是搜索引擎发现新网址的最基本办法。

因此对于网站来说，若是其他有指向自己的链接，即导入链接，那么自己的网站被搜索引擎发现的可能性就更大，这也是为什么网站如此重视导入链接，普遍对导入链接进行优化的原因；有越多的网站指向自己，被"蜘蛛"发现的概率越高，被搜索引擎索引的可能性越高；而且若指向自己网站的链接的质量比较高，那么网站被"蜘蛛"当成高质量的可能性也越高，因此企业进行 SEO 优化时非常重视导入链接的数量和质量；另外，也可以通过提交站点地图方式通知"蜘蛛"来索引自己的网站。

2）抓取和存储："蜘蛛"跟踪链接爬行到网页，并把爬行和抓取的数据存入原始页面数据库，其页面与用户浏览器得到的 HTML 内容是完全一样的，"蜘蛛"在抓取页面时也会做一定的重复内容检测，一旦遇到权重很低，网站上有大量抄袭、复制内的容，可能就会中途放弃对该页面的爬行，这也是为什么很多网站没有被搜索引擎收录的原因。其实"蜘蛛"跟人有相似之处，"蜘蛛"也喜欢新鲜的东西。当"蜘蛛"发现网站内容是原创，与别的网页几乎完全不同，那么"蜘蛛"会特别喜欢这些内容，会快速爬行过来并且抓取到搜索引擎的数据库中。

因此，企业进行 SEO 时必须注意网站内容的原创性，尽量避免复制别人网站的内容，以吸引"蜘蛛"来抓取网页内容，存储到搜索引擎的数据库中。

3）索引及预处理：搜索引擎将"蜘蛛"爬行过后抓取到的页面信息做如下预处理。

① 提取文字。搜索引擎一般只能识别文字内容，识别不了图片、音频和视频信息，因此网站尽量以文字内容为主，即保证文本比率。

② 分词处理。即对词语进行拆分，为了避免搜索引擎对关键词拆分开，可以用某关键词前后加上 < strong > </strong > 来提醒搜索引擎这是一个关键词。

③ 去停止词。即去掉那些 the 、a、of 和 for 等在页面中出现频率很高但是对网页内容没有什么影响的词语，因此那些试图通过添加 the、a 和 an 等词语将别的网站内容变成自己网站原创内容的方法是行不通，网站必须要有自己真正原创的内容，因为这些小伎俩是逃不过搜索引擎的审核的。

④ 再经过消除噪声、去重等步骤，搜索引擎会对页面建立正向索引，用巨大的表格形式将这些处理结果存入数据库中，包括网页文字内容、关键词出现的频率、位置、字体位置、字体颜色、是否加粗和是否倾斜等信息也都会记录在该索引表内，即把抓取到的页面形成一个页面和对应的关键词的集合，在正向索引中页面是主体。

由于用户在搜索时直接输入关键词，因此正向索引不利于搜索引擎将结果快速反馈给用户，因此搜索引擎根据正向索引建立了反向索引表，把正向索引形成的页面和对应关键词的集合变成关键词和对应的页面，在反向索引中关键词是主体。当用户搜索某关键词时，搜索引擎可以根据反向表快速把相关页面反馈给用户。同样，在反向索引表中，网页文字内容及关键词的相关信息会被记录下来。因此，企业进行 SEO 时必须重视关键词的选择、分布等因素。

4）排序：当用户在搜索引擎界面检索个关键词时，搜索引擎会对该关键词进行非常快速的处理，会根据排名算法初步确定网站的排名，然后进行过滤及调整，当最终排名确定后，程序会调用这些页面的标题、meta 标签描述和 URL 信息反馈给用户，这就是用户在搜索某关键词时看到的结果页面。因此，网站进行 SEO 优化时必须要对网页的 title、meta 描述及 URL 信息进行优化。Google 排名算法的核心部分是众所周知的 Page Rank 算法，接下来会简单介绍该算法的原理，以便更深入地了解需要对哪些因素进行优化。

（2）搜索引擎的排名算法

在 Google 出现之前，包括雅虎在内的搜索引擎都是通过用户输入的关键词跟网站内容的匹配程度来判断网页是否满足用户要求，但后来一些网站为了提高排名，在网页中加入一些跟网站无关的关键词，因此在返回给用户的搜索结果中出现了大量垃圾信息，Google Page Rank 算法的出现在一定程度上解决了这个问题。Page Rank 算法是基于链接分析来判断网站价值的，比较客观地评价了网站的重要性。网页通过 Page Rank 算法之后会得到一个评级，即 PR 值，它代表网站受欢迎的程度，PR 值的范围是 0～10，PR 值越大，表明网站越受欢迎。

Page Rank 算法的基本思路是，将被链接页面的所有导入链接页面的 PR 值除以存在于该页面的导出链接数的值相加，即是被链接页面的 PR 值。它是基于"从许多优质页面链接过来的页面，必定还是优质页面"的原理。Page Rank 算法是通过别人网站的投票来证明自己网站的重要性的，是 Google 排名算法的核心思想，因此网站优化时如何获得高质量的外链是网站排名的极其重要的因素。当然 Page Rank 也不是 Google 排名的唯一依据，Google 还会综合考虑网站关键词及内容的匹配度等其他方面的因素，最终返回给认为是用户最需要的一个排序结果。也正是因为 Google 的 Page Rank 算法，所以进行 SEO 时，企业必须重视导入链接数量和质量这个因素。

通过对搜索引擎索引过程的了解可以发现，企业进行 SEO 时，可以采取的优化策略包括：重视导入链接的数量和质量、提交站点地图；网站内容原创；保持页面的文本比率；重视关键词的选择和分布；优化标题、meta 描述和 URL 信息等。对这些因素进行优化，可以更好地配合搜索引擎进行索引。

通过对 Google 搜索引擎排名算法的简单介绍可以发现，在 Page Rank 算法的作用下，任何一个导入链接几乎都能增加网站的 PR 值，因此，企业进行 SEO 时必须关注导入链接的建设；而导出链接可能会导致网页 PR 值的损耗，为了抵消这种损耗，需要确保链接是互给的，也即进行交换链接。因此，企业进行 SEO 时可以采取交换链接的方式，要重视导入链接这个因素。

总之，搜索引擎的索引过程及 Google 搜索引擎的排名算法理论是密不可分的，两者配合工作，缺一不可，共同构成了搜索引擎的工作原理，这也是企业采取各种 SEO 方法的理论基础。

（3）搜索引擎 SEO 的方法

1) 关键词个数及长度优化。

关键词优化不仅包括关键词个数、关键词长度的优化，也包括关键词密度的优化，但是由于关键词密度更多涉及的是关键词在页面中布局的问题，与关键词个数及长度主要体现在 meta、keywords 中不同，因此把关键词密度作为一个独立的 SEO 方法进行研究，此处仅考虑关键词个数和长度因素。

所谓关键词个数，也就是该页面关键词的量。一般来讲，每页的关键词个数以 3～5 个最好，针对这 5 个关键词进行优化的效果会更好，但也不能只用单一词汇，多词短语被用户搜索的几率更高些，因而多词短语比单一词汇更好些。

同时要把关键词个数和长度结合起来进行优化。关键词的长度要结合网站自身的定位来确定。若是有实力的大企业，竞争性高的关键词也能排在前面，那么关键词短些也是可以的。若是实力一般甚至比较薄弱的中小企业，那么尽量避免竞争激烈的核心关键词，选择长度较长的长尾关键词会是明智之举，因此关键词长度的确定需要综合考虑企业各方面因素。

2）页面结构优化。

页面尺寸即page size，这里将其定义为页面HTML文件的大小，不包括图片、CSS和JavaScript等的大小。页面尺寸的不同，传达给用户和信息量也不同，而且对网页的打开速度也有影响，虽然页面尺寸越大，传达给用户的信息量多，但是可能会影响网页打开速度，所以页面尺寸并不是越大越好。因为这里定义页面尺寸仅指HTML文件的大小，因此最好的页面尺寸一般不超过15 KB。

3）链接优化。

导入链接，俗称外链，又称外部链接、反向链接，虽然名称不一样，但是含义都一样，即从别的网站导入到自己网站的链接，表明别的网站是否给你"投票"。若网站足够好，那么给你投票也会很多，这是Google衡量一个网站质量的重要标准。导入链接的重要性不言而喻，它可以提高网站权重，促使排名靠前。

与导入链接相对应的是导出链接，是本网站指向其他网站的链接。如果网站内容与本网站的主题相关联，那么同样体现了对搜索引擎友好。一般认为，页面导出链接的数量应该控制在15个以内，首页的导出链接更应该控制在10个以内，因为一般认为，一个页面的导出链接越多，该网站的其他收益就会相应减少。

4）SERP页面因素优化。

SERP页面，即Search Engine Ranking Page，搜索引擎结果页面，包括URL的优化、title（标题）的优化和meta（元标签）描述的优化。title、meta描述信息是当用户搜索某关键词时，SERP页面返回给用户的关于这些网站的简略但最基本的信息，用户会根据这些来判断该网站是否是其所需要的，所以这些信息是非常重要的。但title、meta描述信息是有字数限制的，尤其是title不要超出20个汉字，这是针对中文网页优化提出的。一般认为，英文标题长度在80个字母以下比较好，把网站的重点内容放在这80个字母中有利于用户做出正确的判断；meta描述的内容可以比标题丰富，一般建议meta描述长度在70～200个字母之间，那些无法在title中呈现的信息可以放在meta描述中。

5）文本比率。

文本比率，或者称之为Text/Html比率，即每个页面中text文本的内容占整个页面文本的内容的比率，用来衡量该页面提供给访客的信息，也是因为搜索引擎只能识别文本类型的信息，对图片、音频和视频类型的信息识别不了。

文本比率衡量的是该页面文本信息的比重，一些网站为了追求视觉效果设计了很多图片，甚至音乐、视频等信息，但是却忽略了用户最关注的文字信息。文字可以传达给用户更多内容，而且适当提高文字比重，降低图片和音乐的比重，能够方便搜索引擎的索引，可以提高网站的反应速度，减少访客的等待时间，提高用户体验。

6）关键词密度。

在介绍关键词个数及长度优化因素时，提到关键词优化不仅包括关键词个数、关键词长度的优化,也包括关键词密度的优化,但是关键词密度涉及更多的是关键词在页面中布局的问题。

关键词密度是指关键词在某一网页中出现的次数与该面总文字数的比率。总文字数不包括 html 代码。关键词密度是用百分比来表示的。合理的关键词密度可以帮助网站获得较好的排名,但是过高的关键词密度会起到相反效果。一般来讲,关键词密度在 10% 以下是有益于网站优化的。

案例分析

L'Occitane en Provence 的品牌推广

Facebook Canvas 是 Facebook 发布的具有交互式全屏广告的功能,它可以将图片、视频、文本和 CTA 按钮整合到一个单一的内容模式中,帮助企业设计出引人入胜的手机端内容体验。企业为特定产品建立一个迷你网站,网站内容包括幻灯片、图文信息和视频等。而移动端用户可以在不离开 Facebook 的前提下,通过简单的单击、滑动等操作来实现交流互动。当用户单击时,广告快速加载完毕,再通过单击右上角的关闭符号回到 Facebook 页面,用户平均停留时间为 31 s,最长则超过 70 s,总体上有 53% 的用户浏览了超过一半的内容。更重要的是,广告的制作成本并不高,Facebook 建立了一个可以实时预览的 Web 界面,不需要任何代码设计,仅在 iOS 和 Android 端实现。

L'Occitane en Provence 创立于 1976 年,是脸部和身体护理、香氛及家居用品领域的一流制造商,其产品的开发和生产均在法国马诺斯克完成,生产原料完全来自当地。作为具有高度社会意识的品牌,L'Occitane 在产品生产过程中十分注重环保,且原料买入严守公平贸易原则。

L'Occitane 推出的 Canvas 广告吸引了一批参与度很高的受众,他们中的大多数人完整观看了广告。该公司计划对这批受众进行测试,通过对比其他营销方法来衡量 Canvas 广告花费回报的提升情况。

2015 年 12 月 7 日至 20 日投放的广告取得如下成果:对比链接式广告,Canvas 的广告回响度高达 11%;Canvas 广告平均互动时间达 34 s;广告总共覆盖 230 万人。

L'Occitane 使用 Facebook 的 Canvas 广告来提高品牌知名度,推广其假日礼品套装。Canvas 是一种互动式移动广告,让客户无须离开 Facebook 即可完成购买前的沉浸式品牌体验。L'Occitane 在广告中以视频短片和静态图片配合简洁凝练的文案,向客户介绍每款产品的发展历史及关键原材料的种种优势,讲述丰富多彩的品牌故事。为了寻找和吸引最有可能成为顾客的新消费群体,该公司基于已有的客户列表及网站访客信息确定了类似受众,并向他们投放广告。广告的视频部分围绕产品原料讲述了 3 个不同的故事,并着重强调品牌使用纯正原料的承诺。静态图片则展示完整的产品照片和原料详图,以及拆包后的假日礼品套装。广告文案向用户介绍了产品的优势,并号召用户链接到 L'Occitane 网站进行购买。虽然互动广告的多个重要区域都设有行动号召按钮,但 L'Occitane 发现大部分用户都会通过最终的行动号召按钮访问其网站,这说明在 230 万用户中,绝大多数都完整地观看了广告。由此可见,Canvas 不仅帮助企业讲述品牌及产品背后的丰富故事,更在节假日礼物消费高峰期间推高客户转化率。

L'Occitane 推出的 Canvas 广告吸引了一批参与度很高的受众,他们中大多数人完整观看了广告。该公司计划对这批受众进行测试,通过对比其他营销方法来衡量 Canvas 广告花费回报的提升情况。

2015 年 12 月 7 日至 20 日投放的 Canvas 广告取得了平均互动时间 34 s,广告总共覆盖 230 万人的良好效果。

结合本案例,请分析以下问题。
1. 结合案例,分析 Facebook 的 Canvas 的优势有哪些?
2. 结合案例,说明 Facebook 的 Canvas 可以为哪些企业实现怎样的营销目标?

本章小结

随着越来越多的企业开始开展跨境电子商务业务,国际市场竞争日益加剧,要想在竞争中得到一席之地,跨境网络营销的重要性不言而喻。本章从平台内推广和平台外网络营销推广两个方面展开。平台推广以速卖通为例,介绍了平台推广工具速卖通直通车和限时限量折扣、全店铺满立减、店铺优惠券、全店铺打折、数据纵横和产品互链等店铺推广工具。平台外网络营销推广的方式有很多,本章着重介绍目前应用最广泛的社交媒体营销和搜索引擎营销。

本章习题

1. 说明速卖通直通车的使用流程。
2. 速卖通店铺推广工具有哪些?其优势分别是什么?
3. 简述 SNS 营销的概念和优势。
4. 如何选择实施 SNS 营销的社交媒体?
5. 简述搜索引擎营销的概念和特点。
6. 简述搜索引擎营销的过程。
7. 登录各个跨境平台并查阅资料,对各平台的营销工具进行比较。

第7章 跨境电子商务与CRM

由于跨境经营的距离及空间因素,跨境电子商务与客户之间关系的维持必须依赖强有效的客户关系管理来进行,因此,客户关系管理对跨境电子商务的重要性不言而喻。而跨境电子商务环境下的客户关系管理,主要是从企业的竞争和战略出发,使用以互联网为主的现代信息技术,通过对公司业务流程中的客户关系管理,提高客户的满意度和认可,维持良好长久的客户关系,拓宽企业的无形资产基础,为有关的业务提供决策依据,提高业务办理效率,从而为企业争取更广的市场和有力的竞争优势。本章将介绍客户关系管理的概念与内涵、跨境电子商务CRM系统设计和数据挖掘在客户分析中的应用等内容。

导入案例:

亚马逊对中国推 Prime 计划

据美国2016年10月31日的《华尔街日报》报道,亚马逊公司于10月28日在中国推出Prime会员计划,希望以此搭上中国消费者海淘热的顺风车。

中国的Prime会员无论是国内购物还是海淘,将享受无限次免费配送。Prime会员费用为每年人民币388元(约合57美元),在2017年2月底之前加入可享受人民币188元(约合28美元)的首年优惠价。该服务将涵盖亚马逊中国网站逾900万款商品及亚马逊全球商店400万款商品,国内订单全年零门槛无限次免费配送,跨境订单单笔需满人民币200元才可享受免邮。亚马逊估计大部分会员可在5~9个工作日内收到海淘订单包裹。

美国电商巨头亚马逊在中国推出Prime会员正值阿里巴巴和京东增加海外购商品种类之际。

亚马逊中国Prime是首批针对中国消费者推出的基于订购的电商会员服务之一。今年早些时候,京东推出了京东会员Plus服务,年费为人民币149元,其中包含畅读电子书服务及每个月5次的免运费服务。京东未予披露其会员数量。

——引自:深圳新闻网(有删减)

7.1 客户关系管理的概念与内涵

7.1.1 CRM 的概念

CRM是英语Customer Relationship Management的简写,译为"客户关系管理",客户关系管理的理论来源于西方的市场营销理论,最早产生于美国并得到发展。在市场营销中,为了使顾客满意,企业必须准确掌握顾客的各种信息,把握顾客的各种需求,适应个性化的需要，提供更便捷的服务。20世纪90年代以后，伴随着互联网和电子商务的大潮，客户关系管理不断得以提升和完善。

客户关系管理的概念，从不同的角度出发有不同的说法。结合营销理念、业务流程和技术支持3方面的特点，可将客户关系管理定义为：CRM是现代信息技术、经营理念和管理思想的结合体，它以信息技术为手段，以客户为中心，对业务流程进行重新组合和设计，形成一个自动化的解决方案，以提高客户的忠诚度，最终实现效益的提高和利润的增长。

该客户关系管理的定义满足了以下几点要求。

1）比较全面地概括了目前企业界和理论界对于客户关系管理的各种认识和思考。
2）比较系统地反映出客户关系管理的思想、方法和应用各层面的内容。
3）比较科学地界定客户关系管理的应用价值。

客户关系管理所要追求的是顾客价值和关系价值之间的平衡，以实现价值的最大化。一方面，通过实现顾客价值提高顾客的满意度，促进其对供应商的忠诚，进而促进关系的质和量的全面提高，进一步增加该顾客的关系价值；另一方面，通过对关系价值的管理，企业将资源和能力集中在关系价值最高的顾客身上，为其提供高质量的产品或服务，满足其需要，进而实现顾客价值的最大化。信息技术支持了顾客价值最大化和关系价值管理这两项活动。

7.1.2 CRM的内涵

1. CRM是一种管理理念

CRM的核心思想是将企业的客户（包括最终客户、供应商、分销商及其他合作伙伴）作为重要的企业资源，通过完善的客户服务和深入的客户分析来满足客户的个性化需求，提高客户满意度和忠诚度，进而保证客户终生价值和企业利润增长的实现。

CRM吸收了数据库营销、关系营销和"一对一"营销等最新管理思想的精华，通过满足客户的特殊需求，特别是满足最有价值客户的特殊需求，来建立和保持长期稳定的客户关系。客户与企业之间的每一次交易都使得这种关系更加稳固，从而使企业在同客户的长期交往中获得更多利润。

CRM的宗旨是通过与客户的个性化交流来掌握其个性需求，并在此基础上为其提供个性化的产品和服务，不断增加企业给客户的交付价值，提高客户的满意度和忠诚度，最终实现企业和客户的双赢。

2. CRM是一种管理机制

CRM也是一种旨在改善企业与客户之间关系的新型管理机制，实施于企业的市场营销、服务与技术支持等与客户相关的领域，对企业与客户发生的各种关系进行全面管理。企业与客户之间发生的关系，不仅包括单纯的销售过程所发生的业务关系，如合同签订、订单处理、发货和收款等，而且包括在企业营销及售后服务过程中发生的关系。如在企业市场活动和市场推广过程中与潜在客户发生的关系。在与目标客户接触的过程中，内部销售人员的行为、各项活动及其与客户接触全过程所发生的多对多的关系，还包括售后服务过程中，企业服务人员对客户提供关怀活动、各种服务活动、服务内容和服务效果的记录等，这也是企业与客户的售后服务关系。

CRM 是一种管理机制，对企业与客户间可能发生的各种关系进行全面管理，将会显著提升企业营销能力，降低营销成本，控制营销过程中可能导致客户不满的各种行为。

3. 进一步延伸企业供应链管理

20 世纪 90 年代提出的 ERP（Eenterprise Resource Planning，企业资源规划）概念，原本是为了满足企业的供应链管理需求，但 ERP 的实际应用并没有达到企业供应链管理的目标。这既有 ERP 软件本身功能方面的局限性，也有 IT 技术发展阶段的局限性，最终 ERP 系统成为帮助企业实现内部资金流、物流与信息流一体化管理的系统。

CRM 作为 ERP 系统中销售管理的延伸，借助 Web 技术，突破了供应链上企业间的地域边界和不同企业之间的信息交流的组织边界，建立起企业自己的 B2B 网络营销模式。CRM 与 ERP 系统的集成运行才真正解决了企业供应链中的下游链管理，将客户、经销商与企业销售全部整合到一起，实现企业对客户个性化需求的快速响应。同时也帮助企业清除了营销体系中的中间环节，通过新的扁平化营销体系，缩短响应时间，降低销售成本。

4. 客户关系管理的层次

1）理念层：企业全体员工必须树立以客户为中心的理念，这是 CRM 的核心。
2）执行层：在执行过程中，企业要像一个人一样，政策和态度始终如一。
3）原理层：市场营销和网络营销的理论要始终贯穿。
4）软件层：有一套对外连接客户、对内连接所有部门的软件平台。
5）硬件层：网络建设、计算机设备等是 CRM 实施的基本条件。

CRM 的层次结构如表 7-1 所示。

表 7-1　CRM 的层次结构

层　次	特　征
理念层	以客户为中心，提高客户满意度
执行层	企业各个部门，一个声音对外
原理层	市场营销，网络营销
软件层	前台：客户前台软件，客户服务软件，网站
	后台：营销自动化，销售自动化，部分 ERP
硬件层	网络硬件基本设施

7.1.3　CRM 的分类

客户关系管理按照不同的分类标准有不同的类型，主要有以下 3 种分类。

1. 按目标客户分类

并非所有的企业都能执行相似的 CRM 策略，这意味着当同一公司的不同部门或地区机构在考虑 CRM 实施时，可能事实上有着不同的商务需要。同时，另一个经常出现的因素是不同的技术基础设施。因此，根据客户的行业特征和企业规模来划分目标客户群，是大多数 CRM 的基本分类方式。在企业应用中，越是高端应用，行业差异越大，客户对专业化的要求也越高，因而，有一些专门的行业解决方案，如银行、电信和大型零售等 CRM 应用解决方案。而对中低端应用，一般采用基于不同应用模型的标准产品来满足不同客户群的需求。

一般将 CRM 分为以下 3 类。

1）以全球企业或者大型企业为目标客户的企业级 CRM。
2）以 200 人以上、跨地区经营的企业为目标客户的中端 CRM。
3）以 200 人以下企业为目标客户的中小企业 CRM。

在 CRM 应用方面，大型企业与中小企业相比有很大差别。大型企业自业务方面有明显的分工，各业务系统有自己跨地区的垂直机构，形成了企业纵横交错的庞大而复杂的组织体系，不同业务、不同部门、不同地区间实现信息的交流与共享极其困难；同时，大型企业的业务规模远大于中小企业，致使其信息量巨大；其次，大型企业在业务运作上十分强调严格的流程管理，而中小企业在组织机构方面要轻型简洁很多，业务分工不一定明确，在运作上更具有弹性。因此，大型企业所用的 CRM 软件比中小企业的 CRM 软件要复杂、庞大得多。

2. 按应用集成度分类

CRM 涵盖整个客户生命周期，涉及众多的企业业务，如销售、支持服务、市场营销和订单管理等。CRM 既要完成单一业务的处理，又要实现不同业务间的协同；同时，作为整个企业应用中的一个组成部分，CRM 还要充分考虑与企业的其他应用，如与财务、库存、ERP 和 SCM 等进行集成应用。但是，不同的企业或同一企业处于不同的发展阶段时，对 CRM 整合应用和企业集成应用有着不同的要求。为了满足不同企业的不同要求，CRM 在集成度方面也有不同的分类。

从应用集成度方面可以将 CRM 分为 3 类。

1）CRM 专项应用。
2）CRM 整合应用。
3）CRM 企业集成应用。

3. 按功能特点分类

CRM 功能特点一把可以分为以下 3 种类型。

（1）操作型 CRM

用于自动集成商业过程，包括对销售自动化、营销自动化，以及客户服务与支持 3 部分的业务流程进行集成。

（2）合作型 CRM

用于同客户沟通所需手段的集成金额自动化，主要有业务信息系统、联络中心管理和 Web 集成管理。

（3）分析型 CRM

用于对以上两部分所产生的数据进行分析，产生客户职能，为企业的战略、战术的决策提供支持，包括数据仓库和知识仓库建设，以及依托管理信息系统的商业决策分析智能。

7.1.4 CRM 的功能

1. 销售自动化

销售自动化（Sales Force Automation，SFA）是以自动化方法替代现有的销售过程，这个自动化方法即信息技术。有了销售自动化，可以缩短销售周期，使销售人员及时掌握市场信息，获取销售利润。

销售自动化可以通过向销售人员提供的计算机网络及各种通信工具，使销售人员了解日程安排、佣金、定价、商机、交易建议、费用、信息传递渠道、客户关键人物图片信息和报纸新闻等，它是面向销售人员的。客户则可以通过对电子商务的网上交易来购买企业的产品和服务。

2. 营销自动化

营销自动化模块是 CRM 的最新成果，作为对销售自动化（Sales Force Automation，SFA）的补充，它为营销提供了独特的能力，如营销活动（包括以网络为基础的营销活动或传统的营销活动）计划的编制和执行、计划结果的分析；清单的产生和管理；预算和预测；营销资料管理；营销百科全书（关于产品、定价和竞争信息等的知识库）；对有需求的客户的跟踪、分销和管理。营销自动化模块与 SFA 模块的不同在于它们提供的功能不同，这些功能的目标也不同。营销自动化模块不局限于提高销售人员活动的自动化程度，其目标是为营销及其相关活动的设计、执行和评估提供详细的框架。在客户生命周期中，这两个模块具有不同的功能，但它们常常是互为补充的。例如，成功的营销活动能很好地了解有需求的客户，为了使得营销活动真正有效，应该及时地将销售机会提供给执行的人，如销售专业人员。

3. 客户服务与支持

客户服务与支持主要包含以下几个方面的功能。

1）呼叫中心服务。

2）订单与合同的处理状态及执行情况跟踪。

3）实时的发票处理。

4）提供产品的保修与维修处理。记录客户的维修或保修请求，执行维修和保修过程，记录该过程中所发生的服务费用和备品备件服务，并在维修服务完成后，开出服务发票。

5）记录产品的索赔及退货。

在很多情况下，客户的保持及客户利润的贡献度的提高依赖于优质的服务。客户只需单击鼠标或打一个电话就可以转向企业的竞争者。因此，客户服务和支持对很多公司而言是极为重要的。在 CRM 中，客户服务与支持主要是通过呼叫中心和互联网实现的。CRM 系统中强有力的客户数据促进多种渠道（如互联网、呼叫中心等）的结合，使销售成为可能，当把客户服务与支持功能同销售、营销功能比较好地结合起来时，就能为企业提供更多的机会，向企业的客户销售更多的产品。客户服务与支持的典型应用包括客户关怀、纠纷、订单跟踪、现场服务、问题及其解决方法的数据库、维修行为安排和调度、服务协议和合同，以及服务请求管理等。

4. 商务智能

在企业的信息技术基础设施中，以数据仓库为核心的商务智能可以将大量信息转换成可利用的数据，并允许决策者从企业过去的经验记录中查找适用于当前情况的模式，通过这一方法可使决策者更好地预测未来。商务智能是指利用数据挖掘、知识发现等技术分析和挖掘结构化的、面向特定领域的、存储于数据仓库内的信息，它可以帮助用户认清发展趋势，识别数据模式，获取智能决策支持，得出结论。商务智能的范围包括客户、产品、服务和竞争者等。在 CRM 系统中，商务智能主要是指客户智能。利用客户智能，可以收集和分析市场、销售、服务和整个企业的各类信息，对客户进行全方位的了解，从而理顺企业资源与客户需求之间的关系。增强客户的满意度和忠诚度，实现获取新客户、支持交叉销售、保持和挽留老客户、发现重点客户，以及支持面向特定客户的个性化服务等目标，提高赢利能力。

7.1.5 CRM中的相关技术与应用趋势

1. 客户关系管理与数据仓库、数据挖掘技术的深度融合

目前流行的客户关系管理整体解决方案不但能够完成客户数据采集、业务处理流程化等运营型客户关系管理的管理，而且引入数据仓库、数据挖掘等相关技术，能够进行客户相关数据分析和营销、销售和服务的部门级辅助决策支持，并能够为管理层提供企业全局的辅助决策支持，实现了运营与分析的闭环互动。

一方面，统计、聚类、决策树、神经网络和规则归纳等数据挖掘技术在客户盈利能力分析、客户获取、客户保持、客户细分和交叉营销等方面体现出很大的商业价值，能够帮助企业准确地定位销售活动，并使活动与现有客户和潜在客户的需求、愿望和状态紧密结合。另一方面，客户关系管理分析系统运用联机分析处理（Online Analytical Processing，OLAP）和数据挖掘（Data Mining）等技术从数据仓库中分析和提取相关规律、模型和趋势，让客户信息和知识在整个企业内部得到有效的流转和共享，并进一步转化为企业的战略规划、科学决策和各业务流程的辅助支持，提高在所有渠道中与客户交互的有效性和针对性，把适合的产品和服务，通过适合的渠道在适当的时候提供给合适的客户，从而实现企业利润的最大化。

2. 基于云的客户关系管理服务将得到进一步发展

客户的行为活动及相关社交网络信息最能反映客户的兴趣和需求，掌握这部分信息对企业做好客户关系管理起至关重要的作用。基于云的应用程序非常适合收集这些信息，并且能够将它们转化为有用的情报。基于云的客户关系管理是通过Internet为各种规模的企业提供客户关系管理应用程序。客户关系管理可以在不提高市场预算的前提下有效提高商机的增长数量；减少业务人员的工作量，规范销售工作流程，解决销售过程中的撞单、忘单等现象；缩短客户服务时间，提高客户满意度；定期维护核心客户，提高客户忠诚度。

3. 社交型客户关系管理势不可当

随着微博、微信等社会化网络的诞生和流行，越来越多的企业意识到社交型客户关系管理已经成为一个不可忽略的趋势。从理论上说，准确把握社交网络的脉搏可以促进变革，提高客户忠诚度，并刺激销售，提高服务质量。社交网络为企业提供了快速收集这类数据的能力，其关系管理模式和交互方式与客户关系管理的客户管理方法可以无缝对接，将客户关系管理与社交网络相互连接，形成集销售管理、客户服务、客户反馈和员工合作等于一体的管理模式，带来了传统管理模式和管理理念的新突破。社交网络带给客户关系管理最直接的变化包括化被动为主动、柔化直接销售、关系建立更为可控和可靠，以及效果指标可考量。

7.2 跨境电子商务CRM的类型

7.2.1 运营型CRM

运营型CRM建立在这样一种概念上，客户管理在企业成功方面起着很重要的作用。它要求所有业务流程的流线化和自动化，包括经由多渠道的客户"接触点"的整合、前台和后台运营之间的平滑的互相连接和整合。

运营型 CRM 是基于 Web 技术的全动态交互的客户关系应用系统，它使企业在网络环境中以电子化方式完成从市场、销售到服务的全部商务过程。它主要有以下 5 个方面的应用。

1. CRM 销售

为企业管理销售业务的全程提供丰富强大的功能，包括销售信息管理、销售过程监控、销售预测和销售信息分析等。CRM 销售套件将成为销售人员关注客户、把握机会和完成销售的有力工具，并支持其提高销售能力。CRM 销售套件对企业的典型作用，帮助企业管理跟踪从销售机会的产生到结束整个销售阶段的全程信息。

2. CRM 营销

为企业由始至终掌握市场营销活动的信息管理、计划预算、项目跟踪、成本明细和效果评估等功能，帮助企业管理者清楚了解所有市场营销活动的成效与投资回报率。

3. CRM 服务

帮助企业以最低的成本为客户提供包括服务请求及投诉的创建、分配、解决、跟踪、反馈和回访等相关服务环节的闭环处理模式，从而帮助企业留住老客户，发展新客户。

4. CRM 电子商务

CRM 电子商务帮助企业将门户站点和各种商务渠道集成在一起，开拓新的销售渠道及商务处理方式。

5. CRM 商务平台

CRM 商务平台是产品的基础核心平台。实现产品的基础数据维护、安全控制、动态配置与工作流程定制等功能。

7.2.2 分析型 CRM

分析型 CRM 的用户从运营型 CRM 中所产生的大量交易数据中提取有价值的各种信息，如 80/20 分析、销售情况分析，以及对将来的趋势做出必要的预测，它是一种企业决策支持工具。在具有大量客户的银行业、保险业及零售业中都可以利用这种系统挖掘出重要的决策信息。

分析型 CRM 的设计主要利用数据仓库、数据挖掘等计算机技术，其主要原理是将交易操作所积累的大量数据进行过滤，抽取到数据仓库，再利用企业各种关键运行指标及客户市场分割情况向操作型应用发布，达到成功决策的目的。它主要有以下 4 个方面的应用。

1. 客户分析

客户分析需要很多可以定量化的信息，这些信息通常来自各种不同的数据源。对于这些信息必须加以整合，并以合理的方式放到客户数据仓库中，以便对其进行分段或挖掘处理。一个结构良好的客户数据仓库，应能回答以下问题。

1）新客户是否比现有客户更有价值？
2）最重要的客户最关注的是什么？
3）年龄低于 35 岁的客户是否更有价值？
4）互联网技术是否有助于业务增长？如果答案是肯定的，如何做到这一步？
5）是否吸引了客户的消费？

客户分析所需要的信息一般来自3个方面：企业与客户的主要"接触点"（客户服务中心、Web和自动柜员机）、关键收益点（POS机、电子商务和订单录入）和外部数据（客户的地域分布、生活方式等信息）。客户分析阶段所需的关键信息包括客户服务历史信息、客户市场历史信息、销售信息、收益信息、客户的地域分布数据及生活方式数据等。

2. 市场区段

在客户数据仓库准备就绪之后，就可以对当前客户及预期的客户群进行区段分析，以分析出不同区段的优势与弱势。市场区段分析中常见的问题如下。

1）哪些客户购买产品A而不购买产品B？
2）对某个特定的市活动而言，最感兴趣的是哪些客户？
3）对商家具有价值的是哪些客户？
4）客户的价值是否因其地域分布和人口学特征的不同而不同？

对客户群实施区段分析时，可以利用客户数据仓库所积累的大量有用的信息。对这些信息的分析与数据挖掘，有助于发现和评价各种可变因素的不同排列组合会导致什么样的后果。

3. 一对一的市场

在找到最具价值的市场区段后，就可以为不同区段设计并提交适应其特定需要的成套服务。有针对性的市场开拓工作，可以促使企业瞄准更有前景和更有商机的领域。如果能够使企业的产品和服务被本来可能并不需要它们的客户所接受，就可能为本企业赢得最具价值的客户。

通过对很多业务细节的分析，可以对那些为不同领域所设计的做法进行全局性考察，将相似的处置策略集中起来并加以提炼。在条件成熟时，推广这些做法到新的用户群中。当将产品与服务也延伸到那些本来并不需要它们的用户群时，可以针对这个群体中那些最具可能和最有价值客户的特定需要，构建特定的市场策略。

4. 事件模型

事件模型是一种技术手段，旨在帮助企业使其市场活动与处理策略准确，并最终取得成功。事件模型可以"刻画"客户的行为和客户的反应，还可以预见未来市场活动的后果。事件模型提供了一种可能，让人们能从客户生活中的某些事件（如生日、买房和买车等）中再找到新的商机。这些事件不仅形成不同的市场区段，而且也是对客户实施评估并预期未来收益的有力工具。事件模型有助于发现使企业利润最大化的方法，如减少促销活动的次数、提高客户对促销活动的回应和控制，以及业务策划的费用等。与事件模型有关的一些典型问题如下。

1）哪些年龄段的客户对降价处理最感兴趣？
2）哪些客户更喜欢通过个人渠道购物？
3）针对高收入客户的市场策略是否达到了预期目的？

提出此类问题的目的在于发现影响客户反应的主要因素，然后，才能将客户按照他们的特征加以标识与分类。在很多情况下，可以运用有关购买特征新发现的知识，对各种不同的处置策略加以检验。如果这方面的工作进一步细化，必然会因这些策略的正确运用而提高客户的满意程度。

7.2.3 e-CRM

所谓电子客户关系管理系统（e-CRM），是指企业借助网络环境下信息获取和交流的便利，充分利用数据仓库、数据挖掘等先进的智能化信息处理技术，把大量客户资料加工成信息和知识来辅助企业经营决策，以提高客户满意度和企业竞争力的一种系统解决方案。

e-CRM 的产生和发展归功于网络技术的快速发展和普及。企业关注与客户的及时交互为 Internet 及电子商务提供了最好的途径，企业可以充分利用基于 Internet 的销售和售后服务渠道，进行实时的、个性化的营销。Internet 把客户和合作伙伴的关系管理提高到一个新阶段。e-CRM 系统可以有网上型、浏览器增强型和网络增强型 3 种应用程序结构。

1. e-CRM 的模块构成

e-CRM 是由以下几个互相关联的模块结合而成的。

（1）前端 UCC（Unify Contact Center）

客户希望能够按照他自己的方便选择与企业沟通的渠道或时间。对客户而言，他期望在不同渠道所获得的服务水准是相同专业级的，解答也许是不一致的。甚至他在网站上发出问题，企业可以立即经由电话或网络答复。企业的客户服务或销售人员在 UCC 的架构下，可以用单一的界面同时提供客户电话拨入和由网络上提出服务要求，在客户服务人员与客户用一般电话或网络电话交流的同时，也要能够与客户同步浏览客户所在网页或在网上立即传送影像文件。

（2）客户联络资料库（Customer Contact Repository，CCR）

CCR 将所有与客户相关的互动在网上立即记录，它包含电话询问、网上浏览或查询，以及 E-mail 询问。甚至客户服务人员与客户面对面接触的经验，依照不同类别储存，这样就能提供后台分析人员信息或下次与客户接触时的建议。

（3）客户资料分析

传统的 CRM 非常重视大量资料的统计分析，用以推测客户偏好，这些数量化模式往往使得企业对于推广 CRM 望而却步，因为它的代价极其昂贵，而其准确性经常受到不同分析模式的挑战。尤其是在一对一的模式下，传统的 CRM 模式就更难做到精准。e-CRM 系统通常分析产品与产品间的关联度及产品与客户间的关联度，如：客户在亚马逊的电子网站上购买了一本有关 CRM 的书，在 e-CRM 的辅助下，亚马逊平台会同时告知客户曾经购买了此本书的人，通常也会再买哪一些书，这时客户可能会有兴趣去了解其他同行买了什么书，进而再行决策是否要同时买进。

另一种常用的是客户价值分析，它可以依照客户某一段时间的累计消费或企业从个别客户赚得利润，将客户分级。对于高价值的客户给予特殊优惠，以争取更多的客户消费占有率，同时也常用不同时段的客户分级，观察客户是否有流失的倾向而制定特别的方案来防止客户流失。

（4）后端"一对一"策略研究

e 时代的消费者期望企业能针对他来设计产品或服务，并且避免一再重复，告诉企业要求什么东西，而不是像传统那样大量生产，所以企业要能提供大量定制非同质产品或服务，而不是大量制造同质产品或服务。所以企业要能在与客户互动的同时，立即在 CCR 中记录客户的行为与偏好，并随时抽取资料进行产品与客户间的关联分析，以掌握客户的潜在需求。接着依照分析结果制定营销方案,包括定义不同产品的最可能目标客户,这些规划立即转化为商业法则。这应当是一个网上即时更新的智能型比较技术,当与任一客户再次接触时,就可以立即将客户资料与商业法则比较,找出符合者,依照企划人员所制定的商业法则,立即为客户提供建议。同时要有一个回馈的机制,让企划人员检查这些商业规则是否应当修正。

与后端其他计算机应用系统的整合。e时代的客户希望能取得更完整的资讯,而非片断或依部门分工信息,所以企业也必须能有效地将其相关的库存系统、订货系统、供应链系统或其他企业资源规划系统整合,以提供给客户更加完整、即时的服务。

2. e – CRM 的新增功能

与传统的 CRM 一致,e – CRM 也包括了销售自动化、营销自动化、客户服务与支持,以及商业智能四大功能模块。与此同时,e – CRM 借力于互联网,也为 CRM 添加了新的元素。e – CRM 的新增功能如下。

(1) 网络营销(e – Marketing)

网络营销是指通过互联网渠道所进行的营销手段,如电子邮件、SMS、在线客户引导、客户资料、网上目录及 Web 个性引擎等。

(2) 电子销售(e – Sales)

电子销售是指通过电子商务(e – Commerce)、电子购物(e – Shopping)、客户定制型商品配置及定价系统等,提升客户购买体验。

电子销售主要包括目录式销售、协商式销售、竞价式销售、拍卖式销售和在线客服等形式,每一种销售形式都有自己的特点和功能。

1)目录式销售,是指销售公司在网上建立产品目录,包括价格和标号等产品信息,通过浏览网上电子目录,点击形成订购单,经审批形成采购订单,然后通过网站发送给销售公司,销售公司接受后,销售成交。

2)协商式销售,又称"谈价议价",俗称"讨价还价"。是指销售方根据需求在网上发布产品竞价信息,买方从网上看到竞价信息后,根据自己的实际能力做出回复,然后经过双方反复多次的议价协商,最终以双方都能接受的价格条件成交。

3)竞价式销售,也即网上竞标。销售方根据物资采购需求在网上发布招标信息,或向某些指定买方发出邀标书,买方从网上得到该信息后,如有意向就可参加竞标。经评标,销售方选出中标方,与之签订协议或合同,表示交易成交。

4)拍卖式销售。顾名思义,就是销售方在电子交易市场中拍卖产品,有意向的买方登录交易系统,做出响应参与拍卖。当然,这样的买家一般来说不止一个,经过多轮竞价,最终产生拍卖的赢家,交易成功。

(3) 客户服务

客户服务包括售前、售中和售后 3 部分,通过客户联系并收集客户信息,了解客户需求,提供解决方案,解决客户存在的问题,满足客户需求,从而使客户认为将从该公司获得所需业务,而且对业务满意的客户将继续忠诚地与公司合作。因此,客户服务成了业务结构中的一个重要战略要点。

7.2.4 CRM 系统功能模块

根据 CRM 系统的一般模型,可将 CRM 软件系统划分为接触活动、业务功能及数据库 3

部分。

1. 接触活动

CRM 软件应当能使客户以各种方式与企业接触。典型的方式有呼叫中心（call center）、面对面的沟通、传真、移动销售（Mobile Sales）、电子邮件、Internet，以及其他营销渠道，如金融中介或经纪人等，CRM 软件应当能够或多或少地支持各种接触活动。

2. 业务功能

企业中的每个部门必须能够通过上述接触方式与客户进行沟通，而市场营销、销售和服务部门与客户的接触和交流最为频繁，因此，CRM 软件主要应对这部分的工作予以支持。当然，不同的 CRM 软件的主要功能模块并不相同。

3. 数据库

一个富有逻辑的客户信息数据库管理系统是 CRM 系统的重要组成部分，是企业前台各部门进行各种业务活动的基础。一个高质量的数据库所包含的内容应当能全面、准确、相近、及时地反映客户、市场及销售信息。数据可以按照市场、销售和服务部门的用途分为 3 类：客户数据、销售数据和服务数据。客户数据包括客户的基本信息、联系人信息、相关业务信息和客户分类信息等，它不但包括现有客户信息，还包括潜在客户、合作伙伴和代理商的信息等。销售数据主要包括销售过程中相关业务的跟踪情况，如与客户的所有联系活动、客户询价和相应报价、每笔业务的竞争对手及销售订单的有关信息等。服务数据则包括客户投诉信息、服务合同信息、售后服务情况及解决方案的知识库等。这些数据可放在同一数据库中，实现信息共享，以提高以企业前台业务的运作效率和工作质量。目前，飞速发展的数据仓库技术能按照企业的需要对数据资源进行再加工，为企业提供了强大的分析数据的工具和手段。

7.3 数据挖掘在客户分析中的应用

7.3.1 数据挖掘概述

1. 技术上的定义

从技术角度看，数据挖掘就是应用一系列技术从大型数据库或数据仓库的数据中提取人们感兴趣的信息和知识，这些知识或信息是隐含的、未知的、潜在有用的，所提取的知识表示为概念、规则、规律和模式等形式。

数据挖掘作为知识发现过程的一个特定步骤，是一系列技术及应用，或者说是对大容量数据及数据间关系进行考察和建模的方法集。它的目标是将大容量数据转化为有用的知识和信息。

2. 商业角度的定义

从商业角度看，数据挖掘是新型的商业分析处理技术。它是从大型数据库或数据仓库中发现并提取隐藏在其中信息的一种新技术，帮助决策者寻找数据间潜在的关联，发现被忽略的因素。这些信息和因素对预测趋势和决策行为是至关重要的。

3. 数据挖掘与传统分析方法的区别

数据挖掘与传统的数据分析（如查询、报表和联机应用分析）的本质区别是数据挖掘是在没有明确假设的前提下去挖掘信息、发现知识。数据挖掘所得到的信息应具有事先未知、有效和可实用3个特征。

7.3.2 数据挖掘工具及其选择

1. 统计分析方法

统计分析是数据挖掘中很重要且比较成熟的技术，常用的分析方法包括主成分分析、聚类分析、连续回归分析和逻辑回归分析等，这里主要介绍常用的主成分分析和聚类分析两种。

（1）主成分分析（PCA）

在实际问题中，往往需要考虑众多有关的变量。这虽然避免了重要信息的遗漏，但在一定程度上也增加了分析的复杂性。变量太多不但会增加计算的复杂度，而且也给合理地分析问题和解释问题带来困难。一般说来，虽然每个变量都提供了一定的信息，但其重要性有所不同，而在很多情况下，变量间有一定的相关性，从而使得这些变量所提供的信息在一定程度上有所重叠。于是，人们希望对这些彼此相关的变量加以压缩，用为数较少的、互不重叠的新变量来反映原变量所提供的绝大部分信息，剔除冗余信息，通过对较少变量的分析达到解决问题的目的。主成分分析便是在这种"降维"的思想下产生的处理高维数据的方法，在分析研究顾客针对某一产品的促销信息的效果时比较常用。

（2）聚类分析

所谓聚类，是指将物理或抽象对象的集合分成由类似的对象组成的多个类的过程。聚类分析又称群分析，是根据事物本身的特性研究对被聚类对象进行类别划分的方法。聚类分析依据的原则是使同一类中的对象具有尽可能大的相似性，而不同类中的对象具有尽可能大的差异性；而聚类分析所要求划分的类是未知的。聚类分析要解决的就是如何在没有先验知识的前提下，实现满足这种要求的类的聚合，在大数据的环境下运用聚类分析寻找产品的目标市场或目标顾客的行为及需求时较为常用。

2. 决策树

决策树（Decision Tree）是在已知各种情况发生概率的基础上，通过构成决策树来求取净现值的期望值大于等于零的概率，评价项目风险，判断其可行性的决策分析方法。它是直观运用概率分析的一种图解法。由于将这种决策分支画成图形很像一棵树的枝干，故称决策树。

决策树具有以下几个特征。

1）它在每一个分支点不会丢失任何数据。
2）终止合同的客户数目与未终止合同的客户数目总是一定的。
3）建立模型的过程非常容易理解（与神经网络和标准统计技术相比）。
4）决策树模型能够有效地找出有可能终止合同的客户，并开展有针对性的营销活动。
5）可以用决策树模型建立起对客户的直觉。

从商业角度来看，决策树可以看成是对原始数据集合的分类（每一个分支就是决策树的一片树叶）。多年以来，销售管理人员一直在做划分客户、产品和销售区域的工作。过去，这种分类工作没有具体的目的，只是为了从更高的层面看海量数据，否则所有的记录看起来都差不多。而这里，之所以要对数据集合进行分类，是为了对一些重要信息进行预测。

一条记录是因为与预测的重要信息相关而归入这个类别,而不是因为记录之间的相似性而归入该类别。从决策树延伸出来的分支都有相关的特征描述,相当于对分支进行的定义。虽然决策树和建立决策树的算法是复杂的,但其结果是以一种易于为商业用户理解的方式给出的,这对商业用户来说是非常重要的。

决策树方法被广泛地用于商业研究和预测,如跨境电子商务客户流失预测、不同国家跨境贸易政策及汇率变化的时间序列分析预测。当然,决策树也有许多不适用的领域,其中有很多简单的问题用线性回归分析更有效。通常,决策树更适合于建立的模型和分析过程都是比较复杂的实际问题,主要有以下3类问题。

1)商业开发。

决策树可以用于跨境电子商务在进行业务开展时的数据集合和商业问题的研究,通常是通过比较属性和决策树的每一个分支的分配值来完成的,这些属性往往能够提出有待回答的问题及其建议性的意见。

2)数据预处理。

决策树的另一个应用是为其他预测算法完成数据的预处理工作。由于决策树的算法对很多属性类型都有效,并且它的运行速度也比较快,所以它常被用于第一轮数据挖掘以产生一个可能有用的属性子集,然后被输入神经网络、近邻规则和标准统计程序,如果在所用的模型中有很多可能的属性可用,则要运行相当长的时间。

3)预测。

虽然有些类型的决策树最初是作为逻辑回归等标准统计技术的开发工具来精炼数据,对数据做预处理的,但是它们同时也被用于预测。随着一系列新产品的出现和用户熟悉程度的提高,仅仅把决策树作为开发工具的趋势正在发生改变。

3. 遗传算法

遗传算法的基本思想是基于达尔文的进化论和孟德尔的遗传学说。进化论认为每一个物种的每一个个体的基本特征都被后代继承,但后代又不完全同于父代。这些新的变化若适应环境,则被保留下来;若不适应环境,则被淘汰。物种在这种不断的发展过程中越来越适应环境,这就是适者生存的原理。遗传学认为遗传是作为一种指令——遗传密码被封装在每个细胞内,并以基因的形式包含在染色体中,不同的基因所产生的个体对环境有不同的适应性。基因杂交和基因突变产生的后代对环境的适应性可能更强。通过优胜劣汰的自然选择,适应值高的基因结构就保存下来。

遗传算法实质上是一种把自然界有机体优胜劣汰的自然选择、适者生存的进化机制,以及在同一个种群中个体之间的随机信息交换机制结合起来的搜索算法。这种算法可以用计算机程序实现,用以人工模拟自然界的自然选择和进化机制,并以强大的搜索能力解决复杂问题。遗传算法将问题的求解表示成"染色体"(即计算机编程实现时的二进制位串),将问题的所有可能解组成一群"染色体",并把它们置于问题的"环境"中,根据适者生存的原则,从中选择适应环境的"染色体"进行复制,通过交叉和变异两种基因操作产生出新的一代更适应环境的"染色体"群,这样一代一代地不断进化,最后收敛于一个最适应环境的个体上,求得问题的最优解。

遗传算法的最大优点是问题的最优解与原始条件无关,而且搜索最优解的能力极强。通常,人们会把遗传算法与模拟进化系统联系起来。例如,有一个遗传算法决定着生物体如何选择合适的个体进行异性繁殖，同时也决定着哪些个体必须从种群中淘汰出去。在解决现实问题时，这个算法就执行如何模拟染色体的遗传物质转换成计算机程序的职能。

4. 人工神经网络

人工神经网络（Artificial Neural Network，ANN）是20世纪80年代以来人工智能领域兴起的研究热点。它从信息处理角度对人脑神经元网络进行抽象，建立某种简单模型，按不同的连接方式组成不同的网络。在工程与学术界也常直接简称为神经网络或类神经网络。神经网络是一种运算模型，由大量的结点（或称神经元）之间相互连接构成。每个结点代表一种特定的输出函数，称为激励函数（Activation Function）。每两个结点间的连接都代表一个对于通过该连接信号的加权值，称为权重，这相当于人工神经网络的记忆。网络的输出则依网络的连接方式、权重值和激励函数的不同而不同。而网络自身通常都是对自然界某种算法或者函数的逼近，也可能是对一种逻辑策略的表达。

人工神经网络是由大量处理单元互联组成的非线性、自适应信息处理系统。它是在现代神经科学研究成果的基础上提出的，试图通过模拟大脑神经网络处理和记忆信息的方式进行信息处理。人工神经网络具有4个基本特征。

1）非线性。非线性关系是自然界的普遍特性。大脑的智慧就是一种非线性现象。人工神经元处于激活或抑制两种不同的状态，这种行为在数学上表现为一种非线性关系。具有阈值的神经元构成的网络具有更好的性能，可以提高容错性和存储容量。

2）非局限性。一个神经网络通常由多个神经元广泛连接而成。一个系统的整体行为不仅取决于单个神经元的特征，而且可能主要由单元之间的相互作用、相互连接所决定。通过单元之间的大量连接模拟大脑的非局限性。联想记忆是非局限性的典型例子。

3）非定性。人工神经网络具有自适应、自组织和自学习能力。神经网络不但使处理的信息可以有各种变化，而且在处理信息的同时，非线性动力系统本身也在不断变化。经常采用迭代过程描写动力系统的演化过程。

4）非凸性。一个系统的演化方向，对一定条件下将取决于某个特定的状态函数。例如能量函数，它的极值相对应于系统比较稳定的状态。非凸性是指这种函数有多个极值，故系统具有多个比较稳定的平衡态，这将导致系统演化的多样性。

人工神经网络是并行分布式系统，采用了与传统人工智能和信息处理技术完全不同的机理，克服了传统的基于逻辑符号的人工智能在处理直觉和非结构化信息方面的缺陷，具有自适应、自组织和实时学习的特点。

7.3.3 消费者数据分析与客户关系管理

客户关系管理中应用数据挖掘的技术进行的消费者数据分析主要涉及4个方面，即客户细分的分析、客户满意度的分析、客户忠诚度的分析和交叉营销的分析等。

基于数据挖掘的客户细分的分析，一是可以有效地提高营销效果；二是可以进行价值预测与忠诚度分析；三是可以指导新产品的开发；四是可以发现新的市场机会；五是可以确定产品或服务的目标市场；六是可以设计最优的营销方案；七是可以为其他客户分析方法提供信息支持。

基于数据挖掘的客户满意度的分析，一是可以分析客户的兴趣点；二是可以对客户流失进行具体分析；三是可以挖掘影响客户满意度的重要因素并重点改善；四是可以分析竞争对手的情况等。

基于数据挖掘的客户忠诚度的分析，一是可以明确细分市场，提供不可替代的特色产品或服务；二是可以为商户提供消费者的相关性信息；三是可以帮助企业进行交叉营销；四是可以掌握注重服务客户的主动权；五是可以对客户分类并分析其行为能力；六是可以对促销活动进行有效性分析；七是可以对顾客的忠诚度进行分析，调整策略。

7.4 客户关系管理与客户行为分析

客户关系管理过程中的客户行为分析，除需借助数据挖掘技术的辅助之外，还需要对客户行为从不同的维度进行了解、分析，进而有效地掌握客户对产品或服务的反应，及时予以应对，一般情况下是通过构建满意度指数模型来完成客户行为分析的相关操作。

7.4.1 客户满意度指数模型介绍

1. 客户满意度指数

客户满意度指数（Customer Satisfaction Index，CSI）最早是由设在美国密歇根大学商学院的美国国家质量研究中心和美国质量协会共同发起的，它是站在用户的角度评定产品或服务质量，并运用计量经济模型计算出测评结果的一种科学的质量评定方法。迄今为止，全球有多个国家和地区设立了自己的研究机构，并开始逐步推出全部或部分行业的客户满意度指数。

2. 客户满意度指数模型的结构及变量

1989年，密歇根大学商学院美国国家质量研究中心费耐尔（Fornell）博士提出了把客户期望、购买后的感知和价格等多方面因素组成一个计量经济模型，即费耐尔逻辑模型。进入21世纪，费耐尔逻辑模型已成为世界上很多国家广泛采用的客户满意度指数模型。该模型主要研究和确定客户满意度指数的各种影响因素，以及客户满意度和这些因素之间的相关程度。费耐尔逻辑模型由6个潜在变量及其因果关系构成。

（1）客户期望

客户期望即消费者在购买该产品或服务前对其质量的预期。客户的预期来源于以前的经验、广告宣传和口碑评价等，是以往产品或服务质量水平的综合表现。决定期望的观察变量有产品或服务客户化（产品或服务满足个人特定需求）期望、产品或服务可靠性期望和对产品或服务质量的总体期望。

其中，客户化期望是指客户对产品或服务满足其特定需求的期望。可靠性期望是指客户对产品或服务的可靠性质量特性的期望。总体期望是指建立在可靠性期望、客户化期望基础上对产品或服务质量总的看法。

（2）客户对质量的感知

客户对质量的感知，即客户购买和使用该产品或服务后对其质量的评价，包括对产品或服务客户化即满足个人特定需求程度的感受、产品或服务可靠性的感受和对产品或服务质量总体的感受。

（3）客户对价值的感知

客户对价值的感知，即客户通过购买和使用该产品或服务对其提供价值的感受。感知价值的观察变量主要有"给定价格条件下对质量的感受"和"给定质量条件下对价格的感受"。给定价格条件下对质量的感受是指客户以得到某种产品或服务所支付的价格为基准,通过评价该产品或服务质量的高低来判断其感知价值,而给定质量条件下对价格的感受是指客户以得到某种产品或服务的质量为基准,通过感受该产品或服务的价格来判断其感知价值。

(4)客户满意度

客户满意度,即客户对该产品或服务的总体评价。该模型在构造客户满意度时选择了3个观察变量,分别是实际感受与预期质量的差距、实际感受与理想产品或服务的差距和总体满意程度。客户满意度主要取决于客户实际感受与预期质量的比较。同时,客户的实际感受与客户心目中理想产品的比较也会影响客户满意度,差距越小,客户满意水平就越高。

(5)客户抱怨

客户报怨,即客户对该产品或服务不满的正式表示。通过统计客户正式抱怨的次数,可以得到客户抱怨这一结果变量的数值。

(6)客户忠诚度

客户忠诚度,即客户继续选购该产品或服务的可能性。它有两个观察变量,分别是客户重复购买的可能性和对价格变化的承受力。客户如果对某产品或服务感到满意,就会产生一定程度的忠诚,表现为对该产品或服务的重复购买或向其他客户推荐。

这6个潜在变量的相互作用关系模型如图7-1所示。

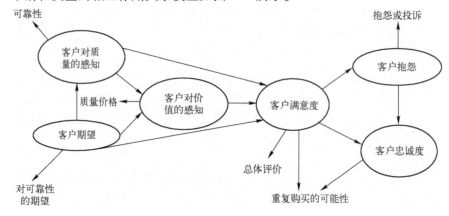

图7-1 费耐尔逻辑模型

客户满意度指数模型是基于这样一个理论,即客户满意度与客户在接受产品或服务前的期望和在接受产品或服务中及接受产品或服务后的感受有密切关系。此外,客户满意程度的高低将会导致两种基本结果:客户抱怨和客户忠诚。

费耐尔逻辑模型使用的6个潜在变量中,每个潜在变量由若干观测变量来测量,其中客户期望、客户对质量的感知和客户对价值的感知是3个前提变量;客户满意度、客户抱怨和客户忠诚度是3个结果变量,前提变量综合影响并决定着结果变量。

7.4.2 客户购买决策过程

所谓客户购买行为,概括地说是指人们为了满足个人及家庭的生活需要或者企业为了满足生产的需要,购买产品或服务时所表现出来的各种行为。客户购买行为具有动态性、互动性、多样性、易变性、冲动性和交易性等特点。严格地说，客户购买行为由一系列环节组成，来源于系统的购买决策过程，并受内外多种因素的影响。对客户购买决策过程进行分析，有助于采取措施来影响客户的购买行为。客户的购买决策过程分为5个阶段：需求意识、信息收集、评估选择、购买决策和购后评估，如图7-2所示。

图7-2 客户的购买决策过程

1. 需求意识

客户购买过程的起点是需求确认。所谓需求，就是指存在于人们内心对某种目标的渴求或欲望，需求可能由内部刺激引起，也可能由外部刺激引起。客户需求是客观存在的，只有客户对某种商品或某种服务产生兴趣，才可能产生购买的欲望。

客户需求具有层次性、复杂性、无限性、多样性、动态性及交互性等特点，其强烈程度既取决于个体内在满足感的缺乏程度，也取决于外部刺激的强烈程度。在一定的外部刺激作用下，个体的内在满足感越是缺乏，其内心就越会紧张与焦虑，从而形成参与交易的强烈愿望，即受外部因素的诱发，使潜在的需要被激发和唤醒，从而形成欲望。因此，对于客户来说，除了传统的诱发因素会引起客户购买的动机以外，文字的表述、图片的设计及声音的配置也是诱发客户购买的直接动因。只有了解客户需求是由哪些刺激因素诱发的，才能进而巧妙地设计促销手段去吸引更多的客户，诱导他们的需求欲望。

2. 信息收集

信息收集是客户购买决策的第二阶段。在产生需求和确认需求后，客户会通过各种途径进行信息的收集。信息收集是否顺利，将会对客户的购买决策产生显著影响。

客户在做出购买决策之前，主要收集的信息有产品或服务的内容、产品或服务的价格、产品或服务的市场状况、购买时机、购买方式和购买地点等。一般情况下，信息来源可以分为两类：一类是内部信息，客户过去经验所积累的资料存储于他们的记忆中，由客户通过回忆的方式取得；另一类是外部信息，即从家庭、组织、报纸、广告、书籍、刊物及朋友或销售人员那里获得的信息。综上所述，客户收集信息主要有以下4个渠道。

1）个人渠道，主要是指通过家庭、朋友和邻居等获得的信息。这种信息源影响较大，在某种情况下会对购买者的购买决策起着决定性的作用。由于这类信息源来自第三方，因此具有评价作用。

2）商业渠道，主要是指通过广告、推销员、经销商和展销会等获得的信息。客户营销信息的传递主要依靠广告和检索系统中的产品介绍，包括在信息服务商网页上所做的广告、中介商检索系统中的条目，以及企业主页上的广告和产品介绍。这类信息比较广泛，信息量充足，一般起到通知、提醒及强化品牌印象等作用。

3）公共渠道，主要是指从大众传播媒介，如电视、电台和报纸杂志等途径得到的信息。客户实际上是最好的传播媒体，可以通过客户论坛、邮件列表及E-mail等客户传播工具提升企业产品或服务的社会声誉，最大限度地获得客户认同。因此，这类信息源大多具有导向预计、树立品牌形象等作用。

4）经验来源，主要是指个人所存储和保留的客户信息，包括从对产品或服务的操作、使用或体验中得到的经验、教训或阅历等。这类信息来源比较直接，真实可靠，是客户做出购买决策的直接支撑点。

3. 评估选择

评估选择是客户购买决策过程中的重要环节。客户对从各条渠道汇集而来的资料进行比较、分析和研究，在了解各种产品或服务的特点和性能后，从中选择最为满意的一种。通常情况下，客户的选择评估可能涉及以下指标。

1）产品或服务属性，即产品或服务能够满足客户需要的特性。

2）属性权重，即客户对产品或服务有关属性所赋予的具有不同重要性的权重。

3）品牌信念，即客户对某种品牌优劣程度的综合性看法。

4）效用函数，即描述客户所期望的产品或服务满足感随产品属性的不同而变化的函数关系。

5）评价模型，即客户对不同品牌产品或服务进行评价和选择的程序或方法等。

4. 购买决策

在完成了对商品的评估选择之后，便进入购买决策阶段。客户购买决策可以分为三类：第一类为常规购买决策，是指购买行为发生在常规性消费时，无需过多思考便可决定的决策；第二类为有限决策，是指需要一些决策时间，通常指发生在偶然性的购买或选购熟知品牌时的决策；第三类为密集决策，这是最复杂的决策，是指发生在选购不熟悉或昂贵产品时的决策，是研究购买行为的主要对象。一般来说，客户的购买决策将是购买效益最大化的产品及服务，但在购买意向和购买决策之间还会受到两个因素的影响，即他人的态度和不可预料情况因素。

购买决策是客户作为决策主体，为实现满足需求这一特定目标，在购买过程中进行的评价、选择、判断和决定等一系列活动。对客户购买决策内容的研究，通常采用5W1H研究方法：①What——买何商品，即确定购买的对象；②Why——为何购买，即确定购买的动机；③When——何时购买，即确定购买时间；④Where——何处购买，即确定购买地点；⑤Who——何人购买，即确定购买的人；⑥How——如何购买，即确定购买方式。

客户在决策购买时，一般应具备3个条件：第一，对产品或服务提供商有信任感；第二，对支付有安全感；第三，对产品或服务有好感。

5. 购后评估

客户在购买产品或服务后，往往通过使用，对自己的购买选择进行检验和反省，重新考虑这种购买选择是否正确，效用是否理想，以及服务是否周到等问题。这种购后评估往往决定了客户今后的购买动向。

1）客户购物后必然会体验到某种程度的满意或不满意。"满意"的标准是产品或服务的价格、质量和服务与客户预期的符合程度。若产品的价格、质量和服务与客户的预期相匹配，则客户会感到心理的满足；否则，就会产生不满心理。满意的客户会向其他人宣传该产品或服务的好处。一个忠实的客户不但是产品或服务的现在购买者，更是产品或服务未来的购买者。

2）当客户购买产品或服务并使用后，往往会比较"预期产品或服务表现"与"实际产品或服务表现"。如果产品或服务实际的表现在某些属性上未能达到预期的结果，或客户发现了新的缺点，那么就会产生负面性的认知失调。不满足的客户可能会设法降低失调感，以退货的方式来使失调感有所降低。因此，做好售后服务，及时改进自己的产品或服务性能，是降低客户失调感的重要措施。

7.4.3 客户期望

1. 客户期望的概念

客户期望是指客户对某一产品或服务提供商为自己解决问题或提供解决问题方案的能力大小的预期。这种预期是客户在参与产品或服务体验之前就已经形成的一种意识形态，它具有很强的可引导性。虽然客户期望是一种意识形态，但其实质却离不开产品或服务这一核心。因此，如果能够围绕产品或服务这一核心，对客户的行为、意见及特殊需求进行周密的观测及调查，客户的期望是能够被测量的。

泽斯曼尔（Valarie A. Zeithaml）等人在一项有关客户期望性质和来源的研究中发现，客户对服务的期望有两个层次：理想服务期望（Desired Level）和适当服务期望（Ddequate Level）。理想服务期望用以说明服务质量在客户心目中应当是什么样的。例如，客户对快餐店的理想服务期望是在干净的环境下，提供快速、方便和好吃的食物；而对高档餐馆的理想服务期望是优雅的环境、亲切的员工和美味的食物。适当服务期望是客户认为服务质量可能是什么样的，即客户可以接受的服务质量。

适当服务期望在同一分类中会因企业不同而有所不同。例如，在跨境电商中，客户对专业海外购的服务体验上的期望有可能比阿里巴巴国际站的服务水平的期望高。

2. 客户期望的分类

客户将其感知到的实际表现和预期的表现进行比较，可以得出满意度的评价结果。期望可以进一步分为以下4种类型。

（1）理想的期望值

"理想的"（The Ideal）即代表"渴望达到的"程度。它是客户过去的消费经历、学习过程，以及信息、广告、口头传播和促销等因素的函数，理想的期望值反映了客户认为一种产品、一次服务或一个企业"能够"（Can Be）达到的期望值水平。

（2）期望的期望值

"期望的"（The Expected）期望值建立在过去平均表现水平的基础上，基本上是对各种可能性进行计量后得出的理性结果，其中含有的感情成分很少。它与理想的期望值具有基本相同的影响因素。期望的期望值反映了客户认为实际表现可能"将会"（Will Be）达到的水平。

（3）最低可容忍的期望值

"最低可容忍的"（The Minimum Tolerable）期望值是指可以接受的最低限度或最低标准，是指某种唯一的选择能够满足客户一定需要的程度。最低可容忍的期望值反映的是客户认为实际表现"必须"（Must Be）达到的最低水平。

（4）应该的期望值

"应该的"（The Deserved）期望值增加了一个在客户满意或者客户不满意评判中很重要的因素，即情感。它也许和"期望的"期望值处在同一水平，但是它包含了前者所不具备的因素，即"应该的"期望值很大程度上由客户对"所获的报酬与所付出的成本"之间相互关系的评价决定。这种期望值反映了考虑客户"投资"之后，客户感觉到实际表现"应该"（Ought To Be 或 Should Be）达到的水平。

7.4.4 客户对质量的感知

客户对质量的感知即客户感知质量，是指客户按照自己对产品或服务的使用目的和需求状况，综合分析市场上各种经由正式或非正式途径获得的相关信息，对一种产品或服务所做的抽象的、主观的评价。每一个客户在购买产品之前，都会或多或少地去了解一些与产品或服务有关的信息，当客户对产品或服务感知的质量接近实际质量或实际质量超过客户感知的质量时，客户就会购买自己满意的产品。因此，对企业营销活动来说，最重要的任务就是通过各种途径提高客户对质量的感知。

客户对质量的感知是构成客户满意度的核心变量，对客户满意度有直接的影响。客户对质量的感知又可以分为对产品质量的感知和对服务质量的感知。

1. 客户对产品质量的感知

从客户需求结构的角度分析，客户对产品质量的感知主要包括客户在产品购买或消费过程中对产品的功能需求和形式需求方面满足程度的感受和认知。当客户不了解产品质量的各项技术指标和性能指标时，客户是从自身对"产品功能"和"产品形式"的认识来感知产品质量的。

其中，产品功能主要包括产品的主导功能、辅助功能和兼容功能等；产品形式主要包括产品的质量、产品的品牌和产品的载体等。客户对产品质量的感知是客户在购买产品后、使用产品过程中经历的实际感受和认知，这个过程也清楚地表明产品质量的最终评价者是使用产品的客户。

2. 客户对服务质量的感知

客户对服务质量的感知是指客户在产品购买和使用过程中对外延需求方面满足程度的感受和认知，主要包括对服务需求的感知、对心理需求的感知和对文化需求的感知。

其中，对服务需求的感知是指在购买过程中的服务（如选择机会、服务项目及服务人员的态度和技能等）及在使用过程中的服务（如保修期限、抱怨或投诉处理和售后服务等）。对心理需求的感知主要是指在购买和使用过程中得到服务的心理感受。例如，受到热情、负责的服务接待，能显示客户的地位、修养、兴趣和能力等。对文化需求的感知主要是反映时代的新概念，符合人的需求层次、民族文化等。

通常，客户对服务质量的感知也是由服务满足个人需求的程度、服务的可靠性和对服务质量的总体评价3个方面组成的。

3. 客户感知质量与实际质量

一般而言，客户的感知质量和实际质量的关系可以分为两种情况。第一种情况发生在客户购买产品前。在购买行为发生前，客户通过各种渠道获得与产品或服务有关的各种信息资料，对所要选择的产品或服务有了初步的了解，这时在客户心里所感知的质量占主导地位，并且在一定程度上决定了客户的购买行为。第二种情况发生在客户购买产品后。在购买行为发生后，实际的产品或服务质量占主导地位，客户通过实际使用产品或服务，把实际的质量与感知的质量进行比较，通过比较决定以后对这个产品或服务的购买行为是否再发生。对于客户感知质量和实际质量的对比关系，可以从静态和动态两个角度进行研究。

（1）从静态角度研究

从静态角度上看，客户感知质量和实际质量的关系主要存在以下3种状态。

1）客户感知的质量大于实际的质量，这样的结果会导致客户感到失望，购买此产品或服务的重复性降低。

2）客户感知的质量等于实际的质量，此时客户反应一般，可能会持续购买。

3）客户感知的质量小于实际的质量，这样的结果会大大刺激客户的购买欲望，购买此产品或服务的重复性增加。

（2）从动态角度研究

从动态角度上看，客户感知质量和实际质量的关系主要存在以下5种状态。

1）实际质量上升，而客户感知质量不变。这种状态会使客户感到喜出望外，感觉物超所值，会增加重复性购买的概率。

2）实际质量上升，客户感知质量上升。这种状态下，客户还会存在购买重复性行为。

3）实际质量下降，客户感知质量不变。这种状态下，会使客户对产品或服务失望，购买重复性大大降低。

4）实际质量下降，客户感知质量下降。因为两者都在下降，所以客户反应一般，不会有太大的刺激，可能还会选择这个产品或服务。

5）实际质量不变，客户感知质量不变。客户还会像往常一样发生购买行为。

以上分析表明，客户感知质量与实际质量可能会存在差异。因此，在企业的经营活动中，把握客户感知质量十分重要。

7.4.5 客户对价值的感知

客户感知价值就是指客户在对其所能感知到的利益与其在获取产品或服务时所付出的成本进行权衡后，对产品或服务效用的总体评价。客户感知价值体现的是客户对企业提供的产品或服务所具有价值的主观认知，而区别于产品或服务的客观价值。客户感知的价值核心是价格，但客户感知不仅仅是价格。从广义角度考虑，客户对价值的感知体现在4个方面：客户对总成本的感知、客户对总价值的感知、质量与价格之比的感知、价格与质量之比的感知。

1. 客户对总成本的感知

客户总成本是指客户购买和消费产品或服务时所耗费的时间、精神、体力及所支付的货币等。客户购买和消费产品或服务的过程是一个需求产生、信息收集、评估选择、购买决策和购后评估的过程，客户对在这个过程中所支付总成本的经历和体验，就是客户对其总成本的感知。这种感知对客户满意度将会产生重要影响。

客户总成本主要包括货币成本、时间成本、精神成本和体力成本等。

（1）货币成本

货币成本是指客户在购买和消费产品或服务的全过程中所支付的全部货币。客户在购买产品或服务时首先考虑的是货币成本的大小，因此，货币成本是构成客户总成本大小的主要因素和基本因素。

（2）时间成本

时间成本是指客户在购买和消费产品或服务时所花费的时间。随着人们工作和生活节奏的逐步加快，尽可能地减少时间成本就成为越来越普遍的要求，因为在服务质量相同的情况下，客户等候消费的时间越长，购买该产品或服务所花费的时间成本也越多，购买的总成本也就越多，由此会降低客户的满意度。

（3）精神成本

精神成本是指客户购买和消费产品或服务时，在精神方面的消费与支出。客户因为产品或服务使用过程中运输、安装和维修等方面的问题需要耗费精神，因而会产生精神成本。此外，对于无经历的陌生性购买行为和需要反复进行比较的选择性购买行为，客户一般需要广泛而全面地收集产品或服务信息，因此需要付出较多的精神成本。

（4）体力成本

体力成本是指客户购买和消费产品或服务的过程中，在体力方面的耗费与支出。需要客户付诸体力的活动就会使客户支付体力成本。

2. 客户对总价值的感知

客户总价值是指客户对购买和消费产品或服务时所获得的一组利益，由产品价值、服务价值、人员价值和形象价值构成。

（1）产品价值

产品价值是客户选购产品或服务时考虑的首要因素，是由产品的功能、特性、品质、种类与款式等产生的价值。一般情况下，产品价值是决定客户总价值大小的关键和重要因素。产品价值由客户需求决定，不同的客户对产品价值的要求不同；此外，在不同时间，客户对产品价值的要求也不同。然而，随着生活水平的提高和产品的丰富，客户对产品的特色、功能、款式、品味和时尚等方面的要求会越来越高。

（2）服务价值

服务价值是构成客户总价值的重要因素之一，是指企业伴随产品或服务实体向客户提供的各种附加服务，即为满足客户对产品或服务的外延需求提供的服务。

（3）人员价值

人员价值是指企业员工的价值观念、职业道德、质量意识、知识水平、业务能力、工作效率，以及对客户需求的应变能力和服务水平等所产生的价值。人员价值的这种作用往往是潜移默化的、不易度量的。当人员价值使产品或服务"增值"时，客户便能够在使用过程中得到满意的服务，顺利完成其购买行为，并产生满意的感知；相反，当人员价值使产品或服务的价值"贬值"时，客户的购买行为会受挫、受阻甚至取消，或者在使用过程中产生不满和抱怨，从而降低客户满意度。

（4）形象价值

形象价值是指企业及其产品或服务在社会公众中形成的总体形象所产生的价值。客户总价值的感知是客户满意度指数模型中"客户对价值的感知"的重要内容，它对客户满意度有着重要影响。良好的形象会对企业的产品或服务产生巨大的支持作用，是企业的无形资产。如果一个企业及其产品或服务能以良好的形象出现在社会公众面前，就会大大提高社会公众对企业的信任度和认同度，并赋予它较高的附加值，从而使客户获得精神上和心理上的深层次的满足感和信任感。

3. 质量与价格之比的感知

质量与价格之比的感知是指在给定价格时，客户对产品或服务质量的感知。在价格相近或相同的情况下，当某种产品或服务在其功能、形式和外延等方面比其他同类产品略高一等时，客户就会感受到购买这种产品或服务比购买其他同类产品或服务更能达到自己的意愿，形式和外延等已经超越了自己原先的需求，因此，在价格相同的前提下，客户往往会选择功能多、品牌大、服务好等质量领先的产品或服务。因为在给定价格时，客户往往会潜意识地将产品或服务质量"转化"成价值，用同样的钱，购买功能多的产品或服务肯定要比购买功能少的产品或服务更合算；购买品牌知名度高的产品或服务肯定要比购买品牌知名度低的产品或服务更值钱；购买服务好的产品肯定比购买服务一般的产品更称心。

4. 价格与质量之比的感知

价格与质量之比的感知是指在给定质量时，客户对产品或服务价格的感知。在现实生活中，即使是同类的产品或服务，在功能、形式等方面也会千差万别，在这种情况下，客户在购买决策过程中，往往会考虑从产品或服务价格的高低来比较和判断。因此，在产品或服务质量差异性不大的情况下，客户一般会选择价格略低的产品或服务。

客户的价值感知取决于客户的价值取向，然而处于不同需求层面的客户，其自身的价值观念又影响着其价值取向。目前，随着人类生活质量水平的逐步提高，越来越多的客户为追求尽可能完美的产品或服务而宁愿在价格上做出"让步"，即为得到质量好的产品或服务可以支付比一般同类产品或服务高的价格，客户对产品或服务质量的需求正在不断提高和延伸，同时对产品或服务价格的需求也在不断发生变化。

7.4.6 客户满意度

1. 客户满意度的内涵

客户满意度（Consumer Satisfaction Research，CSR）是指客户满意的程度，是客户在购买和消费相应的产品或服务后所获得的不同程度的满足状态。

客户满意度的概念可以分为行为意义上的客户满意度和经济意义上的客户满意度两个方面。所谓行为上的客户满意度，就是指客户在与企业的多次接触中逐渐积累起来的情感状态。这是一个很虚幻的东西，是一种不仅限于"满意"和"不满意"之间的总体感觉。而经济意义上的客户满意度则可以从客户满意度的重要性上加以理解，企业的客户服务处于一般水平时，客户的反应（客户满意度）变化不大；一旦其服务质量提高或降低到一定限度，客户的赞誉或抱怨（客户满意度）将呈指数级增加。

一般而言，客户满意度具有以下几个特征。

1) 主观性。客户满意是建立在其对产品或服务的体验上的，感受对象是客观的，结论是主观的。它既与客户自身条件，如知识和经验、收入、生活习惯和价值观念等有关，还与传媒新闻和市场中假冒伪劣产品的干扰等因素有关。

2) 层次性。著名心理学家马斯洛指出人的需要有5个层次，处于不同层次的人对产品或服务的评价标准不一样，这可以解释处于不同地区、不同阶层的人或同一个人在不同的条件下对某个产品或服务的评价为什么不尽相同。

2. 客户满意度的影响因素

客户满意度是一种逻辑上的理性概念，也是一种相对的概念，很难用一个确定的数学公式来表示客户满意度。因此，在研究客户满意度的影响因素时，首先需要分析客户满意度的产生原因。目前，对客户满意度产生原因的研究，主要有两个典型的理论——理想产品或服务理论和客户附加价值理论。

(1) 理想产品或服务理论

理想产品或服务理论主要认为客户满意程度取决于客户对其购买的产品或服务的预期与其使用这种产品或服务后的实际感受的吻合程度。所谓理想产品或服务，是指客户心目中的概念性产品或服务，即客户通过自己以往的经验，根据自己对企业的了解和企业的公众形象，并结合自己的需求和期望，所预期的应该购买到的具有一定功能和质量的产品或服务。而"实际产品"则是指客户在使用产品或享受服务的过程中，实际体会到的产品或服务的功能、质量等特性。因此，在这个理论中，可以将客户满意度简单地表述为：

$$客户满意度 = 实际产品 - 理想产品$$

在这个模型中，当理想产品或服务高于实际产品或服务时，客户满意度表现为负值，客户就会感到不满意；当两者近似相等时，客户会感到基本满意；而当实际产品或服务高于理想产品或服务时，客户满意度表现为正值，此时，客户感到的不仅仅是满意，甚至还会是愉悦。

由此可知，影响客户满意度的因素可以分为两大类：产品或服务本身的质量和客户对产品或服务的期望。因此，提高客户的满意度，不仅要提高产品或服务的质量，同时还要改善客户对产品或服务的期望，力图让客户在使用产品或享受服务时，感到实际产品或服务远远超过了他们心目中的理想产品或服务标准。

(2) 客户附加价值理论

客户附加价值理论认为，客户都是理性的经济人，他们总是追求"客户附加价值"最大的产品或服务，并由此而产生了客户满意度。因此，在这个理论中，客户附加价值越大，客户的满意度也就越高。

所谓客户附加价值，是指客户在购买某项产品或服务后所获得的总价值与客户为此而花费的总成本之差，可以用公式表示如下。

$$\begin{aligned}产品(服务)的客户附加价值 &= 产品(服务)的客户总价值 - 产品(服务)的客户总成本\\&= (产品价值 + 服务价值 + 人员价值 + 形象价值)\\&\quad - (货币成本 + 时间成本 + 精力成本 + 体力成本)\end{aligned}$$

从这个模型也可以看到，要提高客户的满意度，就要提高客户的附加价值，即：第一，增加客户的总价值，可以增加产品价值、服务价值、人员价值和形象价值；第二，降低客户的总成本，可以降低客户的货币成本、时间成本、精力成本和体力成本。

7.4.7 客户抱怨

客户资源是企业生存之本、运营之基、力量之源。没有客户，企业便没有了市场，便失去了利润的源泉，从而失去其存在的意义。企业在运营过程中，经常会听到客户的抱怨。客户的抱怨是客户不满意的一种表现，企业只有重视客户满意度，实施客户满意措施，才能创造更多的客户价值，获得立足于市场的资本。因此，对企业而言，对客户抱怨的管理至关重要。

1. 客户抱怨的内涵

客户对产品或服务的不满和责难称为客户抱怨。客户的抱怨行为是由对产品或服务的不满意而引起的，所以抱怨行为是客户不满意的具体的行为反应。一方面，客户对产品或服务的抱怨意味着企业提供的产品或服务没达到他们的期望，没满足他们的需求。另一方面，也表明客户仍对企业怀有期待，希望其能改善服务水平。客户抱怨可以分为私人行为和公开行为。私人行为包括回避重新购买或再不购买该品牌产品或服务、说该产品或服务的坏话等；公开行为包括向经营者或制造企业、政府有关机构投诉，要求赔偿。

客户抱怨往往具有客观性、变化性、普遍性、比较性、主观性和模糊性6个特点，但是每一个客户抱怨并不是都同时具备这6个特点，而是具有其中某一个或是某几个特点。

1）客观性。现实生活中没有完美的产品或服务体系，只要有产品或服务，就必定不可避免地有失误，客户抱怨也就客观存在，不以产品或服务提供者和客户本人的意志为转移。

2）变化性。同样的产品、同样的服务内容、同样的客户经理、同样的销售人员，即使面对同样的客户，第一次不出现服务失误，第二次也可能会出现，所以客户抱怨的出现有其变化性。

3）普遍性。客户抱怨存在于产品使用，以及所有的服务行业和服务行为中。直接面对客户的任何一个岗位，不管是协管员、送货员、客户服务人员还是客户经理，只要与客户有关系，都可能存在产生客户不满意的行为，都可能会引发客户抱怨。

4）比较性。客户抱怨是客户因服务期望与服务感知的差异而引起的不满意状态，所以客户抱怨行为包括向经营者或制造企业、政府有关机构投诉，要求赔偿等。

5）主观性。客户在接受企业提供的产品或服务时，是否满意是一种心理状态，主观随意性很大。客户的抱怨行为是极不满意的心理状态所形成的一种行为，很多情况下是主观意志的产物。

6）模糊性。由于客户抱怨是由客户不满意的心理状态形成的一种行为，是一种心理感受，所以无法测量产品或服务提供者失误的程度。

2. 客户抱怨的原因

客户的满意度可以从3个方面来体现，即产品或服务的质量、客户的期望值、服务人员的态度与方式。客户抱怨是对产品或服务不满意的表现，所以客户抱怨的原因也可以从这3个方面进行分析。

（1）产品或服务质量出现问题

产品或服务本身存在问题是产生客户抱怨最直接的原因。例如，产品或服务的质量没有达到规定的标准；产品的包装出现问题，导致产品损坏；产品出现小瑕疵；客户没有按照说明操作而导致出现故障等等。一般情况下，这是客户抱怨的最主要原因。

（2）客户对产品或服务的期望值过高

客户往往会将他们的期望产品或服务与实际产品或服务进行对比，以此评估购买的价值。一般情况下，客户的期望值越大，购买产品的欲望相对就越大，但当产品或服务质量没有问题，而客户的期望值过高时，客户的满意度就小，容易对产品或服务产生抱怨。因此，企业应该适度地引导客户的期望。

（3）企业员工的服务态度和方式问题

企业通过企业员工为客户提供产品或服务时，如果员工缺乏正确的推销技巧和工作态度，例如，企业员工服务态度差；缺少专业知识，不能正确地为客户解答相关问题；缺乏正确的推销方式；过度推销，过分夸大产品或服务的好处等等，那么将导致客户的不满，往往容易使客户产生抱怨。

3. 客户抱怨的化解办法

当客户对企业的产品或服务产生抱怨时，企业应该采取积极有效的措施进行处理。

（1）重视客户的抱怨

客户抱怨不仅可以增进企业与客户之间的沟通，还可以诊断企业内部经营与管理所存在的问题。所以，当客户投诉或抱怨时，不应忽略任何一个问题，因为每个问题都可能有一些深层次的原因，正确对待客户的投诉与抱怨可能会帮助企业发现自身需要改进的领域。可以说，客户的不满蕴涵着商机，客户的不满是创新的源泉，客户的不满可以使企业服务更完善。

（2）分析抱怨产生的原因

当客户对企业的产品或服务感到不满意时，通常会有两种表现：一是显性不满，即客户直接将不满表达出来；二是隐性不满，即客户不说，但以后可能再也不来消费了。企业应该对显性不满积极处理，对隐性不满多加注意，感知客户的表情、神态和行为举止，以分析客户抱怨的原因，做到未雨绸缪。只有分析出客户抱怨产生的原因，才能够对客户抱怨处理得当，将客户的不满变成满意，客户的忠诚度也会得到进一步提升。

（3）制定解决方案，及时解决问题

既然客户已经对企业产生抱怨，就要及时处理。对于客户所有的意见，必须快速反应，力争在最短时间内全面解决问题或者表达出有解决问题的诚意，给客户一个圆满的结果。在处理客户抱怨中，如果发现客户不满意的是产品质量问题，则应该及时通知制造企业；如果是服务态度与技巧问题，则应该向管理部门提出，以加强教育与培训。

（4）记录客户抱怨与解决情况

客户抱怨记录用于记录客户发生抱怨事件的内容、客户产生抱怨的原因、客户的立场状况及理由、以及处理过程、处理结果和客户满意程度等。同时，企业通过对客户抱怨记录进行统计、归类和分析，及时发现严重的和经常出现的客户抱怨，并进行监督检查，吸取教训，总结经验，为以后更好地处理客户抱怨和投诉提供借鉴。

（5）对改进的内容进行跟踪回访

对抱怨得到圆满处理的客户应给予回访，特别是每逢重大的节假日，给客户打一个电话或发送一封电子贺卡，都可能会出现感动客户的效果，从而提高客户的满意度。对抱怨没有得到圆满处理的客户，客服人员也应该选择适当的机会回访。例如，客户抱怨某企业的服务质量不好，服务不到位，但由于该企业没有及时处理好客户抱怨，客户选择了其他同类企业。但是客户在使用竞争对手的服务后，感觉还不如以前的服务质量好，此时客服人员通过对客户的回访，可以再次赢得客户。

7.4.8 客户忠诚度

近半个世纪以来，由于"知识经济"兴起及经济全球化进程日益加快等原因，世界经济环境发生了巨大变化。在这种背景下，客户有许多选择，可以不对任何企业保持忠诚，很容易流失。而忠诚的客户最能给企业带来利润，也最值得企业管理者关注。而现在的企业纷纷实施各种客户关系管理系统，实际上就是希望以客户忠诚为基础经营企业。要做到这一点，首先必须找到并获得合适的客户。"合适"的客户是指具有较高忠诚精神的态度倾向，并且一旦成为忠诚客户，就能为企业提供稳定的现金流，给企业带来丰厚的利润，具有很高的客户价值。

所以仔细分析客户，了解客户的忠诚度，对于企业来说是极其重要的。而忠诚是一种心理状态，是一个主观概念，不同客户所具有的忠诚度差别很大。下面就分析与忠诚有关的客户心理因素和购买行为，并提出一个简单的衡量客户忠诚度的指标体系。

1. 客户忠诚的类型分析

客户忠诚主要有以下几种类型。

1）垄断忠诚，指客户别无选择，通常是在企业垄断经营的情况下。这类客户的特征是低依恋，高重复购买。

2）惰性忠诚，指客户由于惰性而不愿意去寻找其他供应商。这类客户的特征是低依恋，高重复购买。

3）价格忠诚，指客户忠诚于提供最低价格的零售商。这类客户的特征是对价格敏感，低依恋，低重复购买。

4）激励忠诚，指当企业有奖励活动时，客户会来购买；当活动结束时，就会转向其他有奖励或有更多奖励的企业。这类客户的特征是低依恋，高重复购买。

5）超值忠诚，指对企业高依恋、高重复购买的客户。这类客户对企业最有价值。

2. 分析超值忠诚客户的行为

通过分析各种类型的客户忠诚可知，对于一个企业来说超值忠诚客户是最重要的。下面通过分析超值忠诚客户的行为，以了解客户忠诚体现在哪些方面。

超值忠诚客户除了高重复购买外，他们还非常愿意为企业进行正面的口头宣传，给企业带来推荐效益；他们对价格的敏感性较低；客户会增加钱包份额；更倾向于购买企业的其他产品等。从上述行为可以看出客户的忠诚体现在以下几个方面。

1）客户关系的持久性，表现在时间和联系的持续性。

2）客户在企业的消费金额提高，表现为增加钱包份额，增加交叉销售。

3）客户对企业有很深的感情，非常愿意购买企业的产品，自觉地为企业做正面宣传，不会总是等到打折时才购买，对企业的满意度很高。

3. 客户忠诚度指标体系

通过分析忠诚客户的行为，可以确定客户忠诚度指标体系有 3 个子系统，共 9 个因素，如图 7-3 所示。

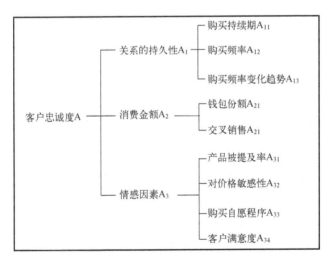

图 7-3 客户忠诚度指标体系

7.5 CRM 系统设计

通过对客户行为的有效分析，销售方已有明确的客户关系管理的着重点，可通过构建 CRM 系统来实现相关功能，即如何对 CRM 系统的模块进行划分、各个模块之间接口的设计、模块之间信息传递的设计以及数据结构、模块结构的设计等。接下来，程序设计员可根据上述概要设计对系统进行详细设计。

跨境电商服务中，通过 Web 页面进行产品或服务宣传是作为常见的一种方式，因此，本节内容以解决销售人员在浏览器客户端上对客户的管理，管理者对所管辖销售人员的销售情况和客户情况进行统筹管理和实时管理以及客户的挖掘等为目标进行 CRM 系统的设计。

7.5.1 总体设计

1. 需求假设

系统的主要管理对象为客户——客户录入管理（新建客户、客户跟进）、客户查询和销售管理，客户信息包括客户基本信息、项目基本信息和跟进情况。

客户基本信息有：客户公司名称、详细地址、联系人（联系人手机、职务、座机电话、客户传真、电子邮箱）等。注意：联系人可以添加多个。

项目基本情况有：客户基本情况、客户级别、进度、客户类型、厂商支持、支持人员、应用需求和关注点、购买意向、决策链描述。

跟进情况有：时间、交谈内容、成果、下一步动作、是否结单、付款情况、实施服务、备注。

销售管理包括：客户查询、客户级别统计、付款情况统计、客户录入管理。客户数据保存在客户信息表里面，系统经过查询数据服务器后及时了解客户的相关信息，帮助员工及时的了解客户和公司的来往情况。

系统要能有效、快速、安全、可靠和无误地完成上述操作，并且系统界面要简单明了，易于操作，服务器程序利于维护。

2. 运行环境

本系统设计 C/S 结构，客户端运行于浏览器，根据需求和环境，Windows 操作系统即可。

3. 处理流程

处理流程如图 7-4 所示。

（1）客户信息（包括客户信息和客户相关联系人信息）主要来源为客户公司提供和市场调查，由员工录入到客户信息表和联系人信息表。

（2）反馈信息由客户公司，联系人或市场调查提供，由员工录入反馈信息表。

（3）销售管理主要包括商品信息管理和销售记录。商品信息由公司内部提供，由员工录入商品信息表。销售记录通过实际销售获得数据，由员工录入销售记录表。

（4）图中《查询》和《修改》分别连接到各个信息表，实现对各类录入信息查询修改。

4. 系统结构

系统结构如图 7-5 所示。

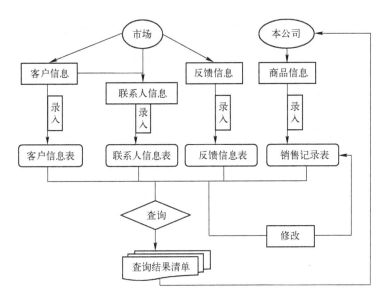

图 7-4 处理流程示意图

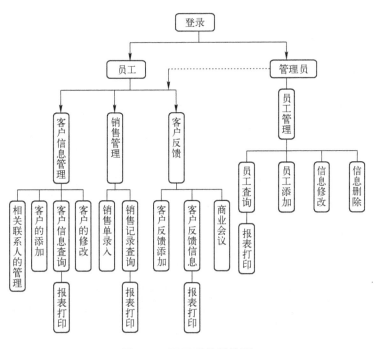

图 7-5 CRM 系统结构图

（1）登录实现员工登陆和管理员登录；

（2）管理员登录过后可以进行员工的相关操作，同时能够对员工信息进行管理，包括：添加、查询、修改、删除；

（3）员工登录成功过后分别进行以下操作：

1）客户信息管理。

① 对客户信息的管理（添加、查询、修改、删除、打印）；

② 对相关联系人的管理。
2）销售管理；
① 销售记录的管理（查询、添加、打印）；
② 商品信息的管理（添加、查询、修改、删除、打印）。
3）客户反馈。
① 客户建议（添加、查询）；
② 商业会议（添加、查询）；
③ 客户投诉（添加、查询）。

7.5.2 接口设计

1. 用户界面

在用户界面部分，根据需求分析的结果，用户需要一个用户友善界面。在界面设计上，应做到简单明了，易于操作，并且要注意到界面的布局，应突出的显示重要以及出错信息。外观上也要做到合理化。

总的来说，系统的用户界面应作到可靠性、简单性、易学习和使用。

2. 硬件接口

在输入方面，对于键盘、鼠标的输入，可用 VISUAL C++ 的标准输入/输出，对输入进行处理。

在输出方面，打印机的连接及使用，也可用 VISUAL C++ 的标准输入/输出对其进行处理。在网络传输部分，为了实现高速传输，在网络硬件部分，将使用高速的 ATM 网络。

3. 内部接口

内部接口方面，各模块之间采用函数调用、参数传递、返回值的方式进行信息传递。接口传递的信息将是以数据结构封装数据，以参数传递或返回值的形式在各模块间传输。

7.5.3 运行设计

1. 运行模块组合

系统的运行由服务器运行后台程序，客户端由浏览器实现。

2. 运行控制

运行控制严格按照各模块间函数调用关系来实现。在各模块中，需对运行控制进行正确的判断，选择正确的运行控制路径。严格控制数据输入类型，避免数据类型不匹配的错误。

3. 运行时间

在软件的需求分析中，对运行时间的要求为必须对作出的操作有较快的反应。网络硬件对运行时间有最大的影响，当网络负载量大时，对操作反应将受到很大的影响。所以建议采用高速 ATM 网络，实现客户机与服务器之间的连接，以减少网络传输上的开销。其次是服务器的性能，这将影响对数据库访问时间即操作时间的长短，影响加大客户机操作的等待时间，所以必须使用高性能的服务器。硬件对本系统的速度影响将会大于软件的影响。

7.5.4 系统数据库详细设计

在设计数据库时表名使用英文或拼音，以免在编写代码时出现不要的错误。

1. 员工信息表

员工信息表如表7-2所示。

表7-2 员工信息表

员工编号	姓名	性别	联系电话	住址	登记时间

2. 客户信息表

客户信息表如表7-3所示。

表7-3 客户信息表

客户编号	客户姓名	详细地址	客户电话	客户传真	电子邮箱	主页	客户类型	客户来源	客户信誉	客户状态	相关员工

客户信誉是根据相应的评测标准系统自行对客户信誉修改，客户信誉包括：好，较好，一般，较差，很差；

客户状态为与公司的合作状态，包括合作和暂停两种状态；

客户类型有：1个人，2企业。

3. 联系人信息表

联系人信息表如表7-4所示。

表7-4 联系人信息表

编号	姓名	称呼	主联系人	客户	职务	详细地址	办公电话	运动电话	家庭电话	传真	电子邮箱	业余爱好

4. 销售定单记录表（记录客户的定货信息）

销售定单记录表如表7-5所示。

表7-5 销售定单记录表

编号	客户名	相关联系人	金额	定单日期	交易完成日期	员工

5. 销售记录表（记录对应的定单记录的详细购买货物情况）

销售记录表如表7-6所示。

表7-6 销售记录表

编号	客户名	相关联系人	商品类型	商品名	单价	数量	金额	员工

7.5.5 系统出错处理设计

1. 出错信息

程序在运行时主要会出现两种错误：

1）由于输入信息，或无法满足要求时产生的错误，称为软错误。对于软错误，先判断错误类型，再生成相应的错误提示语句，送到输出模块中。

2）由于其他问题，如网络传输超时等，产生的问题，称为硬错误。对于硬错误，可在出错的相应模块中输出简单的出错语句，并将程序重置。返回输入阶段。

出错信息必须给出相应的出错原因，如："查无此信息！"等。

2. 补救措施

根据错误类型给出相应的错误解决方案。

3. 系统维护设计

维护方面主要为对服务器上的数据库数据进行维护。可使用 SQL SERVER 的数据库维护功能机制。例如，定期为数据库进行备份，维护管理数据库死锁问题和维护数据库内数据的一致性等。

案例分析

海尔家电的客户关系管理系统应用

近日，海尔星级服务再出新举措——为用户家电"过生日"，即在用户购买使用海尔家电周年时（彩电、计算机每满三年，平板电视每满一年，其他家电每满五年，VIP 用户每年一次）主动送上"生日"礼物，包括赠送家电生日贺卡、对海尔家电进行维护和保养，以及征询用户意见等超值服务。这就把随叫随到的"被动式"服务，升格为主动服务，不等用户打电话就主动登门给家电"体检"，把家电的"病情"消灭在萌芽状态。目前全国各地已有很多海尔用户迎来了给家中海尔家电过"生日"的海尔星级服务工程师，而重庆南坪明佳园居民陈女士更是"双喜临门"：海尔人给她女儿和洗衣机一起过了生日。原来 5 年前的 3 月 9 日，陈女士生下了女儿，当天老公特意买了台海尔洗衣机送给陈女士。海尔服务人员来陈女士家安装洗衣机时，细心的师傅无意中知道了购买这台洗衣机的"重要"意义，便在在反馈安装信息时特别做了备注。5 年后，海尔服务人员特意买了生日蛋糕，给陈女士的女儿和洗衣机共同过生日：女儿美滋滋地吃着蛋糕，洗衣机从里到外被全面通检保养了一次。当记者对海尔服务人员的"好记性"表示惊讶时，海尔售后服务有关负责人揭开了"谜底"："好记性"是靠数字智能化的顾客服务信息系统做"后盾"的。这个系统采用国际最新 CRM 客户服务信息技术，正是靠着这个数字智能化系统，海尔星级服务中心给社区内每位海尔用户家电产品建立了档案，运用信息化的手段，服务人员用鼠标轻轻一点，计算机里就会立即显示用户的相关资料，海尔服务人员可以根据这些记录为用户提供更为亲情化的主动服务。陈女士的女儿与家中的海尔洗衣机一起过生日也就在情理之中了。谈到推出"为用户家电过生日"的初衷，海尔集团有关负责人告诉记者，为用户被动解决问题的服务只是补偿式服务，而用户真正需要的是"增值"服务，像"为用户家电过生日"就是海尔在主动服务方面进行的新探索。业内人士认为，海尔这种主动登门式的服务新举措，极大地满足了用户的潜在需求，实现了与用户的零距离接触，自然会抓住消费者的"芳心"，服务同样赢得用户，服务同样创造价值。重庆的陈女士就是被海尔人的主动服务精神所感动后，当场决定再买一套海尔高效氧吧空调。

结合该案例，请分析以下问题。
1. 结合海尔 CRM 系统的应用说明 CRM 在商务活动中的重要性。
2. 结合此案例探讨 CRM 系统在跨境电商中应如何充分发挥效用。

本章小结

本章节主要介绍了跨境电子商务运作时的客户关系管理的相关内容，首先，CRM 是一种管理理念、管理机制、企业供应链管理的进一步延伸；其次，按照不同的分类标准，比如目标客户、应用集成度和功能特点等，可以对 CRM 进行不同的分类；不管怎样分类，CRM 都能实现销售自动化、营销自动化、客户服务与支持、商务智能等功能。这些功能的实现必然依赖于 CRM 中的相关技术的应用，当前流行并有一定的发展前景的技术主要有数据挖掘技术、云技术，以及社交型技术网络的发展。依赖于这些技术，跨境电子商务的 CRM 系统在设计时主要有 3 种类型，即运营型 CRM、分析型 CRM 和 e-CRM 这 3 种，其功能模块主要由接触活动、业务功能和数据库 3 部分组成。鉴于数据对客户关系管理的重要性，本章又着重介绍了数据挖掘在客户分析中的应用，其主要的挖掘工具有统计分析方法、决策树、遗传算法和人工神经网络等，当然还有一些其他的数据挖掘工具。在了解数据挖掘的基础之上，又介绍了依托于数据挖掘而开展的客户行为分析，并针对客户行为与使用方需求，进行了 CRM 系统设计的概述。

本章习题

1. 跨境电子商务下的客户关系管理的目的是什么？
2. 什么是客户关系管理？其内涵有哪些？
3. 描述 CRM 的分类标准。
4. CRM 的功能有哪些？都能实现什么目的？
5. 阐述 CRM 中的相关技术与应用趋势。
6. 阐述运营型 CRM 的特征。
7. 阐述分析型 CRM 的特征。
8. e-CRM 的构成模块有哪些？
9. CRM 系统功能模块有哪些？
10. 简述数据挖掘与传统分析方法的区别。
11. 除了本章节中介绍的知识外，你还熟悉哪些数据挖掘的主要工具？
12. 试阐述消费者数据分析与客户关系管理的关系。

第8章 跨境电子商务安全

跨境电子商务作为一种新型的商业运行模式和交易方式，在交易的广度和深度上正进行着迅速扩张。在我国，一方面，跨境电子商务极大地带动了我国的国际贸易，刺激了消费者消费，成为我国经济外贸增长的一个重要引擎，推进了国际贸易的全球化、信息化和便利化；但是另一方面，其自身所存在的一系列安全问题对消费者权益和国家传统的监管方式提出了挑战。本章将介绍跨境电子商务安全中的支付安全、物流安全、信息安全和监管安全等内容。

导入案例：

跨境电商交易是通过互联网完成的，商品实体及质量如何买家根本无法知道，万一由于质量或运输问题导致消费者对商品不满意，却因为跨国交易的各种限制使得自身的利益无法维护，结果造成许多消费者对于跨境电商企业的不信任。据数据表明，有90%的消费者担心交易的安全性。因此，这种跨境电商交易信用安全问题是阻碍跨境电商发展的一道屏障。

近年来，在进出口增幅显著下降的大背景下，我国跨境电商却以年平均40%左右的幅度增速迅猛，但相应的安全问题也浮出水面。

2015年中旬，熊某通过跨境电商平台购买了荷兰某品牌的奶粉9罐，发现所有产品包装均无中文标签说明，就此他认为该电商平台违反了我国食品安全法第六十六条，预包装食品没有中文标签不得进口的规定。熊某要求电商公司退回购买奶粉货款1887元，并要求负责10倍赔偿，即人民币18870元。协调未果，遂向法院提起了诉讼。

案例结果： 法院审理认为，跨境电子商务是一种新型的国际贸易方式，与传统的进出口贸易有重大区别。其一，消费者在订购时应当向跨境电商公司提供完整、准确的个人信息；其二，跨境电商实际发生的商品进关入境环节中是以网购订单、支付单和快递单上的消费者本人名义进行通关申报；其三，商品通关的性质是消费者个人行邮物品，而不是贸易商品。据此，法院认为该案的核心要素是电商公司是以熊某的名义和费用来处理进口事务，即熊某与电商公司之间成立的是委托合同关系，而非买卖合同关系。电商公司出售的是服务，而非商品本身，亦不承担相关法律销售者的法律责任。且熊某未证明因电商的过错造成了自己的损失。故法院判决驳回原告熊某的诉讼请求。

案例启示： 该案例做出的司法判决的核心意义是基本理清了网购保税进口跨境电商商品为"个人行邮物品"这一基本属性。这一司法定性，或许对检验检疫部门完善跨境电商执法监管理念和模式有很重要的启发性意义。

个人行邮物品的监管标准应有个性化的识别。一方面网购保税进口的跨境电商商品进入保税的特殊监管区时，应属于在动植物和卫生口岸检疫监管范畴，不应因其为非贸易商品属性而豁免，这是相关动植物检疫和卫生检疫的法律法规所明确规定。另一方面，这种个人自用的非贸易属性，原则上应该不具备传统贸易性质的进口商品检验监管的标准条件。所以在负面清单底线管理的基础上，创新对网购保税进口跨境电商商品更具针对性、更为便捷、更为高效的检验监管标准和模式，是检验检疫部门需要深层次探索的问题。

个人行邮物品的监管主体应有更准确的定位。上述案例表明，网购保税进口跨境电商模式，无论是直邮集货模式，还是保税备货模式，电商在跨境电商实际发生的商品进入关境的环通关节中，更多的只是提供服务。所以监管重点理应转移至商品的实际货主，即购买者的一方。监管内容的核心当然是购买者是否自用，是否诚信申报，从而排除商人（包括可能电商授意的商家）化整为零地"刷单"成个人自用消费者。当然，所谓"职业打假人"也应设定在监管警示范围内。就像这位诉讼被驳回者，如果发现其在短时间内大量购买同一种商品，而超出了自用量的常理，就应该列入重点监管对象，甚至验证后将其列入跨境电商消费者的"黑名单"。

个人行邮物品的监管手段应更为有效。当将跨境电商商品购买者的个人作为监管（或者广义来说也包括服务）的对象时，这种监管对象就具有千千万万、千差万别的碎片化特征了。要从每天数万单乃至数十万单的网购者中识别出哪个人不是个人自用商品的购买者，传统的抽样检查方式似乎难以有效，也难以高效。所以针对依托信息化手段进行商品交易和商务服务的跨境电商这种新型商务模式，一定要同样依托信息化手段来解决。所以，以后的大数据监管应该在商品负面清单底线监管的基础上，才是唯一可行的监管手段。另一方面，为服务跨境电商的消费者，保障其质量安全权益，应对同样碎片化的跨境电商商品特征，大数据商品质量安全风险监管也应该成为日常高效监管的利器。当然，这需要检验检疫部门与其他跨境电商的执法监管部门及公共服务平台的数据进行互联互通，丰富大数据分析的维度，提高分析的准确度，共同推进跨境电商这个新型外贸业务的健康发展。

——摘自：中国国门时报

8.1 跨境支付安全

随着全球一体化的加速，消费者网上跨境购物、跨境电商交易日趋频繁，而支付行业也随着电子商务蓬勃发展起来，并逐渐使其交易方式多样化，但是由于目前我国跨境外汇电子支付管理制度的不健全，一些不法分子利用这些漏洞对跨境电子支付安全造成了一定的风险。由于电子商务交易在互联网上进行具有虚拟性，这导致一些欺诈、洗钱和贿赂等非法交易很容易在网上进行，给电商行业和国家市场秩序带来严重的危害。又因为支付机构对用户缺乏科学严格的审核，也就无法识别每天大量的电子交易金额的真实流向，而国外的支付机构更加无法进行资金监管，这使得跨境违法交易日益频繁。在电商交易中，买卖双方是通过虚拟平台、银行和第三方支付机构完成交易的，交易双方并无实际接触，这无疑加大了核实交易主体的难度，使得电商交易信用风险增加。与此同时，国际信用卡客户可以利用第三方支付的充值功能，在进行银行信用卡充值后通过转账到借记卡实现套现，这为国内贪污受贿和洗钱提供了有效途径。

对于这种情况，国家应该设立专门的监管部门帮助支付机构对交易资金进行监管。我国应该与国际各国相互协调、进行合作，加快建立国际跨境电子商务管理体系，共同监督跨境电商交易，减少非法交易的进行。同时各大支付机构应该完善其用户注册信息，促使新用户注册时实名化，并且加强与银行的合作，当发生不法交易时能利用信息有效地查出源头，降低网络交易风险。

电子商务及跨境电商第三方支付行业也迅速发展，由于跨境支付系统面向的是国际贸易，相对于国内第三方支付系统来说更加复杂，并且跨境外汇电子支付还没有一部较为统一的管理规范制度，使得第三方支付的潜在风险很高，由此存在的问题也很多。

8.1.1 跨境支付欺诈风险

跨境支付欺诈是很多跨境电商都遭遇过的问题，也给企业带来了不小的损失。而因担心风险损失拒绝潜在客户的案例也很多，这些都严重影响了企业的发展和客户的体验。

因为在跨境电商主流消费市场，欧美国家的信用卡普及率非常高，当地消费者也习惯于通过信用卡消费，所以各跨境电商企业通常都会接受国际卡组织 Visa 或 MasterCard 发行的信用卡。而目前通行的互联网支付方式大致可以分为凭密支付和无密支付，凭密支付一般需要发卡行、收单行等多方验证及支持，成功授权的失败率比较高，尤其是在美国等传统习惯于无密支付的国家，授权失败率高达 50%。为了减少授权失败率、提升用户的支付体验，大多数跨境电商企业倾向于无密支付，用户只需输入卡号、有效期及 CVV2，即可完成支付流程。这除了调高支付的成功率外，也极大方便了犯罪分子的交易欺诈。

与此同时，不同于境内支付交易，跨境支付交易过程中发生的大多数欺诈交易的追溯流程需要经历的路径也非常长，往往要 2~3 个月才能判定一笔交易是否属于欺诈交易，这实际上非常考验跨境支付过程中风险管理的有效性，并且跨境支付交易的来源方往往遍布全球各地，另外，跨境支付交易的风险管理还得承受全天 24 小时来自全球犯罪分子的攻击。这一系列的跨境支付欺诈风险都给跨境支付交易的风险管理提出了巨大的挑战。

8.1.2 跨境支付交易风险

因为跨境支付的整个交易流程涉及各方主体的交互，所以跨境支付的交易风险也一直是跨境支付能否健康发展的重要看点。跨境支付的交易风险主要分为两类，一类是第三方支付机构本身发生的不合规交易带来的交易风险，另一类是用户遭遇的交易风险。

第三方支付机构本身发生的不合规交易带来的交易风险是因为目前跨境电商还是跨境贸易的一种新型业态，行业的一系列规则和法规还不成熟。所以第三方支付机构在国家还没有出台具体的法律法规之前，可能会以追求利益最大化的原则，省去没有规定但却有一定成本的工作流程，比如放弃成本较高但效果更好的大数据分析来审核相关信息，而采用成本较低的方式来审核客户的身份信息。这在一定程度上会造成主体身份的虚假信息泛滥，增加跨境支付的交易风险，并且境内外个人也可能会趁机以服务贸易或虚假货物贸易的方式来转移外汇资金，从而逃避外汇管理局的监管，这在严重影响跨境支付交易秩序的同时，还威胁到了国家的资金安全。

用户遭遇的交易风险主要源自跨境支付交易过程中可能遭遇的各类网络支付安全问题。境内消费者将面对个人隐私信息被窃取、账号被盗、银行卡被盗用和支付信息丢失等情况，这些都对跨境支付的系统安全提出了更高的要求。

8.1.3 跨境交易资金风险

很多从事跨境电商的中小卖家由于自身资金实力不足，除了跨境支付交易过程中的安全性、支付成本和放款效率外，资金安全也一直是他们非常关心的方面。但因为很多中小卖家对跨境电商平台的相关条款并没有完全吃透，对国外的法律法规更不了解，所以经常会在这方面吃亏。

比如 wish 和 eBay 等跨境电商平台很多时候都以买家的利益为主，在碰到纠纷时往往会为买家考虑更多，而让中国卖家遭受损失，近几年发生的 eBay 和 wish 的大规模纠纷事件就直接反映了中国卖家在发生纠纷时的弱势。当发生知识产权纠纷或交易纠纷时，卖家资金往往会很快被跨境电商平台冻结，然而由于这些平台在中国没有合适的法律主体，中国卖家要向平台申诉还要赴海外聘请当地律师。从众多中国中小卖家的角度出发，他们既没有时间也没有精力来承担相应的上诉流程，并且严格上讲这些账户被冻结的跨境电商卖家的知识产权确实是有瑕疵的，当然这也是长期以来中国传统外贸发展下来的诟病。

8.1.4　针对跨境电商中的支付安全问题的主要对策

1. 建立风险管控，开展数据监控

建立一套完整的风险管理架构，无论对跨境电商还是对支付机构都非常重要。面对不断发生的跨境电商欺诈交易，企业可以通过账户安全、交易安全、卖家安全、信息安全和系统安全等五大安全模块的组合来实现风险管理架构的搭建，从而防止账户出现盗用和信息泄露，并最终借助管控交易数据等手段降低交易风险欺诈的可能性。

除了搭建风险管理架构，企业还可以通过建立以数据驱动为核心的反欺诈系统来进行风险管控。不同于传统的反欺诈系统，通过签名识别、证照校验、设备指纹校验和 IP 地址确认的审核方式，跨境支付反欺诈系统应拥有强大的实施模型、灵活的风险规则和专业的反欺诈人员判断。第三方支付机构还应该加强行业内部的风险共享和合作机制，因为一般犯罪分子在盗取一批信用卡信息之后会在多个交易平台上反复使用，实现价值的最大化，且往往把风控能力最弱的一方作为突破口，所以建立风险共享及合作机制就非常必要且非常紧急。只有大家齐心协力，才能从根本上有效提升跨境支付交易的整体风险防控能力。

2. 履行相关责任，保证交易真实

在跨境支付交易的过程中，支付机构应严格按照相关法律法规，并遵循有关部门发布的指导意见审核交易信息的真实性及交易双方的身份。支付机构可适当增加交易过程中的信息交互环节，并留存交易双方的信息以备备查，对有异常的交易及账号进行及时预警，按时将自身的相关业务信息上报给国家相关部门。国家相关部门也应定期抽查并审核交易双方的身份信息，并对没有严格执行规定的第三方支付机构进行处罚。同时应制定科学的监管方案对支付机构进行监管，并促进支付机构和海关、工商、税务部门进行合作，建立跨境贸易信息共享平台，使得跨境交易的监测更加准确和高效。

在加强监管的同时，支付机构也应加大技术的研发力度，提升跨境支付过程的安全性，增加跨境支付的交易数据的保密程度，利用大数据及国内云技术的优势对跨境交易的双方进行身份审核并分级，为境内外客户提供更加安全、有保障的购物环境。

3. 遵守知识产权，合法进行申诉

随着跨境电商的快速发展和国家的大力推动，让跨境电商从原来的粗放模式慢慢向精细模式发展。从事跨境电商的卖家要真正解决跨境交易的资金风险，首先要做的就是合规经营，以知识产权为公司核心，同时注重企业产品品质，并且要努力、持续地学习各个跨境电商平台的规则和条款，尤其是涉及资金安全的条款。

其次，在遭遇跨境电商交易纠纷时，中小跨境电商卖家应该认识到个体的力量是弱小的。遭到资金冻结的卖家一方面应积极了解相关法律法规，另一方面也可以利用行业协会的优势，积极应诉取得诉讼的主动权，保证自己的资金安全。

8.2 物流安全

物流是电子商务由虚拟交易转变为实体交易的一个重要途径，它是整个电子商务交易的重要环节，然而它却有着很重要的安全问题。随着跨境电商的发展，跨境物流问题也越来越受到人们的重视。首先是货物安全的风险。对于这个问题可以避免，如对于不同的产品提出运输要求，要求卖家在包装货物时利用一些工具进行缓冲减少商品在运输时的破损，并且可以在运单上写着醒目的说明，使其派送员在运输的过程中注意。最主要的是卖家应该选择较为信任的物流公司，这不仅可以使货物平安及时送达，还提高了客户对其的信用度。其次是数据安全。在这个科技发达的时代，个人信息数据更容易泄露，所以我们更应该选择具有一定规模并且信誉度高的物流公司，要注重保护个人隐私。

就我国来讲，目前出现跨境物流安全问题的主要原因就是物流企业信息化建设相对滞后，其分拣、包装等流程都是人工处理，这就导致了低效的物流操作和低客户服务水平。所以物流企业应完善基础设施，提高信息技术，建设自动化和智能化的现代仓库，规范物流运输工具标志，提升服务水平。同时，伴随着大数据、物联网、智慧物流等相关技术的成熟，构建跨境物流信息平台成为可能。我国政府可以协调跨境电子商务企业、国际物流公司、海关等相关各方，共同构建跨境物流信息系统。

解决跨境物流安全的第二个方面就是建设海外仓，其原因在于海外仓将跨境物流转变成国内物流，使得跨境电子商务的交易周期大大缩短。商品可以快速、安全的送达顾客，使得消费者的满意度和忠诚度得以提高。当然，海外仓作为当前跨境电商物流发展的主要趋势，还有以下优点：首先，海外仓将商品大批量的运至目标市场国家，形成规模经济，使得物流成本大幅降低。其次，海外仓可以有效的处理消费者的退换货问题。海外仓的建设使得退换货可以在国内迅速完成，避免了新一轮的跨境物流，在节省成本的同时也让消费者在购买产品时更加放心。最后，海外仓有利于应对因购物旺季而导致的物流短板，使得跨境电商的竞争力得以提高。例如，阿里巴巴旗下的菜鸟物流正在推进海外仓的建设，以克服其跨境物流的缺陷。亚马逊直邮落户上海自贸区，因其完善的物流系统和众多的海外仓而占有明显的采购优势，其产品价格往往比其他跨境电商要低 20% 左右。与此同时，为抢占中国市场，eBay 也开始与万邑通等物流公司合作加快在中国布局海外仓。值得注意的是，海外仓虽有众多优势但其成本往往较高。因而对于部分没有足够经济能力的企业，不应盲目建设海外仓，可以采取使用第三方海外仓。除此之外也可以与其他企业合作建立海外联盟仓，以分担风险降低成本。

8.3 大数据时代的信息安全

由于电商交易是要借助虚拟的互联网平台来实现，买卖双方不需要实际见面来完成交易,这就导致了交易双方的身份不确定性。跨境电商交易中,国境和各国法律的不同使虚拟平台对其身份的确定更为模糊,这就更加方便不法分子冒用或者盗用他人身份进行欺诈,或者通过各种诈骗手段盗取合法用户的身份信息,或者通过诈骗、盗取篡改消费者的交易信息从而获得非法利益。

对于大多数跨境电商企业来说,大数据已经成为左右其战局的决定性力量,然而其安全风险也随之凸显。大数据包括大量的结构化和非结构化数据,需要通过整合、提炼、分析才能具有相应的应用价值,比如电商企业通过分析消费者的购买行为从而提高用户体验度、制定符合用户需要的市场战略;基于强大的大数据分析的智能驱动型的安全战略将帮助信息安全从业人员重获警惕性和时间的优势,以使他们更好地检测和防御高级网络威胁等。随着各种社交平台、移动设备、云计算走入企业,海量数据成为企业的又一笔无形资产,虽然企业已经搜集并存储了大量的数据,但接下来对这些数据的保护和安全合法地利用是重中之重。

"大数据"之"大"实际上指的是它的种类丰富、存储量大,因此管理起来是一个具有挑战性的工作。然而,无论从企业存储策略与环境来看,还是从数据与存储操作的角度来看,"管理风险"不可避免地成为了"大数据就是大风险"的潜在推力,主要体现在以下五个方面:

第一,目前来看,企业快速采用和实施诸如云服务等新技术还是存在不小的压力,因为它们可能带来无法预料的风险和造成意想不到的后果。而且,云端的大数据对于黑客们来说是个极具吸引力的获取信息的目标,所以这就对企业制定安全正确的云计算采购策略提出了更高的要求。

第二,随着在线交易、在线对话、在线互动、在线数据越来越多,黑客们的犯罪机会也比以往任何时候都要多。如今的黑客们组织性更强,更加专业,作案工具也更加强大,作案手段更是层出不穷。相比于以往一次性数据泄露或者黑客攻击事件的小打小闹,现在数据一旦泄露,对整个企业可以说是一着不慎满盘皆输,不仅会导致声誉受损、造成巨大的经济损失,严重的还要承担法律责任。所以在大数据时代,网络的恢复能力以及防范策略可以说是至关重要。

第三,随着产生、存储、分析的数据量越来越大,隐私问题在未来的几年也将愈加凸显。所以新的数据保护要求以及立法机构和监管部门的完善应当提上日程。

第四,众所周知,数据的搜集、存储、访问、传输必不可少的需要借助移动设备,所以大数据时代的来临也带动了移动设备的猛增。现在很多用户互联网体验都已经转向了移动端,移动设备更多的承载了数据储存工具。

第五,每个企业都是复杂的、全球化的、相互依存的供应链中的一部分,而供应链很可能就是最薄弱的环节。信息将供应链紧密地联系在一起,从简单的数据到商业机密再到知识产权,而信息的泄露可能导致名誉受损、经济损失、甚至是法律制裁。信息安全的重要性也就不言而喻了,它在协调企业之间承包和供应等业务关系扮演着举足轻重的角色。

信息安全是关乎企业生存命脉的一根红线,在任何时期都是不可碰触的。面对大数据的双刃剑,保护好这些敏感数据的安全及其大数据分析生成的各种战略方案、机密文档、市场报告等成果,是促使大数据助力企业发展的关键环节。而保护大数据的安全,管理是重中之重,要制定合理的管理制度及访问权限控制;另外,大数据一般都需要在云中实现上传、下载及交互,在吸引越来越多黑客的云端及客户端做好加密保护必不可少,这时便体现出了透明加密软件的强大。用透明加密技术对敏感数据进行严密的加密处理，使它们始终以加密的状态存在，任何人未经授权或解密都接触不到原始数据的真实内容，也就有效制止了黑客及企业员工对数据的窃取或利用。

8.4 监管安全

监管力量薄弱、配套措施缺乏是目前海关跨境电子商务的监管现状。造成这种现状的原因有三点：一是工作量的增加，监管压力增大。近年来随着经济的发展以及跨境邮递业的迅猛增长，我国跨境邮递件数总数也急剧增长；二是信息化水平不足，监管效率低下。一方面监管软件系统无法全程跟踪货物，另一方面，工作人员很难做到对进境物品的监管；三是监管方式单一。邮件通关基本集中在进境查验阶段，缺乏前期的风险预警以及后期的稽查追责。在跨境电子商务邮件的监管现场，海关人员难以在短时间内判断邮包内是自用物品还是代购货物，从而难以有效地监管，只能补税放行。这使得不法分子的违规违法行为逃避制裁，流失了国家的税款。

因此，需要从以下几个方面着手：完善相应的法律法规，统一行邮渠道通关流程，加强执法系统建设；加强海关与其他各个系统单位的联系，建立互惠互利、合作共赢的管理机制，实现从信息流、资金流和物流三方面对跨境电子商务的综合监管；加强征税监管力度，运用企业信用分类评级制度，建立并完善风险管理机制；打造信息化监管系统，增强海关的监管力量。

案例分析

中小跨境电商卖家的跨境支付风险

对于广大的中小跨境电商卖家来说，跨境电商平台的支付安全、支付成本、放款效率，一直是跨境电商经营过程中最核心的问题。中小跨境电商卖家资金实力不强，对于跨境电商平台的支付条款理解的也未必全部透彻，Wish、eBay、亚马逊等跨境电商平台条款的制定更多是美国人的思维方式，大部分时候都是偏向海外消费者的利益，中小跨境电商卖家经常就支付问题和跨境电商平台产生巨大的纠纷和矛盾，争议的结果往往是中国卖家遭受损失。2015年到2016年初，跨境出口电商领域已经发生了几起规模影响都比较大的跨境电商支付纠纷。最典型的就是跨境电商平台Wish和中国卖家账户纠纷。

张先生在深圳有一家平衡车的工厂，长期以来都是接受海外客户的定制定单生产。一开始张先生在eBay做跨境零售，因为销售火爆转而发展Wish，跟Wish合作的两年内一直非常顺畅，每次只要物流显示投妥就正常收汇，虽然有时候也会有一定的收款延迟，但是总体合作非常愉快。对于平衡车的争议产品问题，张先生还曾经特意咨询过Wish的一个大区经理，得到的回复是鼓励他们销售，结果短短几天内张先生的账户被冻结，里面的款项全部被退回买家，而且款项没有具体的说明，至今下落不明。经过跟Wish总部反复沟通，最终得到的答复是海外买家就知识产权和消费欺诈对他的店铺进行投诉，所以Wish最终判定支持海外买家的利益。对于Wish平台单方面粗放地冻结自己账户的资金，张先生一直非常吃惊并且不敢相信这是一个美国互联网公司的所作所为。张先生曾经就自己的案例咨询过中国的律师,得到的答案是 Wish 属于美国的互联网公司,解决纠纷必须到美国本土去,由于高额的法律成本,这显然是不可能的。张先生实在不理解资本雄厚的 Wish 电商平台,为什么忽然变脸,让他这样一个普通的中小跨境卖家血本无归。其实这背后还是美国人思维方式的差异,作为互联网发源地的美国互联网公司,核心的价值观和理念就是买家至上,并且对于知识产权和消费欺诈有高度敏感的制度规范。对于 Wish 电子合同的条款,我相信很多中国跨境电商卖家甚至都不会去仔细看,像张先生这样的中小跨境电商卖家长期靠廉价产品参与市场竞争,对于知识产权、消费纠纷、品牌定制等法律问题闻所未闻,因此很多中国跨境卖家为此付出了真实的代价。

进入 2016 年,更多中国的跨境电商卖家疯狂涌入 Wish 平台,Wish 跨境电商平台异常火爆。究其原因是仅仅是因为速卖通开始增收几千人民币的年费,速卖通的本意是希望引导中国的跨境电商从低价格、低品质的淘宝模式升级成品牌和客户体验优势,但是广大的中小跨境电商卖家还是简单地把廉价模式复制到 Wish。很多跨境电商卖家在注册 Wish 时,甚至都看不懂注册条款。

以 2016 年 Wish 强行要中国卖家接受新条款为例,做出说明。条款内容如下:

Wish 可以对我所展示的商品价格及商品运费在一定的变动区间内进行调整;上述举措不会影响 Wish 已经同意的按一定百分比或一定金额向我支付的款项。否则,Wish 不会调整价格,但是我将承担所有代收货款及退货费用,同时,Wish 不会对我的产品进行任何推广;Wish 可以单方面决定延迟汇款并扣留应付账款或本协议项下的其他到期款项,直至 Wish 确认交易完成;我不会在 Wish 平台上传会造成 Wish 违反所适用的法律法规的内容,如果我违反了本协议,Wish 可以暂停我的账户并冻结应付款项,直至我采取的措施能够弥补损失,并得到 Wish 的认可;Wish 可以因客户争议和客户赔偿延迟向我支付货款和冻结应付账款,直至针对该事项的调查完成之日;我不会进行任何此处涉及的禁止性事项和活动。如果我违反了任何一条规定,Wish 可以暂时或永久地停止我的账户并冻结我账户项下的全部货款。

因此,可以说,对于 Wish 平台 2016 年的新条款,中国的跨境电商卖家在知识产权、买家利益、消费纠纷有任何异议,最终的后果相当不利,存在跨境支付的风险。

中国跨境电商卖家对于 Wish 的了解和追捧更多来源于行业内的口碑传播,Wish 的成长历史最早应该追溯到 2011 年。一个东欧的犹太人和中国广州的张晟在美国硅谷成立了 Wish,利用移动互联网的风口,Wish 发展迅猛,但其实真正成就 Wish 的还是中国广大的中小跨境电商卖家。2014 年为了巩固中国市场的地位,成立上海总公司,但是仅仅做些客户沟通的工作,不具备 Wish 法律意义上的主体,所以一旦中国跨境电商发生法律纠纷,法律争议的主题还是美国的 Wish 总部,这对于发展中的中国跨境电商卖家本身就具有非常高的风险。

摘自:《如何规避跨境支付风险》(朱秋城)

结合本案例,请分析以下问题:
1. 结合该案例分析,中小跨境卖家面临支付安全问题的原因是什么?
2. 结合该案例思考,中小跨境卖家如何规避跨境支付风险?

本章小结

跨境电商由于是在不同的国家之间进行的贸易活动，贸易环境更为复杂，在支付、物流、信息安全及监管等方面均存在不利于贸易开展的风险和问题。本章具体分析了企业在开展跨境电子商务的过程中可能面临的安全问题及风险，阐述了其具体表现，并提出应对措施。总之跨境电子商务所面临的环境相对复杂，企业应积极应对，做到知己知彼，同时作为国家层面应该尽可能的创造安全良好的环境，多管齐下，才能促进跨境电商健康快速发展。

本章习题

1. 跨境电子商务中的支付安全问题有哪些？如何防范？
2. 跨境电子商务中的物流安全问题有哪些？如何防范？
3. 跨境电子商务中的信息安全问题有哪些？如何防范？

参 考 文 献

[1] 张红英. 中国 B2C 跨境电子商务的发展问题研究——以兰亭集势和全球速卖通为例 [D]. 济南：山东大学，2014.

[2] 穆成刚. 我国小额跨境电子商务模式研究 [D]. 上海：上海社会科学院，2014.

[3] 王欢. 中国跨境电子商务商业模式研究 [D]. 上海：华东理工大学，2016.

[4] 胡涵. 我国小微企业跨境电子商务发展问题分析 [D]. 长春：吉林大学，2016.

[5] 陈琼. 我国跨境电子商务的发展和应用研究 [D]. 昆明：云南大学，2015.

[6] 张靖. 全球跨境电子商务发展报告 [OL]. 中国经济网. http://intl.ce.cn/specials/zxgjzh/201511/19/t20151119_7064917.shtml

[7] 浅析：全球跨境电子商务市场发展状况 [OL]. 中研网. http://www.chinairn.com/news/20140710/102521287.shtml

[8] 陈静红. 全球速卖通跨境零售业务发展特点 [J]. 合作经济与科技，2014 (24)：82-83.

[9] 鄂立彬，黄永稳. 国际贸易新方式：跨境电子商务的最新研究 [J]. 东北财经大学学报，2014 (02)：22-31.

[10] 王外连，等. 中国跨境电子商务的现状分析及建议 [J]. 电子商务，2013 (09)：23-24.

[11] 徐艳，闫怀旭. 跨境电子商务模式研究 [J]. 中国市场，2015 (16)：144-146.

[12] 党倩娜，陈骞. 全球跨境电子商务发展总体形态及政策分析 [J]. 上海商业，2015 (10)：33-36.

[13] 冀芳，张夏恒. 跨境电子商务物流模式创新与发展趋势 [J]. 中国流通经济，2015 (6)：14-20.

[14] 张志武. 跨境电子商务物流发展问题的研究 [D]. 北京：对外经贸大学，2015.

[15] 杨士锦. "一带一路"战略背景下跨境电子商务物流发展的研究 [J]. 物流商论，2016 (3)：100-102.

[16] 蒋花. 我国跨境电子商务物流体系分析 [D]. 北京：对外经贸大学，2015.

[17] 徐森燚. 跨境物流信息系统的构建 [J]. 商，2016 (9)：249.

[18] 速卖通大学. 跨境电商——阿里巴巴速卖通宝典 [M]. 北京：电子工业出版社，2015.

[19] 张夏恒，马天山. 中国跨境电商物流困境及对策建议 [J]. 当代经济管理，2015 (5)：51-54.

[20] 肖婧. 电子商务环境下咨询企业的 CRM 系统应用研究 [D]. 成都：西南交通大学，2015.

[21] 邹鹏. 我国企业跨境电子商务采纳强度的研究 [D]. 上海：华东政法大学，2016.

[22] 李莉平. 电子商务中的 CRM 分析与策略 [J]. 物流科技，2014 (4)：114-117.

[23] 黄文松. 深圳沃通电子商务有限公司 CRM 项目风险管理研究 [D]. 长沙：湖南大学，2014.

[24] 张兰. 大数据时代 B2C 电子商务 CRM 体系的研究 [J]. 福建电脑，2016 (1)：95-96.

[25] 李静. 基于数据挖掘技术的电子商务 CRM 研究 [J]. 现代电子技术，2015 (6)：126-128.

[26] 傀娜. 我国跨境电子商务贸易平台模式探讨 [J]. 中国流通经济，2015 (8)：70-74.

[27] 王明宇，廖蓁. 我国跨境电商的主要问题和对策研究 [J]. 电子商务，2014 (11)：76-80.

[28] 陶涛，郭宇宸. 跨境电商平台作为新型贸易中间商的理论基础与现实发展 [J]. 新视野·中国社会经济发展战略，2016 (2)：92-98.

[29] 柯丽敏，王怀周. 跨境电商基础、策略与实战 [M]. 北京：电子工业出版社，2016.

[30] 程路天. 跨境电子商务小额贸易发展问题及对策 [D]. 天津：天津商业大学，2014.

[31] 汤兵勇，熊励. 中国跨境电子商务发展报告（2014-2015）[M]. 北京：化学工业出版社，2016.

[32] 严行方. 跨境电商业务一本通 [M]. 北京：人民邮电出版社，2016.

[33] 李鹏博. 揭秘跨境电商 [M]. 北京：电子工业出版社，2015.
[34] 张夏恒，马天山. 澳大利亚跨境电子商务发展的机遇与困扰 [J]. 中国流通经济，2015（9）：46-51.
[35] 柯丽敏，王怀周. 跨境电商基础、策略与实战 [M]. 北京：电子工业出版社，2016.
[36] 兰宜生. 国际电子商务教程 [M]. 北京：首都经济贸易大学出版社，2015.
[37] 李鹏博. 揭秘跨境电商 [M]. 北京：电子工业出版社，2015.
[38] 柯颖. 我国 B2C 跨境电子商务物流模式选择 [J]. 中国流通经济，2015（08）：63-69.
[39] 冀芳，张夏恒. 跨境电子商务物流模式及其演进方向 [J]. 西部论坛，2015（04）：102-108.
[40] 周松. 数据挖掘在期刊客户关系管理中的应用 [J]. 科技与出版，2014（03）：29-31.
[41] 王欣，薛雯，魏源彤. 数据挖掘在客户关系管理系统中的应用研究 [J]. 东北电力大学学报，2015（04）：73-78.
[42] 徐松，张艳艳. 应将跨境电商建成"中国制造"出口的新通道 [J]. 经济纵横，2015（02）：26-30.